하늘과 무당은 있다

하늘과 무당은 있다

지은이 : 금파

1판 1쇄 발행일 : 2013. 12. 25.

펴낸곳 : 루비박스
등   록 : 2002. 3. 28. (22-2136)
주   소 : (137-860) 서울시 서초구 서초2동 1338-21 코리아비즈니스센터 605
전   화 : 02-6677-9593
팩   스 : 02-6677-9594

저작권자 ⓒ 2013 금파
이 책의 저작권은 지은이에게 있습니다.
서면에 의한 저자와 출판사의 동의 없이 내용의 일부를 어떤 형태로든 인용하는 것을 금합니다.

하늘과 무당은 있다

하늘이 원하는 인생과 삶을 위한 황해도 무당 금파의 조언

금파 지음

루비박스

〈프롤로그〉 천 일의 기도 • 6

1장 무당의 길을 접으며 • 11

집 없는 무당이 되다 • 12
새로운 태백산 • 19
새롭게 다가온 부처님 • 30
시작과 끝을 만나다 • 40
시작과 끝인 비로자나부처님 • 47
나에게 온 대사 할아버지 • 57

2장 산 또한 작은 인간 세상 • 71

기도터도 인간 세상 • 72
태백산에서 만난 사람들-1 • 83
태백산에서 만난 사람들-2 • 91

3장 눈물의 길 제자의 길 · 109

그래, 무당이라면 제대로 해야지(2005년) · 110
신에 중독된 사람(2006년) · 119
이상한 제자들-1(2005년) · 124
이상한 제자들-2(2005년) · 131
신굿은 처음이 중요하다 · 137
몸주를 찾아라(2006년) · 145
사주, 궁합은 반드시 있다(2007년) · 153
울산으로 가라(2004년) · 162
머리 위에 잠기가 있네 · 168
신의 공수를 거역하지 마라-1 · 175
신의 공수를 거역하지 마라-2 · 183
신의 공수를 거역하지 마라-3 · 191
30만 원 아끼려다 날린 가게 · 198
형부의 아내로 사는 여자-1 · 204
형부의 아내로 사는 여자-2 · 212
난 복 없는 무당 · 220
진정한 영혼 치유사가 되기 바라며-1 · 227
진정한 영혼 치유사가 되기 바라며-2 · 236
비구니가 된 목사 부인 · 246

4장 하늘 무당이 돼라 · 253

하나님, 나의 하나님 · 254
무당의 길이 시작되다 · 262
두 달 뒤에 결혼해서 같이 살자 · 266
이젠 쓰러지지 않는다 · 271

〈프롤로그〉

천 일의 기도

부족한 제자가 쓴 ≪무당이 없다≫란 책을 출판한 지 벌써 7년이란 시간이 지났다. 그리고 지금 쓰고 있는 이 책 또한 시작한 지 6년의 시간이 지났다. 쓰다가 지웠다가, 또 쓰다 잊고 지내고……. '이제는 마무리 지어야겠다'라는 생각이 들어 다시 글을 쓰는 것이 4년 만이다.

지난 4년의 시간은 나에게 있어 시련이고, 고통이었다. 그전에도 제자의 길, 무당의 길을 가면서 고통의 시간을 감내했지만 지난 4년은 나 자신과 싸운 시간이었다. 10년 동안의 제자의 길은 외적인 부분, 사람들의 배신과 배반으로 인한 고통의 삶이었다면 지난 4년은 나 자신과 싸우고, 신과 싸우고, 외부적인 요인과의 싸움이 아닌 내적인 요인과 싸운 시간이었다. 외부적인 요소에 의한 고통이 지나니, 내적인 고통이 찾아온 것이다.

내적인 싸움은 나 자신의 전생과의 싸움이었다고 말할 수 있다. 전생의 업과 싸워서 이겨야 현생의 삶이 있고 현생의 삶이 아름다워야 다음 생이 아름다운 것이다. 길다고 보면 길고, 짧다고 보면 짧은 4년간의 나 자신과의 싸움을 겪은 뒤 이 글을 쓰는 지금 난 너무 행복하다.

이젠 쓰러지지 않을 자신이 있고, 무당이라면 받아들여야 할 자신의 신을 찾은 것이다. 무당들은 자신의 신당에 모신 신이 누구인지 잘 안다. 그러나 자신이 모신 신 뒤에 있는, 모신 신 위에 있는 진정한 신이 모르는 제자가 많다. 그저 간단하고 어설프게 '천지신명, 일월성신'이라고 말할지 모르지만 우리가 아는 천지신명 일월성신은 신이란 이름의 맨 위에 있는 신은 아니다. 나 자신은 제자가 된 지 1년이 지나면서 분명히 내가 알지 못하는 높은 신이 있다는 것을 알았는데 그분이 누군인지 몰랐고, 그분을 찾기 위해서 10년이 훨씬 넘는 시간을 고통 속에서 살아야 했었다. 그 고통은 나 자신의 아둔함 때문에 비롯된 것도 있었고, 모든 것이 완벽해야 한다는 강박관념에 사로잡힌 부분이 있었기에 더욱 컸다고 생각한다. 알고 있었던 부분도 있지만 나 자신의 잘못된 판단과 생각으로 고통의 시간을 더 길게 가지게 된 부분도 있다. 도를 닦는 사람이 도통해 세상사 모든 것을 다 알게 된 것처럼은 아니지만 어느 한 부분에 있어서는 깨달음을 얻었다고 나 자신은 평가한다.

세상사, 인간사 모든 것은 '원인과 결과'에 의한 것이라고 나는 평가한다. 너무나 쉬운 말이지만 이 쉬운 말을 우리는 살아가면서 잊고 살기에 삶의 희로애락을 처절하게 겪게 되는 것이다.

사람은 누구나 태어나 행복하게 살아야 할 권리와 의무가 있다. 권리라는 것은 인간이기에 인간이 누릴 수 있는 모든 것을 다 누리고 살아야 할 권리를 말하는 것이고, 의무라는 것은 나 자신이 행복하게 인간답게 살아야 내 후손, 내 자식 또한 행복하게 살 수 있기에 의무라고 말하는 것이다. 그러나 현실의 삶은 그렇게 만만하거나 녹록지 않은 것이 사실이다. 우리네 삶이 그렇게 순탄치 못하고 행복하지 못한 것은 모두가 나 자신이 만든 업이라는 것을 가장 먼저 알아야 한다. 타인에 의해서 나 자신이 인간답게 살지 못하는 것이 아니라, 모든 것은 나 자신이 현실을 살면서 또는 과거에, 더 멀리 보자면 전생의 삶에서 잘못된 원인을 쌓았기에 지금 현실에서의 삶이 행복하지도 인간답게 살지도 못하는 것이다. 불교에서 전생을 말하지만 내가 말하고자 하는 것은 불교에서의 전생이 아니다. 사람은 자신이 타고난 '사주팔자'대로 살아간다고 보면 된다.

　어느 누구도 자신의 사주팔자에서 벗어난 삶을 사는 사람을 본 적이 없다. 많은 사람을 상담하면서 누구나 타고난 사주팔자대로 살고 있다는 것을 더 확실하게 깨닫게 되었다. 자신이 타고난 사주팔자라는 것은 쉽게 판단하고 가볍게 생각할 것이 절대 아니다. 사람은 자신이 쌓은 좋은 업, 나쁜 업 그 모든 것을 사주팔자에 가지고 태어나는 것이다.

　가끔 사주팔자를 믿지는 않고 그냥 재미 삼아 점을 본다고 하는 사람들이 있다. 자신의 삶을 재미 삼아 보는 것은 크나큰 실수를 저지르는 일이다. 재미 삼아 자신의 사주팔자를 상담하게 되면 그만큼 자신의 삶도 가볍게 될 수밖에 없다. 전쟁에서 적을 알면 승리할 수 있다고 했다. 자신의 타고난 사주팔자를 제대로 알면 반드시 길이 보이는 것은 당연한 것이고 인생에서 행복하게 살 수 있는 지름길을 찾게 되는 것이다. 나의 모든 행동, 생각, 결과 및 나에게 나타나는 모든 현상은 나의 사주팔자와 관계있다.

　나의 사주팔자에 내 부모가 어떻고, 내 자식이 어떻다는 것 또한 나타난다. 단, 제대로 된 사주팔자 상담을 할 경우에 그것을 알 수 있다는 것이다.

　인생에서 승리하는 삶, 성공하는 삶, 행복으로 가는 삶을 살고 싶다면 반드시 자신의 사주팔자 여덟 글자의 뜻을 제대로 알아야 한다. 제대로 알아야 방법이 나온다. 좋은 결과를 가져올 수 있는 방법이 나오는 것이다.

　의사가 병을 제대로 알아야 아픈 사람을 치료해 살릴 수 있듯이, 제대로 된 삶을 꿈꾼다면 정확하게 제대로 자신을 알아야 하는 것은 당연한 것이다.

　멀리 보자면 6년 만에 가까이 보자면 4년 만에 다시 이렇게 글을 쓰는 것은 나 자신이 기도를 통해서, 무당이란 삶을 통해서 작게나마 터득하고 얻은 것이 있기에 알리고 싶어서다. 무당의 길에 있어서 이 책이 광고마케팅의 일환이 될 수도 있겠지만 그것보다는 내가 아는 것을 조금이나마 모르는 이들에게 알려주어 행복한 삶을 살았으면 하는 바람에 4년 만에 다시 글을 쓰는 것이다. 나 자신 또한 무당, 무속인의 길을 걸으면서 '일자무식'하게 처신한 부분이 많다.

  일자무식하게 처신했다는 것은 제대로 된 하늘의 뜻을 모르고서 무당, 무속인의 길을 걸었다는 것이다. 그저 착하게만 성실하게만 하면 되는 줄 알았지 중생구제란 부분을 너무나 무식하게 대했다는 것이다. 하늘과 신 그리고 조상에게 비는 것도 알면서 비는 것과 그저 좋다고 하니 비는 것과는 큰 차이가 있다.

  이 책을 읽다 보면 누구에게나 행복한 삶을 찾을 수 있는 길이 보일 것이라 나는 자신한다. 어떻게 살아야 하는지 나의 지나온 경험을 쓰는 것이지만 이것은 나만의 이야기가 아니라 어느 누구라도 반드시 알아야 하는 것이고, 알면 반드시 행복한 삶을 살 것이라 나는 자신할 수 있다.

2013. 가을 길목
무당 금파

1장

무당의 길을 접으며

집 없는 무당이 되다

울산에서 생활한 시간은 2년 7개월간이었지만 나에겐 10년, 20년으로 느껴질 만큼이나 고통스런 시간이었던 것 같다. 좋았던 일보다 가슴 아픈 고통의 시간이었고 제자생활을 하면서 자살까지 생각했던 기억밖엔 없다. 남들은 울산에 와서 살다 나중에 다른 곳으로 이사 가게 되면 서운해서 눈물을 흘린다고 하지만 내가 울산에서 부산으로 이사를 올 때 가졌던 마음은 '이제야 지옥에서 벗어나는구나' 그런 마음이었고 다른 사람들에게도 그렇게 말했다. 모든 것을 접는다고 해도 사람으로 인한 고통은 엄청난 상처가 되었다. 살려달라고 해 살려주었더니 결국엔 6개월 만에 욕을 하면서 떠나고, 집 없는 제자에게 집을 구해 주고 생활하게 해주려고 보증까지 서주었다가 그 보증으로 인해 사채까지 갚아야 했다. 그러나 소문은 제자에게 내가 돈을 빌리고 갚지도 않고 도망갔다고 났다. 처음 신굿을 잘못해 내게 와서 가리굿을 해 잘 불리던 제자가 3개월 만에 나를 등지고 나와 함께 일하던 선생과 붙어버리는 경우도 생겼고, 울산에서 같은 제자를 통해서 그리고 일반인을 통해서 살아가면서 보지도 말고 하지도 않아야 할 경험들을 너무나 많이 했다.

'사람이 이렇게까지 당하고 사람이 저렇게까지 변하는구나'라는 것을 처절하게 보고 배운 곳이 울산이다. 그래서 혹여 어느 신의 제자나 장사를 할 일반인이 울산으로 이사를 간다고 하면 이른바 도시락까지 싸 가지고 다니면서 말리고 싶다. 울산이란 지역이 타 지역에서 온 사람들이 많다 보니 제자들이나 일반인들이나 다들 경쟁심과 질투심이 유난히 심하고 남은 안되고 나는 당연히 잘되어야 한다는 생각이 뼛속까지 각인된 곳이다. 오죽했으면 울산에서 부산으로 이사올 때 나를 너무나 잘 아는 지인은 이렇게 말했다.

"이 선생님 진짜 울산에서 안타까운 고생 많이 했습니다. 이사를 간다고 하니 서운은 하지만 이 선생님 마음고생 한 것을 생각하면 진짜 축하합니다, 잘되었습니다, 울산은 뒤도 돌아보지 마시고 가세요."

"울산에서 벗어나니 얼마나 속이 시원하십니까, 진짜 축하합니다."

그런 위로의 말에 나는 "지옥에서 벗어나는 기분입니다." 이 말밖에 할 수 없었다.

지인들의 도움으로 부산 해운대에 신당을 차려 새로운 지역에서 새로운 기분으로 시작하게 되었다. 그래도 타고난 사주팔자에 금전운이 없어 돈은 없었지만 명예운은 있었는지, 지난 세월 무당생활 헛한 것은 아닌지 부산에서도 '황해도 굿 이효남'은 이름이 나 있었고 알아보는 사람들까지 있었다. 부산에서도 나의 황해도 굿은 인정을 받게 되었고 굿을 하는 곳에는 많은 구경꾼들이 몰려들 정도로 빛을 발하게 되었다. 부산에도 황해도 굿을 하는 제자들이 있었지만 정통에서 벗어난, 부산지역의 굿들과 합쳐진 굿에 불과했다. 그러던 여름날, 신도를 통해서 서울에서 크게 사업을 하는 사람이 찾아오게 되었다. 서울에서 크게 사업을 한다는 사람은 다름 아닌 M&A를 하는 사람이었다. 서울에서 부산까지 찾아오게 된 것은 그 사람이 태어나서 초등학교 5학년까지 지낸 곳이 부산 영도였기 때문이다. 그런 연유로 부산까지 나에게 상담을 하러 오게 되었다. 몇 시간 동안의 상담을 통해서 M&A를 하는 사업가는 나에게 굿을 크게 하기로 했고 자신이 진행하는 일이 잘 처리되면 나에게 3억이란 돈을 시주하겠다고 약속까지 했다. 굿을 크게 하는 동시에 100일 안에 그 사람에게 효험을 보게 하기로 한 것이 몇 가지 있다. 그 사람이 지금 인수 하려고 하는 사업체가 코스피에 올라 있는 상장회사였다. 인수하려고 하는 총 규모는 700억대였다. 그러나 그 사람이 가지고 있는 돈은 한 푼도 없었고 어찌 보면 M&A사업이란 것이 머리싸움이고 사기성을 띤 것인지라 모험이 아닌 모험을 걸어야 했다. 인수하기로 한 사업체 주주총회에서 그 사람이 회장이 되고, 금융감독위원회에 등기부가 무사하게 등재가 되고, 코스피에 주식이 상장되고, 급한 투자자금 100억이 모아지게끔 해야 했다. 다른 한 가지는 M&A를 하는 사업가는 현재 다른 투자자인 사채업자와 법적인 문제로 인해 참고인 자격으로 조사를 받아야 하기에 미국 비자가 취소되었고 외국으로 나가지 못하는 입장이었다.

그 사람은 위에서 말한 모든 것이 잘 해결되는 효험을 100일 안에 본다면 나에게 3억 원을 시주하겠다고 했고 나 또한 한 사람을 위해 100일 동안 빌어주어 그만한 시주를 받는다면 괜찮은 조건이란 생각에 일을 추진하기로 했다. 그러나 크게 한다고 했던 굿은 진행할 경비가 다 들어오지 않았다. 모자란 경비는 내가 융통해 굿을 하게 되었고, 우선 급한 것은 일주일 뒤에 있을 주주총회에서 회장으로 선임이 되는 것이었다. 이는 중요한 첫 단추가 될 터였다. 그러나 인수하기로 했던 회사에 주주총회 전까지 인수금액 일부를 주기로 했는데 제대로 이행이 되지 않다 보니 주주총회가 무산되거나 회사를 인수하지 못할 지경까지 되었다. 그러나 그 사람이 잘되어야 나도 산다는 일념으로 그 사람의 고향인 영도 산에 가서 일심정성으로 빌었다. 그 기도 덕인지 주주총회는 사람의 상식으로는 있을 수 없는 상황까지 만들어지면서 그 사람이 회장에 취임하게 되었고 그날 주주총회를 지켜보던 그 사람은 "이것은 천운이다. 있을 수 없는 일이다."라고 까지 말했다고 한다.

주주총회가 끝나고 금융감독위원회를 통해서 법적인 심사를 거쳐 등기부 서류가 나와야 하는 상황에서도 있을 수 없는 일들이 계속해서 벌어지게 되었다. 인수한 회사의 전 회장은 인수비용을 다 받지 못했기에 금융감독위원회에 무효소송을 걸게 되었고 그런 과정 속에서도 신의 조화인지, 천복인지 그 사업가에게 등기부서류는 나오게 되었다. 정지가 되었던 미국 비자도 자연스럽게 풀리게 되어 미국도 가게 되었다. 추석 즈음해서는 코스피에 주식도 상장이 되었다. 비록 주식은 싼 가격이었지만 회사는 자연스럽게 인수가 되었고 모든 것이 순조롭게 진행되었다.

굿을 하면서 내가 효험을 보게끔 약속한 문제들이 거의 다 이루어졌다. M&A는 싼 주식가격을 머리싸움, 즉 두뇌싸움을 통해서 올리고 비자금 형성을 목적으로 하는 것이었다. 주식 1주당 1,000원 하는 주식을 3년 안에 10만 원까지 올린다는 것이 그 사람과 같이 일하는 사람들의 목적이었다. 그 사람들의 말을 인용하자면 주식 1,000만 원어치를 사면 3년 뒤엔 10억이 되는 것이다. 속된 말로 돈 놓고 돈 먹는 것이었다. 모든 일들은 어려움 속에서도 하나하나 잘 진행이 되었다. 나 또한 모든 일이 잘 진행이 되게끔 100일 가까이 다른 일은 하지 않고 그 사업체를 위한 기도만 하게 되었다. 그러나 돌아온 결과는 배신과 같았다. 배신하려고 하지는 않았겠지만 결국은 배신당하게 되었다. 다른 일은 하지 못하고 그 사람 잘되라는 기도에만 매달리는 상황이었지만 받아야 할 굿비는 받지도 못했고 굿을 위해 융통했던 돈도 갚아야 하는 상황이 되었다.

미국에 갔다 들어오면 받지 못한 굿비라도 받을 수 있겠지, 라는 기대를 했지만 결국 굿비도 받지 못하는 상황이 되었고 난 융통한 굿비를 갚기 위해서 살고 있는 집을 빼야 하는 상황에 처하게 되었다. 그런 와중에 그 사업가를 소개한 신도 또한 그 사업가와 사이가 좋지 않게 되었다. 나는 신도를 택하면 그 사업가에게 등을 돌려야 하고 그 사업가를 믿자면 신도와 등을 돌려야 하는 상황이 되었다. 한마디로 이러지도 못하고 저러지도 못하는 상황까지 가게 되었다. 결국은 그 사업가와 통화를 하게 되었고 다른 것은 바라지도 않으니 굿비라도 달라고 했다. 굿비라도 받아야지 집을 빼지 않는 상황이 된다고 설명했다. 그 사업가는 직원들에게 조치를 취하게 하겠다고 했지만 나에게 굿비용은 들어오지 않았고 결국은 집을 빼야 하는 상황까지 가게 되었다.

"상황이 어렵습니다. 선생님에게 반드시 약속한 돈을 시주할 테니 며칠 여행한다 생각하시고 기다려주십시오. 며칠 바람 쐬고 온다 생각하시고 기다리시면 집을 사 드리겠습니다."

그 사람은 그런 약속을 했고 난 반은 믿는 마음, 반은 믿지 못하는 마음으로 포기 아닌 포기를 하는 상황이 되었다. 지금까지 제자생활을 하면서 어려운 마지막 순간에는 반드시 묘수가 나왔는데 이번만큼은 묘수가 나오지도 않았고 보이지도 않았다. 그런 와중에 '이제 갈 곳은 산밖에 없다', '기도를 들어가야 할 시기인가 보다'라는 생각밖에 들지 않았다. 그런 복잡한 상황에서 잠을 자면서 꿈을 꾸었다. 내 신당이 어느 건물의 옥상에 있었는데 옥상에서 난 빨래를 해 빨랫줄에 걸고 있었다. 그런데 갑자기 신당인 듯한 방 안에서 하얀 개 네 마리가 옥상 마당으로 뛰어나오더니 밖으로 달려가는 것이 보였다. 그 모양이 개가 도망가는 듯한 모습이었다. 꿈에서 깬 나는 '하얀 개는 내 조상이든지, 조상선관을 의미하는 것이고……', '개가 밖으로 나와 도망을 간 것은 선관이 뜨고 없다는 것을 의미하는데……'라고 꿈 해몽을 했다.

'그럼 이제 어쩔수 없다. 집을 빼야 하고 다른 곳으로 이사를 갈 여유는 되지 않고…… 오로지 갈 곳은 산밖에 없구나', '이제 산으로 갈 시간인가 보구나'라고 생각하게 되었다. 산으로 간다는 것은 산으로 장기기도를 들어간다는 것이다. 기도는 자주 가던 태백산으로 갈 수밖에 없었다.

'그럼 얼마 동안 기도를 해야 이 어려운 상황에서 숨통이 트일까?'

'몰라도 한 달 아니면 49일 기도는 해야 살길이 열릴 것 같다'는 생각만 들었다. 이것저것 가릴 때도 아니었고 이런저런 상황을 구분할 때도 아니었다. 오로지 살기 위한 것이 아니라 남에게 피해를 덜 주고 마지막 정리를 잘해야 한다는 생각만 들었다. 말이 태백산에 기도하러 들어가는 것이지 사실상 도피 아닌 도피나 마찬가지였다. 10년간의 무당생활에서 남은 것은 아무것도 없게 되었다. 단지 명예는 남아 있었지만 마지막 순간이 되니 명예가 밥을 먹여주는 것도 아니요, 도리어 거추장스런 존재와 같은 것이었다.

먼저 이삿짐 정리를 해야 했다. 이삿짐 정리도 아닌, 이삿짐 센터에 짐을 장기적으로 보관해야 했다. 창고에 짐을 보관하는 비용도 5톤 트럭 한 대 분량이 한 달에 15만 원이었다. 10년간의 제자생활에서 남은 것은 짐밖에 없었다. 그것도 신의 물건이 상당한 부분을 차지했다. 금전으로 바꿀 수 있는 것도 아니요, 그렇다고 무작정 버릴 수도 없는 것들이었다. 가지고 있던 짐이 7톤, 8톤 분량이나 되었다. 할 수 없이 아는 사람에게 짐을 줄 수밖에 없는 상황이었다. 가지고 있던 큰 물건들, 고가구, 소파, 장롱, 각종 도자기, 공연할 때마다 사용하던 큰북까지 짐을 줄이기 위해 남에게 주어야만 했다. 아끼던 짐들을 남에게 주는 날 아는 동생제자는 나 대신 눈물까지 흘렸다.

"이런 것도 신이란 존재들이 있다면 보아야 한다. 결국은 신에게 충성한 10년 세월 내가 잘못한 부분들이 많겠지만 그래도 제자를 이 지경까지 만든 것을 신들도 보아야 한다."

"신들도 속이 상해 울어야 한다."

짐을 정리하고 이삿짐 센터에 짐을 보관하면서 도리어 마음이 편해지는 것을 느꼈다. 큰 굴레에서 벗어나는 느낌이 들었다. 아는 동생제자 집에 잠시 머물기로 했다. 비록 불편한 점들이 있었지만 마음만은 한가하게 안정이 되고 편안함을 느끼게 되었다. 다시 시작하기 위해 산으로 기도를 강제적으로 하러 간다는 느낌도 들었다. 그것이 어떤 신적 존재인지는 모르지만 기도를 시키기 위해 제자를 이런 꼴까지 되게 만들었다는 생각이 들었다.

"이제 굿은 못할 것 같다. 지난 10년간 굿에 미쳐서, 신에 미쳐서 지냈는데 이제는 굿을 못하고 이번 기도를 통해서 할아버지를 받아야 할 것 같다는 생각이 든다."

"이제는 굿이 아닌 글문부적으로 글문도법으로 나가는 제자가 될 것 같다."

이런 말을 동생제자에게 했다.

황해도 굿에 어찌 보면 미쳤고 지난 시간 신명을 다해 배웠고 굿을 했다.

그러나 마음 한편에선 늘 또 다른 신적 존재가 기다리고 있다는 것도 알았다. 쉽게 말하자면 지금껏 황해도 굿을 하면서 '할머니' 신으로 갔다면 이제는 '할아버지'란 신적 대상으로 가야 할 시기가 된 것이다.

몇 년 전부터 할아버지란 신적 존재가 있는 것을 알았지만 그래도 황해도 굿을 하는 제자인 나는 이루지 못한 꿈이 있기에, 그동안 배운 것이 있기에 계속해서 할아버지란 신적 존재를 모시는 것을 거부 아닌 거부를 하고 있었다.

'이제는 할아버지를 모실 시기가 되었기에 나를 이런 상황에까지 처하게 했나 보다.'

'간단하게 편안하게 생각하겠다. 사람이 설마하니, 제자가 설마하니 죽기야 하겠냐.'

그런 마음이 들었고, 다음 날 꿈을 꾸었다.

동생제자의 집인데 어느 동자도 아니고 동녀도 아니고 빛으로 된 존재가 나에게 말하는 것이었다.

"지금 산으로 가야 합니다. 그래야 살길이 열립니다."

그런 말을 하는데 모습은 빛의 모습이었고 목소리는 아기 목소리였다. 그런 꿈을 선명하게 꾸었다. 하늘도, 신도 산으로 기도를 하러 들어가라고 알려주는 계시 같은 꿈이었다. 바로 그날 태백산의 아는 기도터에 전화를 했다. 기도를 들어간다고, 기도 기간은 언제 끝날지 모르겠다고 말했다.

나는 10년간 황해도 굿을 하는 무당생활을 거치며 누구의 잘못도 아니고 나의 잘못이고 실수였지만 집 없는 무당, 신당이 없는 제자가 되었다.

새로운 태백산

꿈을 꾸고 산으로 들어가야 한다는 확신이 더욱 들기 시작했고 산으로 들어야지 살길이 열리겠다는 생각이 강하게 들었다. 간단한 짐만 챙겨 나는 태백산으로 들어갔다. 지금까지는 태백산에 기도를 하러 간다고 해도 길어야 일주일, 보통 3박4일 정도였다. 어찌 보면 태백산에서 도(道) 닦는다고 장기적으로 기도하는 제자들을 무시했던 나였다. 그러나 이제는 내가 그런 상황이 되어버렸다.

황해도 굿을 하는 무당으로, 무속인으로 지낼 때는 그래도 이름이 나 있었기에 '내가 나다'라는 거만을 떨며 장기적으로 기도터에서 기도하는 제자들을 무시하는 경향이 있었고, 저렇게까지 해야 하나? 라는 오만한 생각으로 가득 찼었다. 그런 내가 태백산에서 기간도 정하지 못한 채 기도를 해야 하는 상황이 되었다. 사람 앞일은 장담하지 못하고, 어떻게 될지 모른다고 하더니 그 말이 정확하게 맞는 것 같다. 태백산에 들어와 하루하루 시간을 보내면서 나는 의외로 마음이 안정되어 차분해지는 것을 느꼈다. 그리고 신적인 부분에 있어서도 덤덤한 마음이 생기면서 새로운 시선으로, 새로운 시각으로 판단을 하게 되었다.

어려운 상황에서 찾아간 태백산이 나에게 새롭게 다가오고 있었다. 모든 것은 나의 잘못이고 나의 죄라는 생각이 들기 시작했다. 이런 상황까지 만든 것은 내가 모셨던 신적 존재의 잘못이 아닌 나 자신의 문제요, 나 자신의 죄 때문이라는 기도가 나오기 시작했다. 태백산 기도터인 약수암은 내가 몇 년 동안 다니던 기도터였지만 그전과는 다른 기도터로 다가오기 시작했다. 기도터에 들어온 지 3일째 되던 날 태백산 기도터 당주는 나에게 "마음이 어떠냐? 서럽고 서운하지 않냐?"라고 물었다. "아니요, 너무 편안합니다. 마음이 안정되어갑니다. 내가 버릴 것을 버리지 못하고 접을 것을 접지 못한 것에 대한 후회가 들고 다시 새로운 제자의 길을 걸어야겠다는 생각이 듭니다."라고 말했다.

태백산 약수암기도터의 당주는 몇 년 전부터 나를 알고 있는 사람이면서 내가 무당의 길, 무속인의 길을 접고서 도법제자로 다시 태어나기 바라는 사람이었다. 그러나 너무 화려한 무당생활과 그동안 해 왔던 무속인의 길에서 너무 큰 명예를 얻은 사람이기에 쉽게 접지는 못할 것이라고 안타까워하던 사람이었다.

그런 내가 이제는 무속인의 길을 접고 도법제자로서 간단하게 할아버지의 길을 가겠다고 하니 너무나 크게 반겼고 이제라도 시간이 늦지 않았다고 조언을 해주었다. "이 선생님은 그동안 밖에서 해 온 것이 있기에 다른 사람들처럼 기도가 길지는 않을 것입니다. 내가 보기엔 우선 21일 기도만 먼저 하셨으면 합니다.", "21일 기도만 잘 끝내도 지금까지 무속인으로 지내면서 겪어야 했던 인간고통, 금전고통은 없을 것으로 보입니다."라고 조언을 아끼지 않았다.

"예. 우선적으로 21일 기도라고 정하지도 않고 올라왔습니다. 짧으면 한 달, 길면 49일 정도가 되지 않을까? 라고 생각하고 왔습니다. 새로운 제자의 길을 가는 저에게 많은 조언을 부탁드립니다. 아무것도 모르는 제자가 되어 새롭게 채우고 싶습니다."

"이제는 무속에서 모시고 알았던 신들을 모두 버리고 지우세요. 그래야 새로운 것이 생기고 하늘이 열립니다. 우선적으로 이 선생님이 찾을 것은 하늘님 아버지밖에 없습니다. 기도하시면서 하늘님 아버지만 찾으세요."

하늘님 아버지라고 하는 단어가 어찌 보면 생소하고 개신교나 천주교의 냄새가 강하게 나는 것 같지만 신적 존재로 본다면 생소한 것도 아니다. 우리의 모든 시작과 끝은 하늘이다.

모든 종교, 모든 믿음이 다 하늘을 두고 신앙하는 것이지 다른 것을 두고 신앙하는 것이 아니다. 그렇게 간단하게 생각하면 하늘님이나 하늘님 아버지라는 단어에 반감을 가질 필요는 전혀 없다고 생각한다. 태백산에 들어온 시기가 가을이었다. 낮엔 더운 기운이 있지만 밤이나 새벽엔 겨울 만만치 않은 날씨다. 추운 날씨, 기온 변화가 큰 날씨지만 마음만은 무엇인지 모르게 훈훈한 기운, 열기가 도는 것을 느끼면서 기도정진에 매진했다.

도(道)라는 것이 무엇인지도 모르고 생소했지만 내가 가야 할 길이 도(道)의 길이라면 그 길을 걷겠다는 기도가 나오기 시작했다.

며칠 동안 기도를 하면서 새로운 것을 느끼기 시작했다. 그동안은 무당, 무속인의 특성상 기도를 할 때 무구를 쓰면서 기도하는 것이 당연했다. 징을 치면서 기도한다든지 북을 치면서 한다든지 아니면 입을 열어 축원을 하면서 기도하는 것이 습관이 되어 있는데 새롭게 시작하는 기도에서는 '참선'수행이 우선이었다. 모든 기도를 묵언으로 하는 '참선'수행이 기본이었다.

처음엔 적응이 되지 않았지만 며칠이 지나자 적응이 되면서 마음으로 기도하고 마음으로 대화를 하게 되었다. 그런 와중에 '모든 기도는 업장소멸에서 시작된다'라는 생각이 마음으로부터 떠오르는 것을 느꼈다. 그렇다. 모든 기도는 '업장소멸'에서부터 시작된다.

우리가 기도를 하는 것은 염원이 있거나 잘못된 것을 바로잡기 위해서다. 쉽게 말하자면 좋지 않은 것은 없애고 잘되기 위해서 기도를 하는 것이다. 지금 현재 정신적, 물질적, 인간사 모든 일에 있어서 어느 것 한 가지라도 좋지 않은 것이 있다면 그것은 다른 것에 의해서, 남에 의해서 그렇게 된 것이 아니라 모두 나로 인한 것이다. 지금까지 살아온 현생에서 잘못된 부분이 있어 그렇게 나타날 수도 있고 전생의 업이 좋지 않아 그렇게 나타날 수도 있는 것이다.

 지금 사는 모습을 보면 과거를 알 수 있고 지금 어떻게 사느냐에 따라 미래의 삶도 알 수 있는 것이다. 모든 것은 현재, 현실이 중요하다. 과거로 인해서 현재의 모습이 있는 것이고 현재 어떤 모습으로 살아가느냐에 따라 미래의 모습이 결과로 나타나는 것이다. 그래서 기도 중에 가장 먼저 나온 것이 '업장소멸, 죄장소멸'이다. 나 자신이 지금 편안하지 못하고 인간의 고통, 금전의 고통, 건강으로 인한 고통, 가족으로 인한 고통, 신적인 부분의 고통…… 등등 모든 고통을 짊어져야 하는 것은 나로 인한 전생의 업이요, 죄에 대한 결과라는 것을 알게 되었다.

 우리는 간혹 전생이 어디에 있어? 라고 반문한다. 그러나 전생이 있기에 현재가 있는 것이다. 전생에 어떤 삶을 살았냐에 따라서 지금의 삶이 좌우되는 것이다. 지금의 삶이 고통의 연속이고 아픔이 많다고 한다면 전생에 그만큼 죄를 지었고 업장이 많다는 것이다. 그러한 원인으로 현재의 삶이 고통스러운 것이다. 그래서 기도 중에 가장 먼저 나온 말이 '업장소멸, 죄장소멸'이라는 말이었다.

 '뜻을 구하지 마라, 바라는 것을 구하지 마라.'
 하늘은 모든 것을 알고 있다는 것이다. 나란 사람의 마음속에 하늘이 있고 우주의 크나큰 기운이 있는데 나 자신이 원하고 바라는 것을 모르겠는가? 나의 마음, 즉 하늘은 벌써 내가 원하고 바라는 것을 알고 있다는 것이다. 원하고 바라는 것을 구하는 것이 중요한 것이 아니고 업장소멸이 우선이요, 업장소멸로 인해 나의 전생의 죄와 업이 소멸되고 마음이 깨끗해지면, 마음에서 버릴 것을 버리고 깨끗해지면 원하고 바라는 것은 벌써 하늘이 알기에 이루어진다는 것이다.

　원하고 바라는 것을 구하지 말고, 뜻을 구하지 말고 업장을 소멸해 마음에 복운을 먼저 쌓으라는 것이다. "바라는 것, 원하는 것을 구하는 것 또한 새로운 업을 쌓는 것이다."라고 하늘은 말했다. 그만큼 인간의 삶에 있어서, 특히 제자의 삶에 있어서 업장소멸은 너무나 중요한 부분이다. 참선기도를 하는 과정에서 깨달은 것이 있다면 지금의 모습은 모두 나의 업에 의한 것이지 누구의 잘못도 아니라는 것이다. 무속인들이 모시는 조상신들, 나 또한 모셨던 조상신들, 그 조상신들 자체가 나에게는 업의 산물인 것이다.

　'몇 대조 할아버지가 무슨 명패를 받아 어떤 신으로 왔다.'

　'몇 대조 할머니가 무슨 명패를 받아 어떤 신으로 왔다.'

　이런 말 자체가 우스운 것이다. 조상들이 명패를 받아 신으로 오는 것이 아니라 나의 전생의 업에 의해서 인연이 된 분들이 같이 기도하면서 업장소멸해 해탈을 시켜달라고 오는 것이라 깨닫게 되었다. 그런데 나를 포함한 무당, 무속인들은 해탈시켜달라고 오는 조상들에게 신(神)이란 옷을 입혀 완벽한 존재로 만들어버리는 것이다. 우리에게 보이고 오는 조상들은 전부 극락으로 해원 해탈시켜달라고 오는 것이지, 제자들에게 돈 벌어 주려고 불려 주려고 오는 존재들은 아니라는 것을 알게 되었다. 과연 나란 사람이 죽어 내 자식들에게, 내 손자들에게 신(神)적 존재가 되어 무당, 무속인이 되게끔 하고 싶을까? 그렇게 생각하는 사람들은 아무도 없을 것이다. 그럼 조상들도 마찬가지라는 것이다. 그럼 왜 하필 많은 후손들이 있는데 나에게 와서 작용을 하는 것일까? 그것에 대한 답은 나에게 와서 나를 어렵게 하는 조상들의 존재를 나의 모습으로 보면 된다. 즉 조상들이 나의 전생의 모습이 될 수도 있다는 것이다. 예를 들어, 7대조 할아버지가 있다고 하자. 그분을 먼 조상의 할아버지로만 보지 말고 나의 전생의 모습으로 보라는 것이다. 그 당시에 그분이 업을, 죄를 다 닦지 못해 현재 나의 모습으로 태어나 업을, 죄를 닦고자 한다고 생각하면 된다.

　업장소멸이란 부분만 놓고서 기도를 하는 과정에 내 전생의 모습을 보게 되었다. 전생에 나는 부처님께 귀의해 스님으로 살다가 결국은 여자로 인해 파계를 했다. 그 전생의 나의 모습이 바로 내가 모셨던 조상신인 할아버지였던 것이다. 내 전생의 모습은 신적 존재가 되어 나에게 온 것이 아니라 전생에 파계를 했던 죄업으로 인해 나란 사람으로 태어나 제자가 되어 죄업을 깨끗하게 소멸하려고 온 것이다. 그나마 전생에 스님이 되어 조그마한 깨달음이라도 얻고 작은 부분이라도 마음을 닦은 구석이 있기에 지금 사람의 모습으로 태어나 제자라도 된 것이지, 그렇지 못할 경우에는 동물로 태어나는 경우도 많다는 것을 기도 중에 보게 되었다.

　업을 소멸하고 죄를 깨끗하게 소멸해 나 자신이 해탈이 되어야만 다음 생도 보장이 되는 것이지, 그렇지 못할 경우에 다음 생은 지금보다 더 어려운 지경까지 갈 수 있든지 아니면 동물, 짐승의 모습으로도 태어날 수 있다는 것이다. 현생에 내가 사람으로 태어난 것만이라도 감사해야 하는 것이고 더 나아가서는 다음 생을 준비해야 한다는 것이다. 해탈이 된 삶을 살 것이냐? 아니면 업의 굴레, 죄의 굴레에서 벗어나지 못하고 계속해서 반복되는 윤회의 삶을 살 것이냐? 중요한 부분이다. 해탈된 삶을 살기 위해서는 업장소멸이 우선이요, 죄장소멸이 우선되어야 한다. 업장소멸을 기도하면서, 죄장소멸을 기도하면서 보았던 나의 전생의 모습에서 무서움을 알았고 죄는 지은 대로 가고 업 또한 반드시 나타나는 것이니 인간이 인간답게 살아야 한다는 메시지를 강하게 받았다.

　참선기도를 하는 과정에 이런 깨달음을 얻게 되면서 나는 내가 모셨던 신의 모습들이 전부 나의 업의 결과라는 것을 알게 되었고 내가 모셨던 신적인 존재들을 해원시키는 기도에 들어갔다. 그러던 어느 날 기도 중에 영으로 나를 중심으로 내 뒤에 몇 백명이나 되는 조상들과 신적 존재들이 나와 함께 그것도 내 뒤에서 무릎을 꿇고 같이 기도하는 것을 보았다. 그것도 마당에 무릎을 꿇고서 고개도 들지 못한 채 하늘을 향해 빌고 있는 것을 보게 되었다. 그런 광경을 영으로 보면서 내가 얼마나 잘못된 제자생활을 했는지 알게 되었고, 제대로 알지도 못하고 지금껏 제자생활을 했던 것에 대한 후회와 깊은 반성의 눈물을 흘렸다. 그러면서 오로지 나로 인해 많은 조상들이 해원이 되지 못하고, 신적 존재들이 해탈이 되지 못한 것에 대한 반성의 기도가 나오는 것을 느꼈다.

"하루속히 업장소멸 하시고 죄장소멸 하시어 극락왕생하시고 해원 해탈하시길 비나이다."라는 기도만 나오게 되었다.

일반인들에게도 또한 이런 모습이 있을 수 있다. 나와 깊은 인연이 있는 조상들은 내가 빌어주어야만 해원 해탈이 되어 극락왕생할 수 있는 것이다. 무당에게 무속인에게 돈을 주어 굿을 한다고 해도 조상들을 해원 해탈시키기는 상당히 힘든다는 것을 알게 되었다. 그 이유는 굿을 해 한 꺼풀 업의 옷은 벗길 수 있지만 무당이 모신 신적 존재로는 해원 해탈의 가능성이 희박하다는 것이다. 절에서 돈을 주고 하는 천도재 또한 해원 해탈을 시켜주기가 힘들다. 그것은 천도재를 주관하는 스님이 얼마나 원력, 도력이 강한지 약한지에 따라서 큰 차이가 있다. 주관하는 스님보다 해원 해탈하고자 하는 조상의 원력이 더 강하고 도력이 더 강하다고 하면 코웃음만 나는 상황이 발생되는 것이다.

돈을 주고 크게 하는 굿보다도 돈을 주고 절에서 하는 천도재보다도 더 가치가 있는 것은 본인이 직접 기도를 하는 것이다. 그것이 가장 빠르고 효과가 있다. 본인이 할 수만 있다면 자기 자신의 조상이기에 깊은 정성을 갖고 해원 해탈을 빌 수가 있는 것이고 그 마음이 하늘에 전해만 진다면 조상해원은 더 쉽게 되는 것이다.

내가 모셨던 조상과 신에 대해 해원 해탈을 빌고 극락왕생을 비는 과정에서 업의 차이에 따라 쉽게 가는 조상도 있고 쉽게 가지 못하는 조상들도 있다는 것을 알게 되었고, 항상 최선을 다해 빌어야 한다는 것을 알게 되었으며 일심정성으로 비는 가운데 조상들이 어느 순간 한꺼번에 하늘로 올라가는 것을 보게 되었다. 그것은 꿈으로 나타나게 되어 있다. 우리는 간혹 뱀이나 구렁이 꿈을 많이 꾼다. 꿈에 뱀을 보거나 구렁이를 본다면 그것은 무조건 나의 모습이거나 조상의 모습으로 보면 정확하다. 동물로 보이는 경우도 짐승으로 보이는 경우도 전생의 모습으로 생각하면 되고 나의 조상의 모습으로 생각하면 된다. 처음엔 뱀, 구렁이, 개, 고양이 등 험한 짐승의 모습으로 보이던 것들이 기도를 하는 과정에서 물고기, 새로 보이게 된다.

물고기나 새로 보이면 중간 정도 업을 닦았다고 보면 된다. 그러던 것이 어느 날 하늘에서 마차가 내려오더니 그것들을 한꺼번에 싣고 가는 모습을 보았다. 그것은 웬만한 조상이나 신적 존재들이 다들 해원 해탈이 되었다는 것으로 판단하면 된다. 그런 과정을 거치면서 나는 조상들이나 예전에 큰 고통을 당했던 신적인 부분에 있어 흔들림이 없이 깨끗하고 편안해짐을 느끼게 되었다. 처음 21일 기도를 하면서 업장소멸 하라는 기도가 나오고 그다음에 나오는 것이 '하늘에 공덕을 쌓아 복운을 받으라'는 것이었다.

공덕에서 공이라는 것은 몸을 깨끗이 하는 것이고, 덕이라는 것은 마음을 깨끗이 하는 것이다. 즉 몸과 마음의 때를 벗기고 공덕을 쌓아 하늘의 복운을 열고 받으라는 것이다. 기도를 하는 과정에 진리 공부가 나오기 시작했다.

'도를 구하라', '법을 구하라' 이 말은 '나를 찾으라'는 것이다. 나를 찾으라는 것은 '내가 부처'라는 것을 깨달아 나의 부처를 찾으라는 것이다. 나의 부처를 찾게 되면 '부처는 어떻게 살 것인가?', '부처는 어떻게 행동해야 하나?'라는 물음이 나오는데, 그 답은 '우주에 순응하고 자연에 순응하는 삶이 부처의 삶이다', '우주에 역행하고 자연에 역행하는 삶은 부처의 삶이 아니다'라는 것이다. 부처와 같이 이상적인 인간의 경지에 이른다면 과거에 지어 온, 전생에 지어 온 나쁜 습기와 무간지옥에 떨어질 업이 있더라도 삶은 자연히 해탈의 큰 바다로 변하게 된다는 것을 알게 되었다.

삶이란 죽음으로 향해 가는 과정이다. 산다는 것은 죽기 위한 과정이고 길목이다. 어떻게 죽을 것인가? 그것이 중요하다는 것을 알게 되었다.

업을 가지고 남기고 안고 죽을 것인가, 업장을 소멸해 해탈되어 영원한 생명을 얻을 것인가. 어떻게 죽고 어떤 모습으로 죽느냐에 따라 다음 생(生)은 크나큰 차이가 있다는 것을 알게 되었다. 또, 업장소멸도 중요하지만 하늘과 같은 존재인 나의 생명체, 즉 나의 마음에 죄짓지 말라는 뜻을 깨달으면서 나는 나 자신에게 죄짓지 말자고 다짐했다.

'진리에 충실하라.'

'진리란 멀리 있는 것이 아니라 내 마음 안에 있는 것이다. 모든 것을 다하라. 선과 악을 구분하지 말고 싫고 좋고, 사랑하고 미워하고…… 구분하지 말고 모든 것을 다하여라. 그러나 머뭇거림이 있거나 나중에 후회할 일이 있을 것 같으면 하지 마라. 이것이 마음의 본성, 진리다'라는 진리 공부가 나오기 시작했다. 이런 기도를 하는 과정에 나는 '나반존자'를 보게 되었고 나와 처음부터 깊은 연이 있었던 약사관음의 모습을 보게 되었다.

어느 날 허공에서 기도를 하던 중 나반존자의 모습을 보면서 나 스스로 깨달아야 한다는 것을 알게 되었고, 결국은 나반존자의 모습이 바로 나 자신의 모습이라는 것을 알게 되었다.

하늘을 보면서 땅을 보면서 삼라만상에서 우주를 깨달으라는 것이고 마음을 열어 마음으로 우주를 담으라는 것이었다. 삼라만상에서 깨달은 자가 바로 나반존자의 모습이고 나 스스로가 깨닫게 된다면 내가 나반존자라는 것이다. 기도를 하는 과정에서 제일 먼저 나에게 보인 신적 모습은 '나반존자'의 모습이었다.

'나반존자'를 '독성'으로 부르기도 한다. 나반존자의 모습을 보면서 나반존자가 다른 신적 대상, 존재가 아니라 '또 다른 나'의 모습이라는 것을 알게 되었다. '또 다른 나'라는 것은 지금껏 살아온 나 자신이 아닌 깨달음을 얻은 나, 나반존자 즉 독성, 또 다른 나의 모습이라는 것을 알게 되었다.

깨달음이란 것도 복잡한 것이 아니고 우주만물 삼라만상의 이치를 알고, 자연의 이치를 알아 나 스스로가 자연의 일부가 되어 진리를 얻는 것을 의미한다. 그때 태백산의 계절은 겨울로 가는 문턱인지라 밤에 허공에서의 기도는 추위와 싸워야 하는 일이었다. 그러나 '바람', '추위'도 자연의 일부라고 생각해야 하고 자연을 느끼라는 뜻으로 다가왔다. 난 웃옷을 벗어버리고 자연의 일부인 '바람, 추위'를 몸으로 받아들였다.

'또 다른 나'를 찾으면, 나란 존재가 깨달음을 얻는 존재가 된다면 그동안 무속인으로 살면서 받들었던 산신, 용왕 등등 모든의 신적 대상들이 나와 일대일 관계가 되든지 내 안의 일부가 되어 쉽게 조화나 도술을 부릴 수 있다는 것도 알게 되었다. '또 다른 나'를 알고 찾게 되면 오로지 볼 것은 하늘뿐이라는 것을 알게 되면서 '또 다른 나'를 찾는 것도 시작은 업장소멸에서, 그리고 마음을 비우고 마음을 새롭게 해야만 출발이 된다는 것을 알게 되었다. 그런 기도 과정에서 지난날 무속인으로 살면서 잘못된 기도와 잘못된 중생구제를 했다는 생각에 모멸감까지 느끼게 되었다. 하늘에서 나를 보았을 때 얼마나 우스운 존재로 보이고 하늘은 얼마나 안타깝게, 얼마나 울었을까? 라는 생각이 드니 하늘을 향해 고개를 들 수가 없었다.

그런 과정에서 기도 중에 또 보이는 존재가 있었다. 그것은 '관세음보살', '약사관음'의 모습이었다. 내가 무속인의 길을 가야 한다는 것을 알았을 때 난 우연찮은 기회에 '약사관음'을 모신 적이 있다. 신굿이란 절차도 없이 아무것도 모르는 시기에 살기 위해서 '약사관음'을 모신 적이 있다.

그러나 신굿을 하는 과정에서 황해도 굿을 하는 제자들은 '부처님'을 모시지 않는다는 신의 부모의 말에 따라 신굿을 하는 날 없애게 되었다. 그러나 태백산에 들어와서 기도를 하는 과정에 알게 된 것은 나에게 신적 존재로 제일 먼저 왔고 예전부터, 즉 전생에서부터 나와 인연이 되어 온 신적 존재, 즉 선관은 약사관음이든지 관음보살이었다는 것이다.

  그 원신을 신굿 하는 날 없애버렸으니 나의 무속 제자생활이 순탄할 수가 없었던 것이다. 그런 것을 알게 되면서 업장소멸에서 시작해 '나반존자'와 '약사관음'을 새롭게 알고 깨달으며 나의 21일 기도가 마무리되어갔다.

새롭게 다가온 부처님

내가 기도를 했던 태백산 약수암기도터는 단군성전이 있는 곳이다.

단군성조, 즉 단군할아버지를 모시고 있는 성전과 아미타불과 보살님을 모시고 있는 극락전 그리고 흐르는 물이 너무나 좋은 용궁과 허공 산신각이 있는 곳이다. 단군성전이 있는 곳이기에 모든 기도나 행사를 시작할 때는 단군성전으로 먼저 가게 된다. 나 또한 단군성전에서 많은 하문과 답을 얻게 되었다. 21일 기도가 끝날 무렵 단군성전에서 뜻이 내려왔다.

'지금까지는 업을 소멸하며 새로운 인간으로 태어나기 위한 기도시간이었다', '이제는 하늘의 뜻을 받기 위해 너 자신의 해탈을 위해 기도하라.' 이렇게 뜻이 내려왔다. 사실 21일 기도가 끝났다고 해도 막상 내려갈 곳도 없는 상황인 데다 밖의 일이 진전이 있는 상태도 아니었기에 내려갈 수도 없고, 어차피 장기기도 시작한 것 끝을 보자는 생각이 강하게 있었기에 기도를 더 하려고 했다. 21일 기도를 통해 조금이나마 하늘을 알았고, 조금이나마 업장소멸 했고, 새롭게 나반존자와 약사관음을 깨닫게 되었기에 성과는 있었고 성불을 보았다는 생각이 들었다.

21일 기도라는 것이 새로운 인간으로 태어나는 최소한의 기간인 것을 알게 되었다. 일반인이든지 제자 또한 하늘에서 보자면 다 같은 사람이다. 그 사람들이 지금껏 잘못 살아온 것을 버리고 새로운 인간으로 태어나는 시기나 기간을 21일로 보는 것이다. 우리는 3·7일 즉 21일을 중요하게 여겼던 부분이 있다. 그런 내력이 하늘에서 허락하고 인정하는 시간이라는 데 기인한다는 것을 알게 되었다. 21일 기도를 통해서 조금이라도 새로운 인간으로 태어났으니 이제는 하늘의 뜻을 알고, 하늘이 나란 사람에게 내린 소임을 알아야 하고, 제자로서 살아갈 때 어떤 임무를 완성해야 하고, 신적 존재나 신적 대상은 없지만 나에게 온 원신을 하늘과 연결시켜 하늘을 마음에, 가슴에 담아야 하는 것이 숙제로 남아 있었다.

예전에는 부처님과 인연은 있었지만 무시하는 색깔도 강했고 황해도 굿을 하면서 더 배척하는 성향이 강해졌다. 그래서 기도터에 기도를 와도 부처님이 계신 '극락전'은 들어가지도 않은 적이 많다. 그러나 21일 기도를 통해서 관세음보살의 모습을 보았고 나의 갈 길을 어렴풋하게 알게 되면서 '극락전' 기도를 많이 하게 되었다.

'극락전'에는 아미타부처님을 중앙으로 해 대세지보살님과 약사관음이 협시불로 모셔져 있고 다른 한편으로 지장보살이 모셔져 있다. 오로지 참선기도로써 관세음보살님을 마음에 담고자 했다. '관세음보살을 모시려면 너 자신이 관세음보살이 되어야 한다.' 그저 관세음보살의 모습만 보았다고 해서, 법당에 관세음보살님 동상을 모신다고 해서 그분이 있는 것은 아니라는 것이다. 무속세계에서는 산신이 보이면 법당에 산신을 모시고, 어느 날 장군이 보이면 장군동상을 사다가 모시고, 동자동녀가 꿈에라도 보이면 동자동녀 동상을 사다 모시고…… 그렇게 많은 신들의 동상을 모시는 경우가 비일비재하다. 그러나 기도를 통해서 알게 된 것은 그렇게 모신다고 해서 그분들은 오시지도 모셔지지도 않는다는 것이다.

관세음보살님이 보였다면 관세음보살이 인연이 되었으니 제자는 관세음보살을 모실 준비를 하라는 것이다. 모실 준비라는 것은 우스운 이야기로 돈을 준비하라는 것이 아니다. 마음에 관세음보살을 담기 위해 나 스스로가 관세음보살의 행(行)을 해야 한다는 것이다. 관세음보살님을 모실 만한 기도와 그릇이 되라는 것이다. 즉 관세음보살님이 들어오신다면 나 스스로가 관세음보살이 되어야 하고 그런 행(行)을 해야 한다는 것이다. 그래야 그분이 들어오셔서 원력, 법력을 부린다는 것을 알게 되었다.

"나무 관세음보살" 명호기도에 충실하고 모실 만한 그릇이 되게 해달라고 간절하게 빌었다. '또 다른 나'를 깨달아 나 스스로가 나반존자가 되고 관세음보살님에게 모든 것을 바친다는 뜻을 가지고 기도를 했다. 어느 순간, "인간에 연연하지 마라. 모든 것이 너에게는 부질없다."라는 음성이 들리는 것이었다. 눈을 떴다. 약사관음을 보았다. 옆에 중앙에 좌정하신 아미타부처님에게 시선이 가는 것이었다. 아미타부처님에게 시선이 고정이 되는 것과 동시에 아미타부처님의 음성이 들리는 것 같았다.

"인연에 연연하지 마라…… 아기야."

그런 말씀을 듣는데 눈에서 눈물이 흘렀다. 지금껏 살아오면서 내 업으로 인해, 나의 죄로 인해 얼마나 많은 사람들에게서 상처를 받았던가. 눈에서 계속해서 소리 없이 눈물이 흘러내렸다.

"인연이란, 사람의 연이란 것은 흔적 없는 바람과 같은 것이다. 너에게는 옆에 사람이 없다. 인간에 의지하지 말고 인간에 정을 주지 마라. 우리 아기는 늘 홀로 독이 되어야 한다."

"바람과 같이 인간이란 것은 잡으려고 해도 잡을 수가 없다. 어차피 죽을 때는 혼자 죽는 것이다. 가족이 있다고 한들, 부부가 있고 자식이 있다고 한들 죽음 앞에서 같이 갈 수는 없다."

이런 말씀으로 지금껏 인간에게 연연하고 사람에게 연연하면서 상처를 많이 받았던 나에게 앞으로 살길을 알려주는 것이었다.

제자라는 것은 외롭고 괴롭게 가는 길이라는 것을 알면서도 나는 인간에게 의지하고 사람을 늘 옆에 두려고 했다. 그것이 얼마나 잘못된 것인지 아마타부처님의 뜻을 통해서 다시 한 번 깨닫게 되었다.

제자라는 것은 각자 타고난 몫이 틀리고 타고난 복이 틀리고, 각자의 소임이 틀리다. 그런데 나는 홀로 독, 즉 외롭게 하늘만 보고 가라는 것이다. 하늘의 이치를 알고 하늘의 도리를 알고 하늘의 뜻을 알아 복운을 쌓고 영원한 해탈의 길에 들어서라는 것이다. 그 소임을 가지고 중생구제가 우선이 아닌 영혼구제에 최선을 다하라는 것이다. 영혼구제 또한 남이 우선이 아니고, 제자인 나 자신의 영혼구제가 우선이라는 것이다.

"넌 관세음보살의 화신이다."

"모든 사물, 모든 사람, 세상만물의 모든 것을 부처님으로 보고 받들어라. 그것이 너에게 내리는 첫 번째 소임이다."

이런 말씀으로 나 스스로가 관음의 화신이 되어 만물 모든 것을 부처님으로 알고 받들며 살라는 것이다. 지금껏 제자의 생활에서 느끼지도 생각지도 못했던 뜻이 기도를 통해서 나오게 되었고 나 자신은 하나씩 변해가는 과정에 들어서게 되었다.

"나무 관세음보살"

"나무 관세음보살"

관세음보살님을 마음에 담기 위해, 나 자신이 그런 그릇이 되기 위해, 관세음보살님의 화신이 되기 위해 지금껏 무속제자로서는 하지도 않았던 피나는 기도를 했다. 나 스스로가 그런 피나는 기도를 할 수가 있었던 것은 '마지막'이다는 생각이 강하게 들었고 여기서 끝낼 수 없고 다시 시작해야 한다는 일념이 들었기 때문이다. 이제는 신적 존재에 대한 굴곡, 흔들림이 없을 것이라는 믿음이 생기게 되면서 그런 기도가 나왔다.

관세음보살님은 모든 땅의 신, 즉 지신(地神)의 왕이다.

관세음보살님은 사람들에게 복을 내려주시는 분이요, 어머니와 같은 존재라는 것을 알게 되었다. 꿈속에서 보였던 어머님의 모습도 관세음보살님의 모습이었다는 것을 알게 되었다.

"모든 중생을 위해서 기도할 때나 상담 할 때 어머니의 마음으로 하라. 어머니와 같은 마음 그것이 관세음보살의 마음이다."

신도, 단골들을 위해 조언을 하거나 기도를 할 때, 손님들을 상담할 때 어머니의 마음으로 대하라는 것은 어머님이 자식을 위해서, 자식이 잘되라고 간절하게 기도하는 그 마음을 알고 그런 마음으로 중생에게 베풀라는 것이다. 그것이 곧 관세음보살님의 뜻이고 마음이라는 것이다.

관세음보살님에게 새로운 마음으로 기도 하던 어느 날, 영으로 보이는 것이 있었다. 그것은 1년 전에 돌아가신 내 어머님이 허공 산신각 마당에 앉아 산을 보면서 기도하고 있는 모습이었다. 그 모습에 너무나 측은한 생각이 들었다. 내 어머님이란 생각에 눈에서는 눈물이 흘렀다. 돌아가신 지 1년, 아직 해원이 되지 못했구나 그런 생각이 들자 부처님에게 매달렸다

"나의 어머님이 하루속히 업장소멸 하고 죄를 소멸해 극락왕생하게 하소서."

"이 부족한 제자가 간절히 비옵니다. 불쌍한 나의 어머님이 극락왕생하게 도와주소서."

얼마 동안의 시간에 지나자 "관세음보살이다, 관세음보살이 어머님의 모습으로 보인 것이다."

"속히 허공으로 나가 기도하라."

이런 답이 나오는 것이었다.

'아! 관세음보살님이 어머님의 모습으로 허공에서 기도를 하시는구나'라는 생각이 들자 난 아미타부처님이 계신 극락전을 나와 마당의 허공기도터로 자리를 옮겨 기도를 하게 되었다. "나무 관세음보살", "나무 관세음보살", "나무 관세음보살" 명호기도를 통해 참선기도를 하는데 영으로 보이는 것이 있었다. 내 눈앞에 멀리 앉아 있는 부처님이 보였다. 멀리 있는 분인지라 어느

분인지 분간이 되지 않아 나는 고개를 앞으로 내밀면서 그분을 보려 했다. 그러니 그 부처님은 나에게 서서히 앉아 좌정한 모습으로 다가오는 것이었다.

'아미타부처님'

그렇다 아미타부처님이 나에게 오시는 것이었다.

"이제 관음의 기도는 끝났다. 나를 닮기 위해 기도정진 하라."

그렇게 말씀하시면서 사라지는 것이었다. 갑자기 한순간에 보았던 모습이고 광경인지라 난 당황했지만 뜻을 알게 되었다. 관음기도를 하면서 관음을 마음에 담고자 기도했더니 나의 그릇이 넓어진다는 것을 알게 되었다. 그 그릇이 넓어지면서 관음보살로부터 이제는 아미타부처님으로 한 계단 올라간 것이라는 알게 되면서 극락전에서 영으로 본 관세음보살님이 마당에서 기도를 한 것은 내 안에 있는 관음이 아미타부처님을 받아 모시기 위해 먼저 마당에 간 것이라는 것을 알게 되었다.

이렇게 마음은 생각지도 못했던 것을, 깨닫지도 못했던 것을 먼저 알고 기도를 통해 단계 단계 넓어지면서 올라가는 것이라는 것을 알게 되었다.

그리하여 나는 '아미타부처님'을 또 다른 시작으로 해 기도정진 하면서 불법제자, 도법제자로 변해가고 있었다.

'아미타부처님'은 그렇게 나에게 오셨다. 오신 것이 아니라 나의 마음 깊이 자리하고 있던 부처의 불성이 아마타의 모습으로 나타나기 시작한 것이다.

하늘과도 같은 아미타부처님을 마음으로 담기 위해서 기도정진을 하게 되었다.

"나무 아미타불 관세음보살"

"나무 아미타불 관세음보살"

명호기도를 하면서 늘 나는 마음속으로 '업장소멸'을 빌었다. 전생의 업장, 현재를 살면서 과거사에 지은 업장, 무속인 무당으로 살면서 지은 업장 등 너무나 많은 죄와 업이 쌓여 있었다. 아미타부처님을 모시기에는 너무나 부족한 제자라는 것을 깨닫게 되었다.

"아미타부처님을 백만 번 불러라."

"나무 아미타불" 이런 식의 명호기도를 백만 번 하라는 답이 나왔다. 시간을 계산해보니 하루에 세 시간씩 100일을 해야 하는 기도다. 다른 방법으로는 하루에 여섯 시간씩 50일 동안 해야 하는 기도다. 산속에서 하루에 여섯 시간이 뭐가 힘들까? 생각도 하겠지만 그것은 너무나 힘든 기도였다. 그러나 나는 아미타부처님이 나에게 처음으로 내린 분부라 생각하고 약수암 기도터의 극락전에서 며칠 동안 살다시피 했다.

같이 기도를 하는 도반(제자)들이 나에게 극락전을 전세 냈다는 농담을 할 정도로 나는 '나무 아미타불 관세음보살' 명호에 목숨을 걸다시피 했다. 그런 기도과정에 글을 쓰고 싶은 생각이 가득했다. 예전부터 나에겐 천문글이라 해 서예작품을 쓰듯 부적을 쓰는 신의 특기가 있었다. "나무 아미타불 관세음보살" 명호기도를 하면서 시간을 내어 붓글을 쓰고 싶은 생각이 들어 재료들을 준비했다. 예전부터 급한 일이 있는 경우에는 글문부적을 써 왔던 터라 글을 쓰는 것이 힘들지는 않았다. 서예작품을 쓰는 마음으로 붓을 들어 글을 쓰려 하자 "道자를 1만 번 써라."라는 하문이 내려왔다. 그리하여 나는 기도시간을 뺀 나머지 시간에는 '道'자를 쓰기 시작했다. 하루하루 道자를 써가는 과정에 마음으로 대화가 되기 시작했다. 道자를 1만 번 쓰는 이유가 나오기 시작했다. 첫 번째는 '나를 찾기 위한 것이다'란 답이 나왔다. 나란 존재가 바로 진리요 도(道)라는 것이니 진리와 도(道)를 찾기 위해 1만 번의 '道'란 글자를 쓰라는 것이었다. 두 번째는 인내하고 때를 기다리라는 이유였다. 급하게 마음먹고 하루속히 밖에 나가 법당을 차려야 한다는 마음을 가지지 말라는 뜻이고 이번 기회에 모든 기도를 마치라는 뜻도 있는 것이다. 조급한 마음이 들면 불안한 마음에 기도가 아예 되지 않을 수도 있기에 인내하고 때를 기다리라는 것이 두 번째 답이었다

세 번째는 정도정법, 정도정심, 정도정행을 가르치기 위해 '道'를 1만 번 쓰라고 하시는 것이었다. '正道正法 正道正心 正道正行' 굳이 부연설명을 하지 않아도 제자들과 일반인들 구분할 것 없이 모든 사람들이 지켜야 하고 따라야 할 글이다. 이것이 곧 하늘의 마음이요, 부처가 바라는 세상, 앞으로 이루고자 하는 미륵용화세계가 아닐까? 바른길에서 바른 법이 나오고 바른 마음에서 바른 행동이 나온다면 지금처럼 탁한 세상이 조금이나마 정화되어 용화세계를 이루고 도의 세상을 만들고 미륵세상을 만들 수 있지 않을까, 그런 생각이 드는 글이다. 이와 같은 세 가지 이유로 나는 道자를 1만 번 쓰게 되었고 "나무 아미타불 관세음보살" 명호기도를 계속 이어나갔다.

1만 번의 道자를 다 써가던 어느 날 밤, 허공기도 중 용궁기도터 위의 큰 바위 위에 커다란 붓이 하나가 보이면서 어느 신명이 그 붓을 나에게 주는 것이었다.

"상통천문 하달지리 제갈공명 와룡신장이다."

"이제부터 제자가 쓰는 천문부적은 제갈공명 와룡신장의 기운이 들어가는 부적이다."라고 하문을 하는 것이었다. 그러시면서 나에게 커다란 붓 한 자루를 던지는 것이었다. 예전부터 어느 신명이 이런 글문부적을 내리시나, 라는 의문만 가졌지 그것이 어느 신명의 하애를 받아 써 내려가는지 몰랐던 것을 기도를 통해서 알게 되었다. 그저 어느 할아버지 신명에 의해 써지겠지, 라고 간단하게 생각했지 이처럼 와룡선생, 제갈공명 와룡신장의 하애를 받아 쓰는 것인지는 몰랐다. 감회가 남다르고 새로웠다. 그러는 와중에 계속해서 하문이 내려왔다. 우주만물 세상 모든 것이 정법이다, 세상 모든 종교가 정법이다, 기독교도 정법이요, 천주교도 정법이요, 마호메트를 믿는 종교도 정법이요, 힌두교도 정법이요, 네가 했던 무속 또한 정법이다, 라는 하문이 내려왔다. 그러나 사람들이 어떻게 믿고 어떤 마음으로 가르침을 받고 또 종교인, 사제자들이 어떻게 하느냐에 따라서 사법이 되고 사악한 종교가 되는 것이라는 하문이 내려왔다.

　어느 한 가지 종교만 믿는다고 해서 구원을 받는 것이 아니라 모든 종교의 끝은 하늘이다, 라고 하시면서 각자가 어떤 마음으로 믿느냐가 중요하고 사제자들이 어떻게 중생구제, 영혼구제를 하느냐에 따라서 정법이 되기도 하고 사악한 법이 되기도 한다는 것을 알려주셨다. 무당이 무속인이 굿을 하는 것도 정법이라고 말씀하시면서 단지 무당이 무속인이 굿을 하는 것은 오로지 하늘을 향해 하늘님 아버지에게 올리는 천신제만 존재한다고 말씀하셨다. 일반인들이 조상을 위해서 하는 굿은 하늘에서 원하는 것도 아니요, 하늘에서 바라는 것도 아니라 하시면서 일시적인 효험은 있을지 몰라도 영원한 것은 없다고 말씀하셨다. 그러면서 다시 한 번 나에게 무속인의 길을 접으라고 무당의 길을 끝내라고 말씀하셨다.

　이제는 사법생활을 버리고 정법제자가 되라고 말씀하시면서 이 길이 바로 하늘이 너에게 준비한 길이라고 알려주셨다. "나무 아미타불" 기도를 드리면서 나도 모르게 진리 공부와 인간 공부, 하늘 공부를 자연스럽게 접하게 되었다. 어느 날 극락전에서 기도를 하고 있는데 아미타부처님 동상 앞에 어느 할아버지가 앉아 있는 것을 눈을 뜬 상태로 보게 되었다. 그 할아버지의 모습은 말로 어떻게 표현을 할 수 없을 정도로 영롱하고 찬란한 빛의 모양이었다. 그 할아버지가 입은 옷은 흰색도 아니요, 그렇다고 미색도 아니고 빛으로 장식이 되어 있는 옷이었으며 어깨로 해서 허리까지는 용 두 마리가 수놓여 있고 한 손에는 부채를 들고 있었다. 그리고 할아버지 앞에 그리고 좌우측으로 각각 호랑이가 한 마리씩 할아버지를 지키고 있었다.

　언뜻 생각하면 '산신'의 모습과도 같았지만 지금까지 보아 온 산신의 모습, 접했던 산신의 모습이 아니었다. 누구시냐고 마음으로 물었다.

　"내가 곧 산신천왕이요, 우주천왕이다."

　그렇게 말씀하시면서 아미타부처님 동상 뒤로 가시더니 곧 탱화의 모습으로 변했다. 산신천왕, 우주천왕이 왜 제게 보이시는 것이냐고 물었다.

"내가 곧 하늘이요, 하늘님 아버지다. 제자가 믿고 따라야 할 것은 바로 하늘님 아버지밖에 없다."라고 답을 하시는 것이었다. 아미타부처님 또한 하늘과도 같은 존재였기에 이런 시각에서, 저런 관점에서 따진다면 산신천왕이나 우주천왕이나 부처님이나 다들 같은 존재인 것이다. 어떻게 모시느냐, 어떤 대상으로 모시느냐, 어떤 분으로 모시느냐에 따라 모습이, 모양이 다를 뿐이지 다 같은 하늘이요, 하늘님 아버지라는 것을 알게 되었다.

즉 단군도법으로 보자면 환인, 환웅, 단군으로 해서 삼신이 되는 것이요, 이것이 곧 천지인 삼위일체가 되는 것이다. 불법으로 보자면 삼불제석의 법신, 보신, 화신의 모습으로 보면 되는 것이고, 기독교로 보자면 성부, 성자, 성령으로 해석하면 되는 것이다. 곧 불법에서의 아미타부처님이 단군도법에서는 단군할아버지가 되는 것이다. 아미타도 하늘의 모습이요, 단군할아버지도 하늘의 모습으로 알면 되는 것이기에 두 분 다 곧 하늘인 셈이 되는 것이다. 이런 깨달음을 얻는 과정에서 난 아미타불을 하늘로 모시게 되었고 우주천왕을 하늘님 아버지로 부르게 되었다. 그리고 나서 몇 번을 더 산신천왕, 우주천왕을 기도 중에 보게 되었고 하늘에서 내게 내린 소임을 알게 되었다.

이런 기도를 하는 과정에서 새로운 법당의 이름을 내게 주셨는데 그것이 바로 '용화정사'인 것이다. 용화세계 미륵세계를 뜻하는 것으로 도법, 불법을 통해 많은 영혼을 구제해 이 세상을 추함이 없고 더러움이 없는, 인간의 본성으로 돌아가는 세상으로 만들라는 뜻이다. 그렇게 난 '용화정사'란 법당 이름을 받게 되었다.

시작과 끝을 만나다

　10년간의 화려했던 무당의 세계를 접고 도법제자, 불법제자로 변하는 과정에서 약수암기도터에는 많은 제자들이 각자의 사연을 가지고 기도 하러 들어왔다. 나는 다른 제자들을 기도터에서 처음 만나 모르는 경우가 많았지만 웬만한 제자들은 나란 존재를 너무나 잘 알고 있었다.
　소위 황해도 굿으로 황해도 만신으로 해서 나는 정상을 한 번쯤 올랐던 제자였고, 밖에선 상담을 하려고 하면 돈을 싸 들고 가야지만 만날 수 있는 제자라고 과장되게 소문이 나 있었다. 나를 통해서 한 번 황해도 굿을 하려고 하면 최소한 3천만 원에서 5천만 원은 가져야 한다고 과장되어 소문이 나 있었다. 이런저런 말을 들으면서 '내가 참으로 명예를 많이 얻긴 얻었나 보다'라는 생각을 했다. 이런 말을 하는 것은 그런 위치에서 그런 굿을 하고, 그렇게 잘나가던 무당이 굿을 버리고 도법, 불법 제자로 전환한다고 하니 대부분의 제자들이 내가 그렇게 되지 않을 것이라고 말하고, 남들은 배우지 못한 아까운 재주를 접는 데 대해 아까워하는 제자들도 있는 데다, 절대로 바꾸지 못할 것이라고 말하는 제자들도 있었기 때문이다.
　그러나 내가 얼마 동안의 기도를 통해서 쉽게 마음을 잡고 정할 수 있었던 것은 10년간의 무당생활이 참으로 화려하고 너무나 큰 명예를 가지게도 되었고 황해도 굿에서는 한 획을 그었던 제자이지만 속으로 보자면 굴곡이 많았을뿐더러 신의 고통, 신의 번민, 신의 갈등이나 인간으로 인한 고통이 너무나 많았기 때문이다. 모든 것은 내 업에서 나온 것이라고 인정 하지만 다시 그 길을 가고 싶지가 않았고 나 자신이 무당의 길에서 참맛, 쓴맛을 다 보다 보니 무엇인가 크게 잘못된 것이 많고 영원한 것은 없고 영원한 생명도 없다는 것을 뼈저리게 느꼈기 때문이다. 그래서 쉽게 그리고 과감하게 무당생활과 황해도 굿을 버릴 수 있었던 것이다.

　도법, 불법 제자로 바꾸기 위해서 기도하는 과정에 난 불법제자 쪽으로 가닥이 점점 잡혀가는 것을 알게 되었다. 도법이나 불법이나 모양만 다른 것이지 다 같은 하늘과 하늘님이라는 것도 알게 되면서 관세음보살로 시작해 아마타부처님을 마음에 담기 시작했다. 그러는 과정에 진리 공부, 인간 공부를 기도 중 자연스럽게 보고 듣게 되었고 부족하지만 새롭게 제자로서 가져야 할 마음가짐이 생기게 되었다.

　'어떻게 죽을 것인가?'
　'왜 태어났는가?'
　그냥 가볍게 흘려버릴 말들이 아니다. 마음으로 깊이 깨닫고 답을 찾아야 하는 말이다. 우리가 이 땅에 사람의 모습으로 태어나서 반드시 알아야 할, 그리고 깨달아 답을 찾아 마음 깊이 각인해야 할 말이다. 우리가 죽어 반드시 육도윤회 하지 않고 극락천도 되든지 아니면 해탈이 된다고 보장할 수는 없다. 하늘에서는 '육도윤회 되어 사람으로 태어난다고 해도 하늘에서 보면 미천한 짐승과 같다'라고 말씀하셨다.

　우리가 지금 사람의 모습으로 살아가고 있지만 하늘에서 보면 동물이나 짐승과 같다는 것이다. 그냥 그저 사람으로 사는 것이 중요한 것이 아니라 다음 생을 준비하는 삶을 살아야 한다는 것을 강조한다. 어떻게 죽을 것인가? 가지고 태어난 모든 업을 소멸하고 깨끗하게 죽을 것인가, 아니면 업을 소멸하지도 못하고 새로운 업까지 덤으로 가지고서 죽을 것인가.

육도윤회 과정에서 사람으로 태어난 것은 어찌 보면 지은 업을 소멸하라고 하늘이 주신 기회다. 이 기회를 알고 깨끗하게 죽을 것인가, 아니면 그것도 모른 채 더 큰 업의 굴레 속에서 육도윤회를 할 것인가. 다음 생에 사람으로 태어날지 아니면 짐승으로, 동물로 태어날지는 아무도 모른다.
 업이 많고 적다는 것은 무게로 측정할 수 있는 것이 아니다. 지금 나의 생을 돌아보면 된다. 지금 삶이 고통스럽다면, 인간고통, 금전고통, 병으로 인한 고통 등 모든 것이 편안하지 않다고 한다면 그것은 전생의 업이 많은 것이고 태어난 팔자가 세다는 것이다.
 똑같이 공부하고 똑같은 회사에 들어간다고 해도 빨리 진급 승진하는 사람이 있고 그러지 못한 사람이 있다. 나보다 못한 사람인 것 같은데, 나보다 못한 친구인 것 같은데 지금의 나보다 더 잘되고 성공 했다면 그 친구와 나와의 차이는 전생의 업이 많으냐, 아니면 가지고 태어난 복운이 많으냐 적으냐 그것이 관건이고 중요한 부분인 것이다. 사람으로 태어난 이유는 사람답게 살고 인간답게 살라는 것이고 우리가 온 곳으로 돌아가기 위해 버릴 것은 버리고 없앨 것은 없애라는 뜻이다. 우리네 생명은 영원한 것이다. 즉 나란 사람의 마음 안에는 나란 사람의 생명체가 있다.
 그것을 생명, 본성, 불성이라고 표현할 수도 있다. 나란 사람이 현생에서 죄를 많이 지어 다음 생에 짐승으로 태어난다고 한다면 그것은 끔찍한 일이 될 수도 있다. 짐승이, 동물이 생명을 알고 본성을 알아, 불성을 깨달아 득도하기는 너무나 힘든 일이고 어려운 일이다. 우선적으로 사람으로 태어났다고 한다면 모든 것을 닦고 깨달아 내가 처음 온 곳으로 돌아가야 하는 것이다. 그것이 영원한 생명인 하늘인 것이다. 그래서 모든 종교적인 측면에서 시작과 끝은 하늘인 것이다. 착한 일을 많이 하면 천당 가고 극락 간다는 말이 있다. 그 말도 틀린 말은 아니지만 착한 일을 많이 하는 것은 공덕과 복운을 쌓는 것에 해당하지 극락, 천당하고는 거리가 먼 것이다.

내가 예전에 온 곳, 즉 하늘로 다시 돌아가기 위해서는 성불이 되어야 하고 해탈의 모습이 되어야 한다. 그렇게 되기 위한 처음 시작이 가지고 태어난 업을 소멸하는 일이다. 나의 업뿐만 아니라 조상의 업도 나의 업이 될 수가 있다. 내 가족의 업도 나의 업인 것이다.

업장소멸로 시작해 내 주위가 깨끗해지면 당연히 성불의 길에 들어서고 해탈의 길에 들어서는 것이다.

'육도윤회 하는 것은 비록 사람이라 해도 하늘에서 보자면 미물이나 마찬가지다.'

'시작과 끝은 하나다. 온 곳으로 돌아가는 것과 같다. 어떻게 돌아가느냐 그것이 중요하다.'

'영혼과 육신이 함께 생각하고 함께 행동하라.'

'마음속으로 죄짓지 마라. 그것은 나 자신에게 죄짓는 것과 같다.'

진리라는 것은 멀리 있는 것이 아니다. 내 마음 안에 있다. 모든 것을 다하라, 선과 악을 구분하지 말고 모든 것을 다하라, 싫고 좋고 사랑하고 미워하고를 구분하지 말고 모든 것을 다하여라. 그러나 머뭇거림이 있거나 나중에 후회할 일이 있을 것 같으면 하지 마라. 이것이 마음의 본성이고 진리다.

부처님의 불법으로 들어오면서 나에게는 이런 진리 공부, 사람이 어떻게 살고 죽어야 하는지 무속에서는 전혀 깨닫지 못한 공부들이 나오기 시작했다. 그러면서 무속에서 이런 공부가 되지 못한 것은 마음을 열지 못했고 내 마음속의 불성을 끄집어내지 못했기 때문이라는 것을 알게 되었다. 그러면서 모든 것에 한계가 있다는 것을 알게 되었다. 무속에서 행하는 것은 영원한 생명이 아닌 일시적인 방편, 비술, 비법, 비방에 해당하는 것이고 인간의 본성을 끄집어내어 자기 자신에 대한 반성과 미래에 대한 긍정적인 시각을 무속은 줄 수 없다는 것을 알게 되었다. '나무 아미타불 관세음보살'을 100만 번 명호 기도하고 道란 글자를 1만 번 써가는 과정에 꿈을 꾸었다. 꿈에 다른 것은 보이지도 않았고 들리지도 않았다. '아미타불 미륵존불'이란 글씨가 허공에 쓰여 있는 것을 보았다. 그것도 아미타불 미륵존불이란 글자는 그냥 글자가 아닌 불로 쓰인 글이었다. 아미타부처님은 내가 마음에 담기 위해 기도를 하는 부처님이었고 미륵존불은 미륵용화세계를 의미하는 분이었다. 모든 제자나 일반인들이 앞으로 나아가야 할 대상이 미륵존불이다.

나는 앞으로 미래세계를 준비한다는 의미로 미륵존불과 함께 아마타부처님 명호기도를 하기 시작했다.

"나무 아미타불 미륵존불" "나무 아미타불 미륵존불"

3일 정도 명호기도를 하자 내가 미륵존불을 몰랐던 것이 아니라는 뜻이 나왔다. 예전부터 무속인으로서 제자를 할 때도 미륵존불을 찾았던 것이었다. 단지 미륵님이 아닌 돌서낭으로 알았던 것이다. 무속에서는 서낭, 선황, 성황을 중요시 여긴다. 무속제자들이 일이 풀리지 않거나 잘되지 않을 때 '서낭을 풀어라'란 말을 많이 한다. 어찌 보면 가장 중요한 신명인데도 가장 초라한 모습으로 대우받는 것이 서낭일 수도 있다.

정작 중요한 일이 있을 때는 서낭당에 가서 무엇이든지 빌고 풀고 하지만 좋지 못한 기운을 묶어두는 곳도 서낭인 것이다. 나에겐 서낭의 의미로 돌서낭의 줄이 강하다. 그래서 산마다 기도를 갈 때나 바다로 용궁 기도를 갈 때마다 그곳의 작은 돌을 하나씩 가져와 돌탑을 쌓듯 돌을 모아 왔다. 그저 무속의 개념 속에서 돌서낭 할머니라 불렀고 나에게는 가끔 신기함과 융함을 주는 신명이었다. 여러 번 꿈으로 꾸기도 했고 다른 제자의 꿈을 통해서도 모습을 보였기에 중요하게 여기는 신명이었는데, 태백산에서 기도를 하는 과정에 그것이 돌서낭이 아니라 미륵, 석함님, 즉 미륵존불이라는 것을 알게 되었다. 우리가 절 같은 곳이나 산의 기도터를 갔을 때 돌로 탑을 쌓아 놓은 것을 많이 볼 수 있다. 그것이 바로 미륵존불인 것이다. 앞으로 지향해야 할 대상이고 우리가 만들어야 할 세상이 미륵세상이고 보면 미륵존불은 어떠한 부처나 보살의 모습이 아닌, 우리가 꾸며 바꾸어야 할 세상이다. 나와 벌써부터 인연이 있었던 것을 나란 제자만 몰랐던 것이다. 다시 이야기하지만 그만큼 무속을 통해서는 제자의 마음, 제자의 불성, 제자의 본성을 깨우치고 깨달음을 얻어 지켜간다는 것이 참으로 힘들다. 아미타불, 미륵존불, 어떻게 보면 두 분이 내가 모셔야 할 대상이었다. 다 같은 하늘의 모습이고, 믿어야 할 대상이었지만 나는 잠시 혼란이 왔다.

"이러다가는 또 두 분에게 휘둘리어 혼동이 올 수 있습니다. 단 한 분만이 저에게 절대적 대상이 되어야 합니다."라는 말을 기도 중에 하게 되었다.

위의 말을 하자마자 갑자기 극락전의 아미타부처님 머리 위에 글이 쓰이는 것이었다. 글이 쓰이는 동시에 말씀이 들렸다.

"모든 것의 시작은 나로 인한 것이다."

"누구십니까? 제자는 모릅니다."

'비로자나불'

모든 것의 시작은 나로 인한 것이다, 라는 말씀을 하시면서 아미타부처님 머리 위로 비로자나불이란 글이 쓰이는 것이 나의 눈에 확연하게 보였다. '비로자나불.' 내가 몇 년 전에 보았던 부처님 명호였다. 그분이 무엇을 하는 부처님인지는 모르지만 울산에 처음 이사를 가서 당산, 도당 산에 인사차 기도를 갔을 때 산신 축원을 하고 있는데 나의 눈앞에 쓰이는 글귀가 바로 '비로자나불' 다섯 글자였다. 그때 나는 이런 부처님도 계시는구나, 라는 생각만 했지 그 부처님이 누구인지 무엇을 하는지 왜 내게 보였는지 알아보려고 하지도 않았고 기도 또한 하지 않았다. 황해도 굿에 너무 깊숙이 빠져든 나는 오로지 신명만 가지고 놀았지 나에게 전생부터 인연이 있었던 불성, 부처님은 터부시 하고 아예 무시했다. 다시 한 번 부처님인지 하늘인지 누구인지는 모르지만 물었다.

"비로자나부처님은 몇 년 전에 글로 보았습니다. 왜 제게 다시 보이는 것인가요?"

"모든 것의 시작은 나로 인한 것이요, 모든 것의 끝도 나로 인한 것이다."

"처음과 끝이 나다. 이제는 제자가 나를 보아야 할 것이다."

우주만물 모든 것의 시작은 비로자나불이요, 마지막 끝도 비로자나불이라는 것이다. 그리고 나를 보아야 할 것이라는 것은 내가 비로자나부처님을 모셔야 한다는 것을 의미했다.

"너무 힘든 분입니다. 나 자신이 아직은 너무 부족해 부처님을 모실 수가 없습니다. 큰 절에서도 웬만한 도력이 아니면 모실 수가 없는 부처님이고 자칫 잘못 모시게 되면 그만큼 큰 벌이 있다는 것도 알고 있습니다. 그러니 아미타부처님을 모시는 제자가 되게 해주십시오"라고 기도하면서 더 깊이 빠지게 되면 아니 될 것 같아 기도를 멈추고 밖으로 나왔다. 하지만 그런 분을 본 것만 해도 나의 심장은 크게 뛰었다. 결국은 나보다 훨씬 먼저 도법의 길을 가시는 선생님에게 전화를 했다. 나는 "지금 제게 아미타불, 미륵존불, 비로자나불 세 분의 부처님이 보입니다. 서로가 모셔지길 바라는 것 같고요. 어느 분을 모셔야 하는 것이 맞겠는지요?"라고 물었다.

"모든 것은 이 선생님이 정해야 합니다. 그분들은 누가 이래라저래라 할 수가 있는 정도의 분들이 아닙니다. 신중하게 기도를 더 하셔서 정하셔야 합니다. 모든 것을 정하는 것은 이 선생님이 하셔야 합니다."

나는 "전 아미타부처님에 대한 미련이 많습니다. 그리고 부모님처럼 친근감이 들고요. 전 아미타부처님을 모시고 싶습니다."라고 말했다. 불법제자로서 자신감이 없는 것이 아니라 너무 큰 부처님을 모셨다가 그럴 만한 주제도 못 되는 것이 그저 비로자나부처님을 글귀로, 음성으로 들었다고 모실 수는 없는 것이었다. 자칫 잘못하면 큰 난관이나 화를 부를 수도 있다는 판단이 들었다. 그저 비로자나부처님은 우주만물 모든 것의 시작이요, 끝인 부처님으로만 기억하고 마음에 묻어두고 싶었다.

시작과 끝인 비로자나 부처님

비로자나부처님이 계시다는 것을 접하고서도 나는 아미타부처님을 계속해서 마음에 담아갔다. 아미타부처님에게 기도를 하고 있는데 '용궁으로 기도를 나가라'라는 말씀이 나왔다. 그러나 그날은 다른 날보다도 워낙에 추운 날이기에 용궁으로 기도를 나가지 않았다. 다음 날 오후에 어제와 같은 기도를 하는데 또다시 '급하니 용궁으로 기도를 나가거라'라며 어제와 같이 용궁으로 기도를 가라는 하문이 계속해서 나왔다. 그날 역시 낮이라고 하지만 태백산은 눈이 온 뒤의 한파로 영하 10도가 넘는 기온이었다. 그러나 나는 오늘까지 내린 하문을 무시할 수가 없다는 생각에 용궁으로 기도를 나가게 되었다.

용궁에 좌정해 참선기도를 하고 있는데 용궁 물 위로 무엇인가 떠오르는 것이 보였다. 계속해서 나는 영을 무시하지 않고 주시해 보았다. 용궁 물에서 떠오르는 것은 부처님 모습이었다. 그것도 비로자나부처님의 모습이었다. 비로자나부처님의 모습을 가만히 주시해 보고 있었다. 그러자 저쪽 끝에서 어느 작은 부처님이 점점 커지는 모습으로 나타나는 것이었다.

그것은 미륵존불의 모습이었다. 잠시 후 미륵존불이 비로자나부처님과 합쳐지면서 비로자나부처님 안으로 들어가는 것을 보게 되었다.

그 광경은 비로자나부처님과 미륵존불이 합의해 하나가 된다는 것을 제자에게 보여주는 것이었다. "법신, 보신, 화신이 하나가 되어 법신의 모습으로 너에게 보이는 것이다."라고 말씀하시면서 미륵존불의 모습이 미륵반가상의 모습으로 합쳐지는 것을 보여주셨다. 계속해서 나는 자리에 좌정해 영으로 그런 모습들을 보게 되었다.

　잠시 후 온몸에 금으로 치장한 스님들의 모습이 보였다. 스님들은 머리부터 허리까지 웃옷은 입지 않았고 머리에서 허리까지 금으로 색칠이 되어 있었다. 밑에는 한복바지 같기도 하고 도복 같기도 한 바지를 입고 있었다. 그 바지 또한 온통 금으로 치장되어 있었다. 스님은 10명 정도로 보였다. 스님들 뒤로는 큰 문이 닫혀 있었는데 스님들은 나에게 고개를 숙이면서 "안으로 들어가시지요."라고 말하는 것이었다.

　그러면서 문이 열리는 것이었다. 열린 문 앞으로 가서 나는 문 안으로 들어갔다. 문 안으로 들어가니 그곳은 허공이었다.

　내가 허공에 붕 떠 있는 형국이었다. 그리고 앞에는 의자가 놓여 있어 나는 의자에 앉았다. 계속해서 의자와 나는 하나가 되어 허공에 떠 있는 상태였고 의심을 품은 나는 의자에서 일어나 밑으로 뛰어내렸다. 그러나 몸은 용수철처럼 튕겨지면서 부처님 주먹 위에 다시 올려지는 것이었다. 그 부처님은 바로 비로자나부처님의 모습이었고 엄지손가락을 쥔 주먹 위에 내가 올려져 있는 모습이 되었다.

　"제자인 네가 영혼구제, 중생구제를 해야 할 세상을 보아라."

　이런 말씀을 하시는 동시에 부처님 주먹 위에 있는 나에게 세상의 모습이 보였다. 시골의 모습, 도시의 모습 등등이 내 눈에 들어왔고 그것은 곧 지구의 모습처럼 보였다. 그런 생각과 동시에 부처님의 몸이 길어지면서 나를 우주 공간으로 올리는 것이었다.

　검은 우주 공간을 지나면서 한쪽으로는 태양이 지나가고 다른 한쪽으로는 달의 모습이 지나는 것이 보였다. 일광 월광을 지나자 내 앞에는 십장생과 같은 그림이 보이는 듯했다.

"극락의 모습을 봅시다. 극락으로 들어가는 입구입니다."

그렇게 말씀하시는 것이었다. 십장생 그림은 바로 극락으로 들어가는 입구의 모습이었다. 나는 긴장하면서 극락 안으로 들어섰다.

먼저 극락이라는 곳에 발을 딛고 걸었다. 그 느낌은 땅을 걷는 느낌과는 전혀 달랐다. 구름 위를 걷는다고 해야 하나 아니면 스펀지 위를 걷는다고 해야 하나 그런 느낌이 들면서 온몸이 가벼워지고 발걸음도 너무나 가볍게 느껴졌다. 극락이라는 곳은 온통 금빛으로 물들어 있었다. 그곳에 있는 건물들은 중세유럽의 건물들과 흡사한 모습이었고 거리와 건물 사람들까지 다 금색으로 되어 있었다.

가운데 길 양옆에는 중세유럽의 건물들이 즐비하게 늘어서 있었다. 가운데 길로 들어서니 건물마다 금색으로 물든 사람들이 나왔는데 모두들 머리에 화관 같은 것을 쓰고 있었다. 자세히 보니 그분들은 사람이 아니라 여러 보살님들의 모습이었다.

관세음보살님, 약사관음보살님, 대세지보살님 등등 내가 명호를 알지도 못하는 보살님들이 계속해서 집마다 나오는 것이었다. 보살님들은 나에게 가운데 길을 쭉 걸어 올라가라고 손짓을 하셨다. 가운데 길을 쭉 걸어 올라가니 끝에 역시나 금으로 장식이 된 3층탑이 보였다. 3층탑 앞에 서니 1층엔 석가모니부처님 2층엔 노사나부처님 3층엔 비로자나부처님이 좌정해 앉아 계셨다. 난 3층탑 앞에 서 있었다. 잠시 후 3층에 계시던 비로자나부처님이 내 앞으로 내려오시더니 내 머리에 스님들에게 하는 수계같은 것을 하셨다. 그러고선 두루마리로 된 종이를 주셨다. 두루마리로 된 종이를 펼치니 임명장이라고 쓰여 있었고 비로자나부처님 인장이 크게 찍혀 있었다. 난 임명장을 받았다. 그리고 비로자나부처님은 수계를 하듯 내 머리에 12개의 점을 찍는 것이었다. 난 고개를 숙인 채 가만히 있었다.

"제자에게 1만 부처를 내린다."라고 말씀하셨는데 1만 부처를 내린다는 것은 1만 보살을 모시라는 것으로 해석이 되었다. 즉 절을 지으라는 것이요, 그 절은 1만 분의 보살을 모시는 절이 되는 것이다. 이것이 내가 세상에 태어난 목적일 수도 있고 하늘에서 예전부터 준비한 나의 소임이라는 것을 알게 되었다. 수계식과 임명장을 받는 것을 마지막으로 극락을 내려와야 했다. "극락이 반드시 있다는 것을 세상 사람들에게 전하라."라는 말씀을 듣고 나는 극락이라는 곳을 떠나 다시 용궁기도터 앞으로 오게 되었다.

용궁기도터 앞에 오니 기도하는 나의 모습은 아기 부처님과 같은 모습이었다. 처음에 보았던, 금으로 장식된 스님들이 용궁의 물을 떠서 아기 부처님에게 부으니 아기 부처님이 점점 성장하는 것을 볼 수 있었다. 성장하는 아기 부처님 또한 몸이 금빛으로 변하는 것을 보는 순간 아기 부처님이 바로 나의 모습이란 것을 알게 되었다.

"극락을 보여주셨으니 지옥도 보여주셔야지요?"라고 물으니 부처님께서 말씀하시길 "제자가 살고 있는 이 땅 이곳 사바세계가 지옥이다."라는 말씀만 하시고서 모든 것은 사라지고 나는 맨 정신으로 돌아왔다. 용궁기도터에서 한 시간 정도의 시간 동안 영으로 이런 체험을 한 것이다. 비로자나부처님을 바로 보고 극락을 체험시키기 위해 어제부터 그렇게 용궁 기도를 하라고 말씀하신 것이었다. 이런 경험을 한 나는 마음 깊이 흥분이 되었다. 무엇이라 말로 표현할 수 없을 정도로 기쁨과 희열을 느꼈고 가슴이 벅차올랐다.

전부터 도법제자의 길을 먼저 간 아는 선생님에게 전화를 했다. 기쁜 마음을 감추지 못했고 벅찬 가슴을 전화를 통해 알려주었다. 내가 영으로 본 것이 맞는 것인지 확인도 하고 싶은 마음에 전화를 걸었던 것이다.

"그럼 이제 어느 분을 모셔야 할 것인지 정하셔야 합니다. 전에 말했던 아미타부처님인지 아니면 미륵존불인지 아니면 비로자나부처님인지 이 선생님이 정하셔야 합니다."

그분은 그렇게 말씀하시는 것이었다.

나는 "이왕 이렇게 된 거 비록 영으로 보았지만 비로자나부처님을 모시겠습니다. 이분이 나에게는 하늘님 아버지란 느낌이 듭니다."라고 말했다. 이렇게 해서 나는 모든 것의 시작이요, 모든 것의 끝이라고 할 수 있는 비로자나부처님을 마음에 담고 비로자나부처님의 제자가 되기로 결정하게 되었다.

아미타부처님에게 기도를 하면서 받았던 하문이 생각났다.

"이로써 제자의 사법 30년 생활이 끝나고 이제사 정법에 들어왔다."

나는 내가 걸어야 할 길이 아닌 사법의 길을 30년 동안 걸었다는 것을 알았다. 그것은 내가 믿었던 종교가 사법이란 것이 아니라 나 스스로 어찌 보면 사법을 만들었고 내가 걸어야 할 길이 아니기에, 제대로 된 정법의 길을 걷지 못했기에 나에게 있어서는 사악한 법이었고 정법이 아닌 사법이었던 것이다. 어릴 적부터 광신하며 다녔던 개신교와 군대를 제대하고 개종해 10년을 믿었던 '남묘호렌게쿄', 그리고 10년간 잘못된 무속의 길을 걸었기에 하늘에서는 나에게 사법의 길을 30년 동안 걸었다고 했던 것이다. 어릴 때부터 지금까지, 태백산에 기도를 하러 들어온 시기까지 계산해보니 정확하게 30년 동안 이런저런 종교를 가진 것이었다. 그동안 여러 종교에 휩쓸리고 나만의 원신을 찾아 헤맸었는데 비로소 비로자나부처님을 알게 되고 만나게 되고 영적인 체험을 하면서 결국은 원신을 찾아냈던 것이다.

신으로 인한 고통, 분명히 원신이 있는데 아무리 찾아도 찾지 못해 받았던 고통, 그런 과정을 통한 후회와 절망, 목숨까지 버리려 했던 신으로 인한 고통을 경험하지 않고는 이런 기쁨을 느낄 수도 알 수도 없을 것이다. 단군도법으로 보자면 환인, 환웅, 단군 할아버지가 삼신제석이 되는 것이다. 불교도법으로 보자면 비로자나, 노사나, 석가모니 부처님이 삼불제석이 되는 것이다. 천지인 삼위일체가 되는 것이요, 하늘님 아버지요, 하늘님이 되는 것이다. 환인 또한 하늘님 아버지요, 비로자나부처님 또한 하늘님 아버지다. 옷의 색깔만 다른 것이다. 즉 전에 나에게 보였던 우주천왕, 산신천왕의 모습이 결국은 환인님이라는 것을 알게 되었다.

　내가 믿고 따라야 하는 존재는 결국은 하늘님 아버지였던 것이다.

　기도를 하는 과정에서 산신천왕, 우주천왕의 고귀한 모습이 결국은 환인의 모습이고 하늘님 아버지의 모습이었던 것을 알게 되었다. 나는 끝을 보고 가야 하는 제자였던 것이다. 끝이라는 것은 새로운 시작이 아닌, 내가 처음부터 왔던 자리로 돌아가는 것이다. 그것이 곧 하늘이라는 것이고 내가 믿어야 할 존재는 하늘님 아버지라는 것이다. 조금의 갈등과 번민이 일어나기 시작했다. 나의 급한 마음에서 비롯된 것인지도 모른다. 만약에 사바세계에 내려가서 법당을 모시게 된다면 동상은 비로자나부처님으로 모시고 싶었고 탱화는 우주천왕의 모습을 그려 모시고 싶었다. 그 모습이 지워지지 않았고 너무나 깊은 인상을 받았기에 나는 남들과 다른 법당의 모습을 만들려고 했는지도 모른다.

　"제자야, 너의 마음 안에 법당이 있다. 네가 앉아 있는 이 자리가 바로 법당이다. 보이는 것에 연연하지 마라."라는 말씀이 나에게 내려왔다.

　급한 성격도 문제가 되겠지만 어느 시기가 되면 당연히 법당을 만들어야 한다. 그것은 나 때문이 아니라 오는 사람들, 대중들 때문이라도 법당은 만들어야 한다. 그런 생각이 가슴 깊이 들어 있었는지 나는 법당에 대한 생각으로 가득 차 있었다. 그런 마음은 하늘이 먼저 알기에 나에게 너의 법당은 다 네 마음 안에 있다고, 어느 곳에 있더라도 그곳이 제자의 법당이라고 말씀하신 것이다.

　기도할 때 중요한 것이 깊이 빠지지 말라는 것이고 급한 마음을 가지지 말라는 것이다. 잠시 잠깐 그런 마음을 놓친 것을 알게 되었다.

　지금은 오로지 비로자나부처님을 마음에 담고 그만한 그릇이 되기 위해 기도정진을 할 시기인 것을 깨닫는 것이 중요한데, 사람의 마음이란 것이 수시로 변화하고 변동한다는 것을 느끼게 되었다.

"비로자나부처님 제자가 되고 비로자나부처님을 마음에 담기 위해 기도정진 하라. 그리고 오늘부터 하루에 한 번씩 냉수목욕을 하고 기도에 들어라." 라는 말씀이 내려졌다. 지금껏 제자생활을 하면서 냉수목욕을 한 적이 한 번도 없었다. 나는 체질적으로 그런 것인지 여름에도 따뜻한 물로 목욕을 하는 사람이다. 그런데 추운 한겨울에, 그것도 태백산의 겨울은 다른 곳의 겨울과는 사뭇 다른데, 태백산은 여름에도 찬물로 목욕하기 어려울 정도로 물이 찬 곳인데 나에게 냉수목욕을 하라는 하문이 내려졌다. 예전 같았으면 그냥 지나쳤을 것이다. 그러나 나에게 기도를 통한 변화가 몸과 마음에 심어졌던 것인지 아니면 비로자나부처님에 대한 열망 때문인지 냉수목욕을 하는 것에 대한 거부반응이 일지 않았다.

비로자나부처님 제자가 되기 위해 냉수목욕을 처음 하던 날 냉수를 몸에 뿌릴 때마다 나의 입에선 자연스럽게 '업장소멸'이란 말이 나왔다. 온수로 목욕을 하다가 나중에 냉수를 뿌리는 것이 아니라 처음부터 끝까지 냉수로 목욕을 했다. 냉수목욕이 끝나고 나자 나의 마음이 도리어 훈훈해지는 것을 느꼈고 온몸에 열이 나는 것을 느끼게 되었다. 그리고 마음가짐으로 큰 부처님을 담기 위해 무엇인가를 한 것 같은 생각까지 들게 되었다. 결국 냉수목욕을 하루 하고서 나는 심한 감기몸살에 걸리게 되었다. 그러나 감기몸살로 인해 머리가 아프고 온몸이 아파도 계속해서 냉수목욕을 하면서 기도를 했다.

그러다 보니 신기하게도 감기는 떨어졌고 기도에 더욱 집중이 되는 것을 느꼈다. 결국 비로자나부처님을 온몸으로 온 마음으로 받게끔 되었다.

비로자나부처님은 모든 것의 근원이요, 시작이다. 즉 우주만물의 시작인 것으로 알면 된다. 불교로 보자면 불교의 시작이 비로자나부처님인 것으로 보면 되는 것이다.

비로자나부처님이 인간의 몸으로 오셔서 불법을 알리게 된 것이고, 그 인간의 몸이란 것이 바로 우리가 아는 석가모니부처님인 것이다.

그리고 법신, 보신, 화신을 비로자나, 노사나불, 석가모니로 보면 되고 이 세 분의 부처님을 다시 한 분으로 보면 되는 것이다. 그 모습이 법신으로는 비로자나부처님이고 보신으로는 노사나불이고 화신으로는 석가모니부처님이 되는 것이다. 그래서 비로자나부처님을 모시는 법당은 비로자나부처님을 가운데 모시고 노사나불과 석가모니 부처님을 양옆으로 모시게 되는 것이다.

새로운 것을 하나씩 알게 되고 나의 절대적 대상을 알게 되면서 마음 한편으로는 기도가 즐거웠다. 그러나 다른 한편으로는 알고는 있지만 환인의 모습과 비로자나불의 모습이 동시에 보이기에 혼란스러움도 있었다. 조언을 해주시는 선생님이 나에게 어떻게 기도가 되어가는지 물으셨기에 나는 지금껏 경험한 것과 보았던 것을 말해주었다. 그랬더니 그 선생님은 나에게 모든 것이 다 맞다 하시면서 불교의 부처님 법으로 가는 것보다는 단군도법으로 가는 것이 어떻겠냐고 조언을 하는 것이었다.

즉 비로자나부처님이 아닌 단군할아버지를 모시고 가는 것이 정통이라고 조언을 해주셨다. 그런 부분에 있어서 나는 비로자나부처님과 우주천왕의 모습으로 보인 환인할아버지를 두고 갈등과 혼란스러움이 일기 시작했다. 단군할아버지를 모실 생각은 없었다. 단군할아버지가 하늘님이라 하지만 나에게 있어서는 단군의 모습이 아닌 환인의 모습으로 보였고 그분이 하늘님 아버지란 명호가 나왔기에 단군할아버지를 하늘님 아버지로 모실 수는 없는 것이었다. 단지 내가 갈등과 혼란을 느끼는 것은 우주천왕인 환인과 하늘님 아버지로 마음에 담은 비로자나부처님 중에서 내가 법당에 모실 경우 어느 분으로 모셔야 하는지 하는 부분이었다. 그러나 그것은 곧 기도를 통해서 답을 얻었다.

"너의 마음에 환인도 하늘님 아버지요, 비로자나부처님도 하늘님 아버지다."

"그러나 대중을 생각해보아라."

그런 답이 나오면서 환인의 모습을 내가 본 우주천왕과 산신천왕으로 탱화를 제작해 모실 경우 대중들 눈에는 무속의 틀에서 벗어나지 않은 법당의 모습으로 보일 거라는 생각이 들었다. 그러나 비로자나부처님을 법당에 모실 경우에는 무속의 틀에서 벗어나 불법제자로 가는 길이 확연하게 보이고 느낄 수 있겠다는 판단이 들었다.

보이는 것이 중요한 것은 아니지만 대중들에게는 보여지는 부분도 무시할 수가 없다는 것도 알게 되었다. 나 또한 예전엔 몰랐지만 기도를 하는 과정에 무속인 집의 신당과 부처님을 모신 법당과는 크나큰 차이가 있고 그곳을 찾아오는 대중들 또한 크나큰 차이를 보인다는 것을 알게 되었다. 무속인의 신당에는 영원한 신도나 단골이 없다고 한다. 길어야 5년, 10년으로 본다. 그러나 부처님을 모신 절은 그렇지 않다. 대중들이 가지는 인식도 틀리거니와 제자를 대하는 태도 또한 큰 차이가 있다. 그래서 대중들에게 보여지는 부분도 무시를 못한다는 것을 알게 되었고 나는 비로자나부처님을 모시는 것으로 결정을 보았다. 그리고 앞으로 해야 할 것은 비로자나부처님과 환인인 우주천왕 할아버지가 합의가 되게끔 하는 것이었다. 모든 것은 나의 마음에서 하는 일이고 나의 마음이 한 분을 두 분으로 만든 것일 수도 있다. 두 분을 한 분으로 합치는 것이 급선무였다.

이번에도 갑자기 용궁으로 기도를 가게 되었다. 나의 감은 눈으로 영이 보이기 시작했다. 큰 산이 2개가 보였다. 산 위에 눈이 아직 녹지 않은 것으로 보아 큰 산이라는 것이 느껴졌다. 잠시 후 2개의 큰 산이 하나로 겹쳐지면서 "양대 산맥이 하나가 되었다. 모든 것은 마음에서 이는 것이니 제자는 한마음으로 가라."라는 음성이 들렸다. 즉 제자가 근심하고 갈등과 혼란을 일으키는 것을 아시고 답을 영으로 보여주신 것이다. 양대 산맥이라는 것은 비로자나부처님과 환인할아버지의 모습일 수도 있고 나의 근본에 깔려 있는 신적인 부분인 할아버지 신명과 할머니 신명의 모습일 수도 있다는 생각이 들었다. 그렇게 어느 부분인지는 모르지만 비로자나부처님과 환인이 하나가 되었고 할아버지 신명과 할머니 신명이 하나가 되었다는 것을 하늘에서 영으로 보여주시면서 이제는 혼란이나 갈등을 일으키지 말고 늘 같은 마음, 지금과 같은 마음으로 제자의 길을 가라고 알려주시는 것이었다.

  기도를 하러 태백산에 들어온 시간부터 내가 비로자나부처님을 마음에 담고 마음 안의 법당에 모신 것이 21일 기도를 포함해 100일 기도가 되는 시기였다.

나에게 온 대사 할아버지

100일간의 태백산에서의 기도시간은 나에게 모든 것을 바꾸는 계기가 되었다.

제자로서의 생활, 제자로서의 믿음, 제자로서의 소임, 하늘이 원하는 인간답게 사는 법, 어떻게 살아야 하는지, 진정한 중생구제는 영혼구제에 있다는 것 등 너무나 많은 것을 알게 되었고, 생각이나 행동이 바뀌게 되었고, 특히 지난 10년간 어찌 보면 나 스스로가 아닌 신이란 존재에 의해 강압적으로 걸어야 했던 무속의 길을 미련 없이 버렸다는 것이 가장 큰 성과이고 성불이라면 성불이다.

100일간의 기도를 마치고 마무리 기도 단계에 들어갔다. 21일 기도를 더 하고 싶었다.

처음에 들어올 때는 짧으면 21일, 길면 49일이란 생각을 가지고 들어왔지만 기도를 하다 보니 이번 기회가 아니면 모든 것을 정리할 수 있는 시간이 없을 듯해 결국은 100일간 기도를 했고 마무리 기도까지 하자는 생각이 들었다.

100일간의 기도가 한순간에 지난 느낌이 들었다. 처음엔 힘들 줄 알았고 끝까지 마칠 수 있을까? 하고 자신감도 없었지만 결국은 하늘의 도움으로 나는 100일 기도를 마칠 수 있었다.

그 100일 기도를 통해 앞으로 살아갈 시간 동안 믿고 따를 것은 하늘이요,

하늘님 아버지뿐이고 결국은 비로자나부처님의 제자로 살아야 한다는 것도 마음에 심게 되었다.

　100일간의 기도가 없었다면 나는 밖에서 이리 휘둘리고 저리 휘둘리며 어찌 보면 더욱 험한 꼴을 당하지 않았을까 생각한다.

　믿었던 사업가에게 배신 아닌 배신을 당해 산으로 도망 온 꼴이 되었지만 그래도 그런 계기로 인해 나는 너무나 큰 것을 얻는 기회를 가졌다.

　나에게 기도 가는 시간을 잠시 어디 여행 갔다 온다 생각하고 지내면 자신이 나서서 집을 사 주겠다고 했던 사업가는 결국 내가 믿지 말라고 했던 밑의 직원에게 회사를 뺏기게 되었다. 결국 그 회사는 금융감독위원회의 결정으로 남에게 넘어가는 꼴이 되어버렸고 망했다고 했다.

　나와의 약속은 어찌 보면 그냥 약속이 아닌 신과의 약속이고 하늘과의 약속인 것이나 마찬가지인데 그것을 몰랐던 벌전으로 100일 만에 얻은 큰 효험을 다시 100일 만에 그대로 빼앗기며 망하게 되었다. 그 사업가는 다른 건으로 경찰서에 고소 건이 여러 건 접수되어 경찰서를 계속해서 들락날락한다는 소식을 접하게 되었다.

　내가 기도가 끝난 몇 개월 뒤에 들은 소식으로는 경찰서 고소 건이 하나가 해결이 되면 다른 하나가 생기고 또 다른 하나가 생기고 해서 그 사람은 아예 경찰서에서 산다는 말까지 듣게 되었다. 가정사는 부인과 이혼을 했다는 소식을 들었고 사업적으로 가정적으로 모든 것이 다 망했다는 소식을 접하면서 나는 하늘은 있다는 것을 더욱 강하게 느끼게 되었다. 이는 하늘이 무서운 존재라는 것을 더욱 강하게 느끼는 계기가 되었다.

　태백산에서 처음 기도할 때가 생각이 난다. 모든 것은 '업장소멸'에서부터 시작된다고 했다.

　나의 전생의 업, 현생에서 알게 모르게 지은 업, 나의 부모 형제의 업, 나의 조상의 업, 그 모든 것을 닦아야 하고 소멸해야 하는 것이 최우선이다. 그래야지 해탈의 길에 들어설 수 있는 것이고 후회하지 않는 삶을 살 수 있는 것이요, 결국엔 영원한 생명을 얻을 수 있는 것이다. 앞에서도 말한 것과 같이 이번 생으로 인해 육도윤회의 고리에서 벗어나야 하는 것이다. 다시 한 번 말하자면 하늘에서는 비록 사람의 모습일지라도 육도윤회 하는 모든 것은 미물로 보기에 사람으로 태어난 것에 감사하고 인간의 삶을 살며 해탈의 길에 들어서야 한다.

나와 인연이 된 조상들도 어찌 보면 전생의 인연이기에 그런 조상들까지 해탈의 길에 들어서게 해야 한다.

기도 중에 알게 된 것은 꿈이나 영으로 보는 동물 모습, 짐승 모습은 전부 나의 업이요, 조상의 업으로 해석하면 된다는 것이다.

꿈에 간혹 뱀에게 쫓겨 시달린다든지 구렁이나 뱀이 자주 보인다면 그것은 나의 업이 강하고 조상이 업으로 인해 해탈이 되지 못한 것을 의미한다. 뱀의 모습으로, 구렁이의 모습으로, 개의 모습으로, 고양이의 모습으로 업을 많이 보게 된다. 나 또한 수시로 뱀이나 구렁이를 보았다. 간혹 아나콘다 같은 크기의 뱀도 본 적이 있다. 무속에서는 큰 구렁이나 아나콘다 같은 뱀을 업으로 본다. 무속에서 말하는 업이란 기도해 없애야 할 대상이 아니라 조상 대대로 모시고 받들던 업 단지를 의미한다.

신주 단지, 불사 단지처럼 조상으로 인한 업 단지를 의미한다. 그래서 꿈에 구렁이를 보거나 큰 뱀을 보는 경우 굿을 하거나 치성을 들여 업 단지로 모시는 경우가 많다. 그러나 기도 중에 알게 된 것은 그러한 업들이 모셔야 대상이 아니라 기도를 통해 해원 해탈해야 하는 존재들이라는 것이다. 기도를 하다 보면 뱀으로 보이고 구렁이로 보이고 혹은 고양이, 쥐, 개, 돼지 등 여러 가지 동물의 모습으로 보이던 업들이 한 단계 업의 옷을 벗으면 물고기나 하늘을 나는 새로 보이기 시작한다.

물고기나 새의 모습을 보게 되면 얼마 지나지 않아 사람의 모습으로 해탈을 한다든지 하늘에서 큰 마차가 내려와 모든 것을 싣고 가는 모습을 보기도 한다. 그러면 웬만한 조상의 업, 내가 가지고 태어난 업이 소멸되어가는 것으로 해석하면 되고 점점 나의 일신이 편안해지는 것을 알게 된다. 조상의 업으로 해서 아픈 사람이 있다면 얼마 지나지 않아 아픈 몸이 낫는 것도 경험할 수 있다. 굿을 해서도 풀 수 없고 불교식으로 아무리 천도재를 지내도 효과를 보지 못하던 사람들이 기도를 통해서 성불을 보는 경우가 많다는 것을 알게 되었다. 우리 조상 내력은 불교식 천도재나 굿을 통하는 경우보다는 공줄, 즉 산천마다 용궁마다 비는 조상들이 많았기에 공줄이 가장 강하다고 보면 된다. 공줄이 곧 도줄이요, 도법인 것이다. 그래서 굿을 해서 천도되는 조상도 있고 절에서 천도재를 지내 천도되는 조상도 있겠지만 공줄, 도줄로 기도해서 보내는 것이 가장 확실하고 정확하고 깨끗하게 보내는 것이라고 보면 된다.

지금껏 나의 굿을 많이 했다. 일반 집들 굿도 했지만 무당들은 자기 굿을 진적맞이라 해서 2년마다 3년마다 한 번씩 한다. 그것도 큰돈이 들어가는 일이다. 나 또한 그런 굿을 여러 번 했지만 매번 나왔던 조상이 또 나오고 계속 반복되었다. 그런 생각까지 했다. 이 조상들은 굿만 하면 나에게 얻어먹으러 오는 조상들인가? 나에게 자신들 굿이나 하라고 제자를 만들었나? 이런 생각이 들 정도로 조상신은 원하는 것이 많고 바라는 것이 많았다. 나중에는 굿하기가 지치고 짜증이 날 정도였다.

얻어먹었으면 이른바 대접을 받았으면 제자를 편안하게 해주고 제자를 안정시켜 잘 불리게나 해주지 그러지도 못하는 상황까지 만들면서 진적 타령만 하는 것이었다. 그러다 보니 나는 무속인의 길에 환멸을 느끼게 되었고 일시적인 효험은 있을지 몰라도 영원한 것은 없다, 라고 말하는 것이다. 돈을 들여 크게 천도재를 지내고 굿을 한다고 해도 그것을 맡아서 주관하는 스님이나 무당제자들이 중요한 것은 절대 아니다. 지내는 본인의 마음이 가장 중요한 것이다. 본인의 마음으로 기도를 정성껏 간절하게 하는 것이 가장 빠른 효험을 보고 성불을 보게 되는데 그저 돈만 주면 알아서 하겠지, 라는 마음을 가질 경우 효험은 없다고 보면 된다. 하긴 돈만 보내 굿을 하라고 하곤 자신은 바쁘다고 오지 않는 사람들도 많다.

제자가 알아서 하겠지, 라는 제자를 믿는 마음에서 오지 않는 것이 아니라 본인의 성의가 부족하고 정성이 부족해서 그런 것이다. 제자들 또한 굿을 하는 집이 있는 것과 없는 것은 진행하는 과정에 큰 차이가 난다. 그만큼 모든 일에는 마음의 정성이 중요한데 정성은 빠지고 보이는 것만 필요한 굿이 되고 천도재가 되는 것은 아닌지 걱정이 된다.

100일 기도가 끝나고 마무리 기도를 하게 되었을 때도 우선적으로 나오는 것은 하늘의 공부였다. 이때 새로운 것이 나오는 것이 아니라 반복된 말씀이 나오는 경우가 많았다. 그것은 그만큼 제자의 마음에 각인을 하라는 뜻이 아닐까 싶다. 신법(神法), 불법(佛法), 도법(道法)의 형식에서, 틀에서 자유로워져라. 그 모든 것 또한 사람이 만들었다. 이것은 신법이기에 하지 않고 이것은 불법이어서 하지 않고……. 그런 형식에서 벗어나라는 말씀을 하셨다. 모든 것을 자유롭게 하라는 것이다. 나 스스로가 무엇을 하든지 하늘에 대해 떳떳하다면 그것이 하늘의 뜻이요, 이치라는 것을 알려주셨다.

탁한 세상에서 인간이 인간답게 살도록 하는 인간구제, 중생구제가 우선인데 그중에 가장 중요한 것이 영혼구제라는 것도 알려주셨다. 모든 것은 마음에서 시작되는 것이니 영혼이 구제가 된다면 탁한 생각을 하지 않을 것이요, 탁한 행동도 자연적으로 하지 않을 것이기에 이 세상은 미륵용화세계가 되고 하늘에서 원하는 도(道)의 세계가 되는 것이라고 알려주셨다. 나의 마음과 나의 생명은 하늘과 분리될 수 없는 존재이고 나의 마음 안에 하늘이 있고 나의 생명 안에 하늘이 있는 것이다. 결국은 대자연이 나요, 내가 대자연의 일부인 것이고 모든 만물이 나요, 내가 모든 만물의 일부가 되는 것이다.

이것이 곧 하늘이 원하는 것이요, 하늘이 인간에게 바라는 것이 아닐까?

100일 기도가 끝나고 마무리 기도를 하는 과정에 달마대사를 보게 되었다. 어느 날 극락전에서 기도를 마치고 일어나는데 부처님 옆으로 달마대사가 서 있는 것이었다. 나는 그냥 무시하고 단군성전으로 가서 기도를 했다. 그런데 좀 전에 보았던 달마대사가 또 보이는 것이었다.

"제자가 이젠 비로자나부처님 법으로 갑니다. 왜 제게 달마대사님이 보이나요? 제가 모셔야 하는 분입니까?"

"아니다. 나는 누가 모신다고 해서 그곳에 있지도 않고 오지 말라고 해서 아니 가는 것도 아니다."

"그럼 왜 제게 보이는 것입니까?"

"너와의 인연은 오래전부터다. 네가 무속제자를 할 때 글문부적을 쓸 때부터 내가 너와 인연을 맺었다."

가만히 생각해보았다. 내가 달마대사를 탱화로나 동상으로 모신 적은 없다. 글문부적을 쓸 때부터 나와 인연을 맺었다고 하니 곰곰이 생각했다.

"아!!"

내가 글문부적을 처음으로 내려받아 쓸 때 어떤 모양의 부적이 나왔는데 그것이 달마대사의 눈이라고 나에게 알려주신 적이 있다. 내가 쓰는 글문부적에 달마대사의 눈이 들어갈 경우에 귀신을 쫓는다거나 집안의 나쁜 기운을 쫓을 때 효험이 나타난다고 알려주신 적이 있었다. 그 생각이 나면서 나도 모르게 잊고 있었던 것에 대한 미안함과 죄스러움이 동시에 터져 나오게 되었다.

"나로 인해서 선(禪)이 나오게 되었다. 네가 지금 가고 있는 도법의 길, 불법의 길 또한 선(禪)이라 보면 된다."라고 말씀하시면서 달마대사를 통해서 선(禪)이 시작이 된 것과 차(茶)문화가 시작된 것을 알려주셨다. 선(禪)에 대해서는 충분히 모르지만 차(茶)문화에 대해서는 상당히 이해가 되었다. 몇 년 전부터 나는 차와 연관이 된 것을 사서 모으는 취미와 차를 즐기는 취미가 생기게 되었다. 그러면서 내가 모셨던 신도 어느 순간부터 차를 받는다고 했던 적이 있어 차를 공양으로 올린 적이 있다. 그런 것을 기억하고 보니 예전부터 나에게는 선(禪) 기도와 불법, 도법의 주력이 존재했는데 제자인 나만 그것을 깊게 깨닫고 이해하지 못했던 것 같았다.

그리고 글문부적을 가끔 쓸 적마다 늘 달마대사의 상징인 눈의 모양은 꼭 그리게 되었고 그 글문부적으로 인해 많은 효험과 성불을 본 사람들이 있다. 귀신의 장난으로 인해 집이 매매가 되지 않았던 가정이, 귀신의 장난으로 잠을 이루지 못하고 시름시름 아프던 가정이, 아무튼 동토가 나고 나쁜 기운으로 탈이 난 가정이나 사람들이 그런 부적을 가져가게 되면 효험이나 성불을 빨리 보는 경험을 했던 나였다.

그리고 나중에 다시 말하겠지만 전라도에서 직접 태백산까지 나를 찾아 상담하러 온 사람이 있었다. 여러 가지 문제 중에서 금전적인 문제가 가장 큰 사람이었다. 그 사람에게 글문부적을 그 자리에서 써 준 적이 있다. 그러면서 그 사람에게 나는 이렇게 말했다.

"전에 본인이 달마대사 그림을 가지고 있다가 버린 적이 있는 것 같은데요, 잘 기억해보세요"

"예, 맞습니다. 달마 그림을 가지고 있다가 없앤 적이 있습니다."

"오늘 이 글문부적에 달마대사님의 기운이 함께 들어갑니다. 잘 보관하세요."

이렇게 전라도에서 상담하러 온 사람에게 글문부적을 써 준 적이 있다. 서울에서 내가 자리를 잡고 그 사람에게 글문부적을 써 준 뒤 한 달 반 정도 지나 그 사람이 서울로 다시 날 찾아왔다. 그때 힘들 것 같던 돈은 수월하게 해결이 되었다 하면서 달마대사님이 수시로 눈앞에 보인다고 했다.

이 사람은 태백산에 왔을 때 제자의 길은 제자의 길인데 우리네처럼 내림굿을 해 제자가 될 사람이 아니고, 기도를 통해서 천문을 받고 의술을 받아 아픈 사람들을 치료해야 하는 제자라고 말했다. 이 사람은 지금껏 17년간 산이란 산은 모두 돌아다니면서 기도를 했던 사람이다. 그러나 기도법을 모르고 제자가 하늘의 뜻을 받기 전에 없애야 할 것 등등 전반적인 사항을 모르고 17년간 방황하다 나를 찾아온 사람이었다. 그러나 이 사람은 나와의 처음 약속과는 틀리게 글문부적의 효험으로 돈이 마련되자 전라도에서 내림굿을 3일 동안 했다. 그러나 내림굿을 해도 말문은 열리지 않고 상황이 더욱 복잡해져서 서울로 나를 찾아올 때는 머리를 삭발해 중도 아니고 스님도 아니고 법사도 아니고 그렇다고 무속인도 아닌 모습으로 찾아왔다. 나의 조언을 따르지 않은 것을 후회하면서 부인과 상의하길 돈이 마련되면 나에게 다시 찾아와 나의 조언대로 하고 싶다고 말하러 왔던 것이다.

"그런데 계속해서 달마대사님밖에 보이지 않습니다."

"제가 글문부적을 내릴 적에 달마대사님이 함께하실 것이라고 말했지요?"

"아……. 이제야 생각이 납니다. 지금껏 그 부분은 잊고 있었습니다."

결국 전라도에서 온 사람은 특별한 방법이나 방침이 없이 돌아갔다. 열심히 기도정진 하는 수밖에 없다는 조언을 듣고 내려갔다. 그렇게 달마대사와 나와의 인연법은 부적과 차(茶)를 통해서 흐르고 있었다.

달마대사 또한 동굴에서 참선기도를 하신 분이다. 참선기도를 통해서 해탈하신 뒤 자신의 눈썹을 뽑아 동굴 밖 땅에 던지니 그것이 차나무가 되었다는 일화도 있고 보면 차와 참선기도, 달마대사는 지금껏 몰라서 그렇지 늘 나와 함께하는 것 같다는 느낌이 든다. '뜰 앞의 잣나무'로 알고 있지만 어찌 보면 '뜰 앞의 차나무'라는 생각도 든다.

이야기가 사적으로 흐른 것 같은 생각이 들지만 도법, 불법 또한 선과 함께하는 것이고 선(禪)으로 보자면 달마대사와 차(茶)와는 연관성이 있고 그런 것들을 기도를 통해서 알았기에 몇 자 적어보았다. 비로자나부처님, 달마대사를 알아가고 기도를 통해 이런저런 영적인 대화를 하고 있는 가운데 달마대사님 밑으로 어느 대사 한 분이 나와 함께 기도를 하고 있는 것을 보았다. 누구냐고 물어보지도 않았지만 순간적으로 나에게 영적인 느낌이 왔다.

"아, 이분이 바로 나에게 오신 원신인 할아버지구나"

그렇다. 이 대사 할아버지가 옛날부터 나에게 오셨던, 내가 그리도 찾았던 할아버지였던 것이다. 글문을 쓰고 이런저런 도술을 부리게 되었던 것이 이 대사 할아버지 때문이었다는 것을 알게 되었다. 교회를 다니면서도 몰랐고 남묘호렌게쿄를 통해서도 몰랐고 더욱 무속인으로 살면서도 몰랐다. 어설프게는 알았지만 누구인지, 어디서 왔는지도 모르고 나에게 그 어떤 하문도 없이 늘 바라만 보고 있다는 느낌이 들었던 그 대사 할아버지였다.

대사 할아버지에 의해 나는 약수암기도터까지 오게 되었고 100일 넘게 기도를 하면서 대사 할아버지가 원하는 제자를 만들기 위해 숨어 계셨다는 느낌이 들었다.

대사 할아버지는 달마대사의 선(禪)을 따랐고 달마대사는 비로자나부처님과 연관이 되어 있다는 것을 알게 되었다.

100일 넘어 또 다른 마무리 기도 단계가 되어서야 대사 할아버지는 나에게 나와 함께 기도하고 계신 모습을 보이신 것이다. 이렇게 원신을 알아가고 모시게 되는 과정이 힘든데 무속에서 내림굿을 해서 신을 받고 신을 찾아 모신다는 것이 얼마나 어설픈 과정인지 새삼 깨닫게 되었다. 그러고 나서 대사 할아버지는 모습을 나타내지 않았다. 늘 비로자나부처님과 함께 내 안에 계신다는 것을 확신하기에 찾지 않게 되었고, 내 안의 법당에 좌정하고 계시다는 확신과 신뢰가 있기에 제자는 흔들림이 없게 되는 것이다.

몇 년 전 이곳 기도터에 기도하러 왔을 때 단군성전에서 절을 하는데 "제자가 편안하고 안정이 되고 단골 신도들이 편안하고 안정이 되려면 이제 할아버지를 받아라, 그럴 때가 되었다."라는 음성이 들렸다. 그때 난 할아버지를 받겠다고 하지 않았고 "할아버지 조금만 기다려주세요. 이 제자가 황해도 굿으로 이루고자 하는 게 아직 남았습니다. 그 원과 뜻을 이루고 할아버지 길을 가겠습니다."라고 나 혼자서 결론을 지어버렸다. 그 기도에 대한 답을 나 스스로 받지도 않고 일방적으로 결론을 내버린 것이다.

그러고 나서 몇 년간 난 제자를 하면서 이렇게까지 힘들게 해야 하나 차라리 죽고 싶다는 생각과 엄청난 고통을 당하게 되었다. 그것은 대사 할아버지가 주신 고통이 아니라 나 스스로가 만들었던 것이라고 난 생각한다. 대사 할아버지는 제자가 앞으로 걸어갈 무당의 길, 무속의 길이 가시밭길이라는 것을 미리 아셨기에 그 길을 피하게 하고자, 조금 덜 힘들게 가는 제자를 만들고자 음성을 통해서 할아버지를 모시라 하신 것인데, 미련한 제자가 깨우치지 못하고 나의 길이 아닌 길을 걸었던 것이다.

나와 함께 기도를 하고 계신 대사 할아버지를 보면서 죄스러운 마음이, 용서해달라는 마음이 드는 것이 아니라 할아버지가 측은하다는 느낌이 들었다. 나같이 부족한 사람에게 인연법으로 오셔서 얼마나 많은 시간, 얼마나 많은 일을 지켜보면서 마음이 아팠을까? 가슴이 미어지셨을까? 라는 생각이 들자 할아버지가 측은하게 느껴진 것이다. 하늘과 하늘님 아버지는, 부처님은 늘 이렇게 무작정 기다리고 계셨다는 생각이 들자 머리를 들지 못할 정도가 되었다. 지금도 하늘과 하늘님 아버지, 인연법이 되는 부처님 그리고 그런 분에게 제자를 인도해 영원한 생명을 알게끔 하시려고 오신 많은 원신들이 우리에게 보이지 않고 몰라서 그렇지 지금도 소리 없이 우시면서 많은 제자를 기다리고 계실 것으로 안다.

그만큼 종교인들 특히 사제자인 우리들, 목사님, 신부님, 스님, 무당들 그리고 타 종교의 사제자들은 하늘은 그저 하늘이 아니고 분명 하늘과 하늘님 아버지가 있다는 것을 확신해야 하고 하늘에서 원하는 것은 무조건 '천당 가자, 극락 가자'가 아니라 영혼구제에 있다는 것을, 지금 살아서 구원을 받아야 하고 구제를 받아야 한다는 것을 알아야 한다.

그런데 도리어 사제자들이 이를 망각하고 일반 중생들보다 더 험한 세상에 더 험한 일을 하고 있다는 것은 그만큼 죽어서도 벌을 받겠지만 살아 있는 현재도 분명히 벌을 받는다는 것을 알아야 한다. 하늘에서 택한 제자들은 특히 하늘과 하늘님 아버지에 대한 두려움과 무서움을 가져야 한다.

하늘에서 택한 제자이기에 기대하시는 것이 더 많을 것이고 크다는 것을 알아야 한다. 그와 반대되는 삶을 산다면 일반 중생들에 비해 그 벌전과 죄가 더 큰 것은 당연한 것이다. 무당이 다른 집 조상 해원을 위해 굿을 하고, 법사가 축원하고, 절에서 스님들이 염불로 천도재를 하는데, 과연 얼마나 많은 조상들이 천도가 되고 해원 해탈이 되는지 생각해보아야 한다. 왜냐면 굿하는 무당보다, 축원하는 법사보다, 염불하는 스님보다 다른 집 조상들이 도법과 도력이 더 센 경우도 많다. 굿상에 앉아, 조상님들 상에 앉아, 자신들보다 도력이, 법력이 약한 무당이, 법사가, 스님이 천도한다고 하는 것을 조상님이 보면 얼마나 콧방귀를 뀔까? 초등학생이 대학생, 대학원생에게 훈계를 한다면 이 얼마나 웃기는 이야기인가.

우스운 이야기가 아니다. 지금 현실이 그렇다. 부정하지 못하는 사실이다. 조상님들이 아니 볼 것 같아도 모든 것을 보고 있다는 것을 난 직접 눈으로 보았다. 어느 분이 천도재를 지내면서 극락으로 가라고, 해원되라고 열나게 빌고 있는데 일을 하는 집 죽은 조상들은 눈도 깜짝 안 하고 콧방귀 뀌는 소리 하지 말라는 표정을 짓고 있는 것을 보았다. 그렇게 되었는데 그 집 천도재가 잘되어 덕을, 성불을 보았겠는가? 하늘을 모시고 하늘님 아버지를 모시고 부처님을 모시는 사제자들은 그만큼 '업'이 많다고 생각해야 하고 그 '업'을 중생구제, 영혼구제를 통해서 소멸시킨다는 생각을 가지고 삶을 살아야 한다.

기도를 게을리하지 말아야 하고, 기도 중에 늘 하루를 반성해야 하고, 술을 절대 먹지 말아야 하고, 남들이 보았을 때 좋지 못한 행동이나 행위를 하지 말아야 하고, 신도들이나 단골들을 금전으로 돈으로 보지 말아야 하고, 음식으로는 날것을 먹지 말아야 하고(날것을 먹지 말아야 하는 음식은 생선회나 육류들이다), 불륜이나 바람을 피우지 말아야 하고……. 그 외에도 너무나 많은 것들이 있다.

특히 기도를 통해서 도력, 법력을 키워야 한다. 귀신의 존재들은 점점 더 강해지게 마련이다. 귀신들을 이기려면 제자인 사제자가 도력, 법력을 키워야만 하늘에서 그에 맞는 기운을 주시는 것이다. 하늘의 이름으로, 하늘님 아버지의 이름으로, 부처님 이름으로, 보살님들의 이름으로 무슨 행위를 했다가 도리어 화가 된다면 그분들을 욕되게 하는 것이다. 이런 것을 알면서도 세상에 물들어 절제된 삶을 살지 못하고 참 제자의 삶을 살지 못하는 사람들이 얼마나 많은지 가슴이 아파온다. 나 또한 잘했다는 것은 아니다. 어찌 보면 하늘에서는 나란 제자를 제일 못하다고 할 수도 있다. 그러나 기도를 통해서 한 가지 한 가지 알아가면서 나 스스로 하늘에 떳떳한 사람이 되어야 한다는 생각을 지금 이 순간도 하고 있다.

대사 할아버지에 의해서 또 다른 달마대사의 모습을 통해서 크신 부처님 비로자나불을 알게 되고 만나게 되면서 그분들을 위하는 삶을 살아야 하고 그분들이 원하는 제자의 삶을 살아야 한다는 다짐을 하면서 나의 장기기도는 마무리가 되어갔다.

약 5개월간의 장기기도였다. 태백산의 겨울은 추웠지만 나는 깨달아간다는 기쁨에, 알아간다는 희열에 그 추위를 이길 수 있었던 것 같다.

남들은 짧은 기도시간이라고 생각할 수도 있겠지만 나에게는 몇 년보다 더 값진 기도시간이었다.

"제자가 21일 동안 기도한 것은 다른 사람이 210일간 기도한 것과 같다. 그런 마음으로 기도정진 하라."

그런 말씀이 나에게는 용기를 주는 말씀이었고 모든 것을 이겨내는 충전의 힘이었다. 5개월간의 기도를 마치면서 하늘에서 나에게 내린 분부는 간단했다.

"널리 세상을 이롭게 하라."

"세상에 하늘의 뜻을 전하라."

"인간이 인간답게 살아야 한다는 것을 알라."

내가 너무나 잘 알면서 지키지 못했고 우리가 너무나 잘 알면서 지키지 못하고 행(行)하지 못했던, 어찌 보면 너무나 작은 것이지만 사람이 세상을 살아가는 데 가장 근본이 되고 더 나아가서는 세상을 바꿀 수 있는, 작지만 너무나 큰 알림이었다.

2장

산 또한 작은 인간 세상

기도터도 인간 세상

태백산 기도를 하면서 내가 느낀 점은 기도터 또한 어쩔 수 없는 작은 인간 세상이라는 것이었다. 그 작은 인간 세상, 인간 사회 속에서도 좋은 것보다는 참고 견디며 자기 자신과의 싸움에서 이겨야 하는 부분들이 너무나 많았다. 다들 어려운 처지가 되어, 좋지 못한 상황이 되어, 신적 갈등이든지 아니면 인간으로 인한 갈등이든지 간에 어려운 상황에서 기도를 택해 오는 제자들이 많았다.

나 또한 너무나 어려운 상황과 처지에서 택한 것이 기도요, 살길은 기도밖에 없다는 일념으로 산에 왔으니 다른 제자나 일반인들 또한 대부분 그런 비슷한 상황에서 오는 경우가 많았을 것이다. 어려운 가운데 기도를 하러 왔으니 너와 내가 아닌 우리가 되어 다들 한마음이 될 것 같았지만 실제로는 전혀 그렇지 않았다. 질투도 많았고, 시기도 많았고, 다툼도 많았고, 서로간의 갈등도 많았고, 신적인 싸움도 만만치 않게 일어나고 있었다. 서로가 편을 갈라 견제를 하는 경우도 있었고, 제자가 아닌 일반들인들이 더 설치는 경우도 종종 있었다. 그런 모습 속에, 모든 것은 다 나의 업장이라 생각하지만, 제자가 제자 아닌 경우가 많았고 일반인이 일반인이 아닌 경우도 있었다.

내가 이런 좋지 못한 부분들을 말하는 것은 기도터를 흉보자는 것이 아니다. 나의 글을 어느 제자라도 보고 기도를 갔을 경우에 참고가 되었으면 하는 바람에 적는 것이다. 장기기도를 하는 과정에서는 여러 가지 형태로, 여러 가지 모습으로 나와의 싸움이 나타난다. 그것을 우리는 마장이라고 말한다. 장기기도를 하러 온 제자가 마장을 이기지 못하고, 자기 자신과의 싸움을 이겨내지 못해 기도를 마무리 짓지 못하고 하산하는 경우를 보았다. 어렵게 기도하러 올라왔는데, 너무나 어렵게 기도를 통해 모든 것을 바꾸고자 하는 마음에, 무엇인지 모르지만 새롭게 태어나는 인간이 되고자 하는 마음에 가족을 등지고 세상을 등지고 기도를 하러 왔는데 그 기도터에서 인간갈등을 견디지 못하고 자기 자신과의 싸움에서 지고 내려간 제자를 보았다. 자기 자신과의 싸움은 나중에 말하더라도 기도터 내에서의 인간갈등은 모든 것이 나의 업장에서 나온다고 하지만 같이 기도를 하는 제자들에게서 나오는 것이다. 다들 같은 입장인데 서로가 편이 되어 뒤에서 남을 이간질하고 흉을 보거나 욕하는 것을 너무나 많이 보았다. 다들 같은 입장인데, 같이 믿고 같이 사랑하고 같이 도와주면서 지내도 모자란 시간인데 이른바 기도를 먼저 시작했다는 이유만으로 텃세 아닌 텃세를 너무나 심하게 부렸다.

자신은 200일을 넘어 300일이 되어간다느니, 자신은 500일이 넘었다느니…….

기도를 한 날짜가 계급이 되어 그 계급장으로 인해 허세가 많고 텃세가 너무 심하다는 것을 알게 되었다. 먼저 기도를 하러 들어와서 200일 기도를 마치고 내려간 뒤 하늘의 분부대로 다른 지역으로 이사해 정리를 마치고서 다시 21일 기도를 하러 들어온 어느 제자는 자신은 200일 기도를 통해서 해탈을 얻고 구원을 받았다 하면서 이제 기도를 하러 들어온 지 얼마 되지 않는 나를 벌레 취급하는 듯한, '나는 구원받았는데 너는 어떻게 하니……?' 하는 표정과 말투로 대하기도 했다.

내가 보기엔 200일 기도를 통해서 해탈을 얻은 것이 아니라 새로 시작하는 기회가 주어진 것이니, 기도를 통해서 새로운 길을 알게 되었으니 이제부터라도 해탈의 길에 들어서고 구원을 받기 위해 노력하라는 것인데 장기기도를 하는 사람들은 자신들이 해탈을 얻었고 구원을 받은 것으로 착각을 많이 했다.

200일 기도를 넘어 300일 기도를 하는 것도 자랑이 아니고, 500일이 넘어 600, 700일이 되어간다는 것도 절대 자랑이 아닌 것이다. 그것은 그만큼 전생의 업이 많고 죄가 많은 것을 의미한다. 장기기도를 들어오기 전에 사바세계에서 떠들썩하게 불렸던 것도 아니고, '내가 누구다'라고 잘나가던 제자도 아니고 기도를 하러 들어오기 전에 나름대로 사연이 많아서 들어온 제자들이라면 기도한 날짜가 절대 계급장이 아니고 전생의 업이 많고 죄가 많아 다른 이들에 비해서 버릴 것이 많고 풀 것이 많아 긴 날짜를 기도한다고 깨닫고 반성해야 한다. 그렇지 않다면 사바세계에서 제자로 불릴 사람이 아니라 업장이나 풀고 죄나 소멸해 일반인으로 살아가야 하는 사람이 아닐까, 그런 생각도 해보아야 한다.

나에게 200일 기도를 통해 자기 자신은 해탈이 되었다고 말했던 제자 또한 그렇다. 내가 그 제자를 보고서 처음으로 든 느낌은 '아저씨 길 잘못 들었습니다. 아저씨의 길은 우리네처럼 제자의 길이 아닌, 절간의 중의 길입니다. 머리나 삭발하세요' 그런 것이었는데 자기 자신은 해탈의 길에 들어섰고 대단한 존재가 된 것처럼 말해 안타까운 마음이 들었다.

결국은 내가 보기엔 그 사람이 제자의 길을 가는 것이 아니라 마누라가 제자의 길을 가야 하는 것으로 보였다. 마누라도 같이 기도를 하러 다니는데, 하는 말로는 마누라도 자기 업을 소멸하고 부부 간의 합의를 위해서 기도를 한다고 하지만 기도할 때 짓는 표정들이나 몸짓들 그리고 기도를 하면서 영으로 받은 것을 말하는 것을 보면 영락없는 제자라고 느껴졌.

200일 기도를 하고 내려가서 이사를 하고 다시 올라와 21일 기도를 하고 내려간 그들에게 두 달 넘게 손님이 한 명도 들지 않았다는 웃지 못할 소리도 들었다. 손님이 많고 돈을 잘 번다고 기도가 잘되었다는 것은 아니지만, 그래도 이런 정도는 아니라고 생각한다. 제자가 되어야 할 사람은 그 길을 아니 가고 제자가 아닌 사람이 제자가 되어 엉뚱한 소리나 하니 손님이 있을 턱이 있나, 그런 생각이 들었다. 결국엔 누군가가 이런 말을 했다고 한다.

"모든 일을 집사람이랑 상의하고 집사람이 우선이 되고 제자는 무조건 집사람이 하라는 대로 해야겠다."

그럼 200일 기도를 하기 전에 그런 소리가 나왔어야 한다. 즉 찾아오는 제자들을 잘못 진단한다는 것이다. 중 또한 스님 또한 제자다. 그러나 스님은 우리네와 같은 제자는 아니다. 우리네 같은 제자를 할 사람이 따로 있고 스님의 길에 들어서야 하는 사람이 따로 있다는 것이다. 다 같은 제자인 것 같지만 엄밀히 따지자면 산에 들어가서 살 제자가 있고 사바세계에서 중생들과 살아갈 제자가 따로 있다는 것이다.

앞에서 말한 것과 같이 기도를 오래 했다고 해서 그것이 계급장은 절대 아니다. 그러나 기도터의 현실은 그것이 계급장이 되어 자랑 거리가 되고 있는 것이다. 그 사람은 불릴 제자가 아니든지 아니면 업장이 두텁고 죄가 많다고 느껴야 한다. 하지만 그는 우선적으로 그런 계급장을 달고 새롭게 기도를 하러 들어온 사람들에게 마장의 역할을 톡톡히 하고 있었다. 기도를 하러 들어가면 제자들끼리의 이런 인간 마장이 가장 많이 나타난다. 가장 좋은 것은 '나 죽었소' 하고 휘둘리지 말고 내 기도만 하는 것이다.

"넌 이 기도터의 식구가 아니다. 넌 이 기도터의 손님이요, 객이다. 기도만 마치고 미련 없이 가라. 식구와 손님은 틀리다. 정 주지 마라."

이 말씀은 내가 기도를 하러 들어간 지 얼마 되지 않아 '단군성전'에서 나온 말씀이다.

나 또한 기도터에 정을 주고 사람들에게 정을 주어 잘 지내려고 했고 나중에 잘되어 기도터에 불사를 할 생각도 했다. 그러나 단군성전에서는 정 주지 마라, 손님이다, 식구가 아니다, 이런 강한 말씀이 나왔다.

　나중에 더 많은 생활을 하다 보니 느끼게 되었다. 기도터라는 곳은 나의 기도만 충실히 하고 얻을 것만 얻고 뜻을 이루면 미련 없이 나와야 한다는 것을 알게 되었다. 나 같은 경우에는 '신적 갈등'으로 기도터의 식구가 될 수 없다는 것을 단군성전에서 미리 알려주신 것이다. 이곳 기도터가 단군성전이기에 기도가 끝날 즈음 단군할아버지를 하늘로 모시게 되면 최고의 성불로 보지만 불법으로 부처님을 모시게 되면 성불이 아닌 이단자가 된다는 것을 느끼게 되었다.

　하늘에서 보자면 제자들마다 각자 모든 것이 다른 것인데, 이렇게 하는 제자가 있고 저렇게 하는 제자가 있고 소임이 다르고 하늘에서 원하는 것이 다른데 획일적으로 단군제자만 우선시되어 다른 제자들은 차별대우를 받는다는 것을 알게 되었다. 그러니 나에게 넌 이 기도터의 식구가 될 수 없고 손님이요, 객이니 기도를 통해서 얻을 것만 얻고 미련을 두지 말라고 하신 것이다.

　기도터에는 이런 식으로 인간갈등과 신적인 갈등 대립이 많았다. 나와 함께 기도를 하던 사람들이 들으면 절대 아니라고 하겠지만 아닌 것이 아니다. 기도터에서 기도를 하는 과정에 인간갈등 신적인 갈등을 떠나서 그다음으로 오는 것이 몸의 아픔이다. 나 또한 겨울이란 계절도 무시할 수 없는 부분이지만, 보름에 한 번 정도 계속해서 얼마 동안은 아팠다. 감기도 아니고 몸살도 아니고 몸이 처지면서 이상스럽게 아픈 게 아예 일어나지도 못한 적인 몇 번이 있다. 이런 경우는 나의 업이 나오는 것이든지 나의 죄가 탈을 벗어버리는 과정으로 보면 된다. 무슨 병이 생기는 것이 아니라 그동안 몰랐던 진리를 알게 되고 그 진리를 마음에서 추구하다 보면 지금껏 나와 함께했던 습이란 것이 나오는 과정에서 몸이 좋지 않은 현상으로 나타나기도 한다. 그러나 그런 과정의 아픔들은 계속되는 기도를 통해 병원에서 치료하는 것보다 더 좋은 효과를 보게 된다. 밖에서 내가 몰랐던 병적인 존재들이 기도를 통해서 표출

되어 치료가 되는 경우도 보았다.

처음 기도하러 들어가서 3일 정도 지나 오후에 용궁기도터에서 기도를 하고 있을 때였다. 용궁 위에서 선녀가 보이더니 나에게 이렇게 말하는 것이었다.

"제자야, 오대산으로 가자. 오대산으로 가서 나를 받아 모시게 되면 이제부터 걱정이 없다. 사바세계에 이름이 나고 돈이 붙게끔 해주마."

예전부터 오대산이 선녀 줄이 강한 산이란 것은 경문을 통해서 알았고 경험을 통해서도 알고 있었다. 그래서 선녀가 오대산으로 가자는 것도 맞는 말이란 것을 알았다. 하지만 나는 "요망한 것 어디를 함부로 나타나는 것이냐, 나는 이곳에서 모든 기도를 끝낼 것이니 물러가라."라고 답했다. 선녀는 계속해서 2일 정도 나타나는 것이었다.

이처럼 생각지도 않은 신들이 나타나 제자들에게 이 산으로 가자, 저 산으로 가자, 라고 유혹하는 경우가 상당히 많다. 우리 주위를 보면 이 산으로 저 산으로 수시로 장소를 바꾸어 기도를 다니는 사람들이 많다. 지리산으로, 계룡산으로, 한라산으로…… 등등. 그러나 그렇게 산을 돌아다녔지만 기도의 성불은 적거나 아예 없는 제자들을 많이 보았다. 그것은 제자가 기도를 다닌 것이 아니라 제자의 조상이 이리 끌고 다니고 저리 끌고 다닌 것이라고 판단하면 된다. 한 군데 산을 정해 그곳에서 모든 것을 완성해야 한다. 그러고 나서 다른 산으로 바람을 쐬러 가는 것으로 마음을 잡아야 하는 것이지 이 산 저 산으로 기도를 다니는 것은 결국 나란 존재가 조상에 휘둘리는 것이고 아무런 성불이 없다는 것을 알아야 한다.

이처럼 장기기도를 하다 보면 나처럼 이 산 가자 저 산 가자 하며 신들이 시험을 하는 경우가 많다. 절대적으로 기도시간을 작정해 기도터에 왔다면 그 기도터에서 작정한 날짜는 마치고서 이동을 하더라도 해야 한다.

그것 또한 휘둘리는 것이요, 마장이라고 보면 된다. 21일 기도를 들어왔다가 20일 만에 나가는 사람들도 여러 명 보았다. 자기 자신이 모시는 신명을 위한 기도가 다 끝이 났으니 내려가려고 한다면서 하루를 참지 못하고 내려가는 안타까운 제자들도 보았다. 그러나 얼마 지나지 않아 다시 찾아와서 기도를 마무리하는 경우도 보았다.

산에서 기도를 하다 보면 신적 갈등으로 인한 마장, 인간갈등으로 인한 마장, 몸의 병으로 인한 마장, 조상과 신의 잘못된 예시로 인한 마장들이 많다. 그 모든 것을 잘 판단해 제자는 기도를 해야 한다.

나의 성격이 모가 나서 그런 것인지 모르겠지만 기도를 하는 과정에서 먼저 나온 것이 남에게 피해를 주지 말라는 인간 공부였다.

남에게 피해를 주지 말라는 인간 공부를 통해 다른 것도 아닌 기도를 하는 과정에서 타인의 기도를 방해하는 것도 엄청나게 큰 업이란 것을 알게 되었다.

나의 기도도 중요하지만 남의 기도 또한 중요한 것이다. 그러나 많은 제자들이나 일반인들은 그런 것을 모르는지 아니면 알면서도 무시를 하는 것인지 남의 기도 수행을 방해하는 경우가 많았다. 낮에야 어쩔 수가 없지만 특히 밤에 하는 기도시간에는 서로가 조심을 해야 하는데 조심성이 전혀 없다는 것을 느꼈다. 기도터에서는 특히 주의해야 하는데 될 대로 돼라는 식으로 윗사람이나 아랫사람이나 그러한 것을 인식하지 못하는 것 같았다. 어찌 보면 나만 까탈을 부리는 것일 수도 있고 나만 모가 난 성격일 수도 있지만, 기도하는 과정에 그러한 인간 도리 공부를 하며 나 자신과 싸움을 많이 벌였다.

이 글을 읽고서 어떤 제자라도 기도터에서 기도를 하게 될 경우가 생긴다면 나보다는 남을 먼저 생각하는 제자가 되기 바라며, 하늘은 나보다도 남을 먼저 배려하고 생각하는 제자를 원한다는 것을 알아야 한다. 또, 나 자신이 선행을 했을 경우 남이 아는 것이 아니라 나의 마음이 먼저 알기에, 나의 마음은 하늘과 연결이 되어 있기에 하늘에 모든 것이 기록된다는 것을 알아야 한다. 남이야 기도를 하건 말건 기도터 주위에서 떠드는 사람들, 무슨 사연이 많은지 크게 전화통화를 하는 사람들, 노래를 부르고 다니는 사람들, 슬리퍼

나 신발을 질질 끌고 다니면서 잡음을 일으키는 사람들……. 나 자신의 사소한 행동으로 남의 기도 수행을 방해했다면 그것은 반드시 행(行)업으로 하늘에 기록이 된다는 것을 알아야 한다.

　기도터에서는 그런 것들에 주의를 주거나 글로 써서 조심하라고 알려야 하는데 자기 스스로 깨달아 고치기 바란다. 자기 스스로 깨우쳐 고치는 동안 다른 사람들이 입는 심적인 피해는 생각지 않고 오로지 깨우치기만 바라는 것은 잘못되었다고 생각한다.

　어떤 사람은 21일 기도를 하는 동안 계속해서 운동화를 끌고 다닌다든지 슬리퍼를 끌고 다녀 나를 비롯한 주위 사람들에게 기도마장을 일으켰지만 결국 마지막 날까지 그러한 습을 고치지 못하고 내려가는 것을 보았다. 21일 기도를 한 번만 한 것도 아니고 계속해서 몇 번을 한 사람이라고 들었다. 무슨 소원을 비는지는 모르지만 자기 자신을 먼저 돌아보는 기도를 하거나 나를 통해서 타인에게 피해를 주는 업장을 짓고 있는 것은 아닌지 생각해볼 일이다.

　업에는 많은 것들이 있지만 나로 인한 것은 생각으로, 마음으로 하는 심(心)업, 말로, 입으로 하는 구(口)업, 행동으로 하는 행(行)업 등이 있다. 생각으로 인해 말로 나가게 되고, 생각으로 인해 행동으로 나가게 된다고 한다. 가장 중요한 것은 심(心)업이라고 하지만 구(口)업이나 행(行)업 또한 무시하지 못할 큰 부분이다. 그래서 생각을 바로 해야 하고 말을 곱게 해야 하며 행동 또한 함부로 해서는 아니 된다고 어른들은 말하는 것이다. 나에게 내린 분부 중에 '정도정법, 정도정심, 정도정행' 하라는 분부가 있었고 그 분부는 잊을 만하면 기도 중에 수시로 반복되어 나왔다.

　그만큼 우리가 짓는 업장은 타인에 의한 것보다 나로 인해서, 나에 의해서 짓는 것이 많다고 보면 된다. 어느 날, 허공에서 기도를 하는데 영으로 보이는 것이 있었다. 자세히 보니 땅에 사는 '지네'가 보이는 것이었다. 땅에서 기어 다니는 지네를 본 것이 아니라 내 팔뚝에서 기어 나오는 것을 본 것이다.

나는 순간적으로 업으로 판단하고 '업장소멸'을 빌었다. 내 전생의 모습이 지네였다면 죄를 소멸하고 업을 소멸해 극락왕생하라고 빌었다.

잠시 후 떠오르는 것이 있었다. 내가 제주도에서 중학교를 다니던 시기에 학교를 마치고 집으로 들어오는 마당에서 지네를 발견하고, 그 지네를 발로 밟아 죽인 적이 있었다. 그 지네가 생각나는 것이었다.

그 지네를 한 번 죽인 것이 아니라 두 번이나 죽였다. 왜냐면 예전부터 어른들이 하는 말이 있으니 뱀이나 지네란 것은 죽이려면 확실하게 죽여야 하고 그렇지 않을 경우에 자신을 죽이려고 했던 사람을 반드시 찾아와서 그 사람에게 해를 끼친다고 했기 때문이다. 농담이고 그냥 하는 말 같지만 난 지네를 통해서 그것을 실제로 겪은 적이 있다. 나는 마당에서 지네를 죽이고 내 방으로 들어왔다. 그 시기가 늦봄인지라 제주도의 날씨는 상당히 더웠기에 난 방문을 열어놓았다. 책상 의자에 앉아 정리를 하고 있는데 뒤에서 이상한 느낌이 계속해서 들었다. 무시를 하려고 해도 꼭 뒤에 누가 있는 것 같은 불안감이 들었고 기분이 상당히 나빴다. 그래서 난 책상 의자에 앉아 뒤를 돌아보았다. 그런데 뒤에는 아까 내가 죽인 지네가 나를 향해 방문턱을 넘어 오고 있는 것이었다.

그 지네는 몸은 반 동강이 나 있었고 거의 죽기 직전인 처참한 모습이었지만 어른들이 말했던 것처럼 나에게 해를 끼치고 죽기 위해서 필사적으로 기어 오고 있는 것이었다. 그 모습을 보고 나는 놀라서 말이 나오지 않았다. 결국은 그렇게 되어 지네를 두 번 죽인 적이 있었고 기도를 통해 그러한 업이 나에게서 나오는 것이었다. "지네란 업을 풀고 좋은 곳으로 가든지 사람으로 다시 태어나든지…… 업장소멸 하세요."라고 계속해서 기도를 했다. 그런데 지네가 사라지는 것이 아니라 내 팔뚝 살 안으로 파 들어가는 모습이 보였다. 계속해서 나는 기도를 더욱 강하게 했다.

그 지네는 팔뚝으로 해서 나의 몸에 들어가더니 식도를 거쳐 독을 입 밖으로 내뱉는 것이었다. 지네가 내뿜는 독은 연기 같기도 하고 안개 같기도 했다.

　나는 '무슨 이런 모습이 있나'라고 생각했다.

　"제자야, 마음에 독을 품지 마라. 그리고 마음에 독을 품어 말하지 마라."

　"제자가 마음에 독을 품고 말할 경우 듣는 상대방의 목숨이 위태로울 수도 있다. 그러니 이제부터는 지네의 독과 같은 것을 마음에 품지 말고 말로 내뱉지 마라."

　이런 기도가 나오는 것이었다.

　마음속으로 누구에게 원한을 품지 말고 생각지도 말라는 것이고, 마음에 독을 품어 모진 말을 상대방에게 했을 경우 상대방을 그 말 한마디로 위험에 처하게 할 수도 있는 것이 제자란 사람들의 위치다. 나 또한 이런 뜻을 헤아리지 못하고 나에게 서운하게 하거나 험한 모습으로 나와 악연이 되었던 사람들에게 얼마나 모진 말을 많이 했던가? 그 인연들이 그렇게 된 것은 다 나의 업으로 인한 것이고 다 나의 잘못으로 인한 것이라는 것을 깨닫지 못하고, 오직 상대방에 대한 서운하고 섭섭한 마음에 얼마나 모진 생각을 하고 모진 마음을 가지고 말했던가. 자연적으로 고개가 숙여지면서 업장소멸이란 기도만이 나왔다.

　"제자가 독을 품어 말할 경우에 반드시 제자에게 구설이 되어 돌아오니 독을 품어 말하지 마라."

　그동안 나는 밖에서 얼마나 많은 구설을 들었던가. 하지도 않은 것을 했다고 소문이 나고 보지도 않은 것을 보았다고 소문이 나고, 되지도 않는 말들이 소문으로 돌아 나에게 돌아왔다. 질투에 의해서, 시기에 의해서, 나란 제자를 자기네가 있는 지방에서 쫓아내야 자기네가 산다는 생각에 얼마나 많은 구설들이 돌았던가. 그 모든 것이 나로 인한 것이라는 것을 알고 나서는 허무감까지 들었다. 내가 장기기도를 들어간 것도 어찌 보면 인간으로 인한 구설 때문이었다. 그런데 기도를 통해서 마음에 독을 품으면 결국은 구설이 되어 나를 괴롭히는 형국이 되니 그 원리를 알아 행동하라는 말이 하문으로 내려왔다. 간단하게 글로 써서 그렇지 기도터에서는 별의별 것을 다 마주치게 된다.

앞에서 말한 것은 그중에 일부라고 생각한다. 그만큼 장기기도만 한다고 해서 모든 것이 다 해결되는 것은 아니다. 장기기도도 중요하지만 그 기도를 하는 과정에 어떤 모습으로 나타날지 모르는 나의 업의 모습, 조상의 업의 모습, 신의 업의 모습, 인간마장 그리고 하늘에서 흔들어보시는 것들, 이러한 것들을 다 이겨내고 견뎌내야지만 업이 소멸되고 새로운 인간으로, 새로운 제자로 다시 태어나는 것이다.

태백산에서 만난 사람들-1

태백산 기도를 통해서 나의 제자생활에 대한 많은 시각이 그리고 사람들에 대한 관점이 많이 바뀌었다. 상세하게 말하자면 냉정해지고 정에 이끌리지 않게 되었으며 인연법에 대한 생각이 많이 바뀌게 되었다. 제자의 길이란 것이 외롭고 괴로운 길이기에 서로가 친구처럼 벗하고 가족처럼 생각하고 나에게 오는 모든 인연을 내 품 안에 담으려 했지만 그것이 다 부질없고 도리어 나의 제자생활에 착오를 가져온다는 것을 알게 되었다. 같은 제자의 길을 걷고 있는 사람을 도리어 더 냉정하게 판단하고 모두가 다 생각과 같지가 않다는 것을 가슴 깊이 느끼는 계기가 되었다.

현실은 냉정한 것이고, 하늘을 보고 하늘을 믿으며 가는 제자의 길이기에 모든 것을 품어야 한다고 하지만, 실제로는 이해 없이 타산적이고 자기 자신에게 손해가 나면 등을 돌리는 것이 사람 사는 모습인 것처럼 제자들 또한 그러한 것에서 벗어나지 못한다는 것을 느꼈다.

"기도터에서의 기도 수행은 전쟁터에서의 전쟁과 같다."라는 하문을 받았다. '다 내 마음 같지가 않다'는 것을 뼈저리게 느꼈다. 기도터는 나와의 싸움터이고 동시에 업과의 싸움터요, 각각의 사람들과의 보이지 않는 전쟁터라는 것을 느꼈다. 그저 같이 수행하는 제자들의 처지이니 다들 내 마음 같을 것이란 생각은 아예 버려야 한다.

오늘의 '도반'이 내일은 자신의 이익을 위해서 철저하게 등을 돌리는 현실을 보면서 제자나 일반인이나 기도를 한 사람이나 기도를 하지 않은 사람이나 똑같다는 것을 느꼈다. 기도를 마친 뒤 사바세계에 나가 그것을 지키느냐 아니면 예전처럼 돌아가느냐 하는 것은 중요한 부분인데 너무나 많은 사람들이, 제자들이 기도터에서 보고 느끼고 깨달은 것을 마음으로만 알 뿐 현실의 삶에서는 하늘의 시험을 이기지 못하고 예전의 습성이나 습관으로 돌아가는 것을 많이 보았다. 기도를 통해서 깨닫고 얻었으면 현실의 삶에서도 영원한 것을 발원하고 추구하고 따라야 하는데 현실의 작은 어려움으로 인해 기도를 통해서 소중하게 얻은 마음을 그리고 하늘의 뜻을 저버리고 예전의 생각과 틀에서 벗어나지 못하는 몇몇 사람들을 보면서 '기도만 하면 뭐 하고 성불을 보면 무엇 하나? 현실의 삶에서 예전처럼 돌아갔는데 과연 하늘이 돕고 하늘의 선관이 그들을 돕겠는가?'라는 생각이 들었다.

자기 자신이 바뀌어야 하늘도 바뀌는 것이고 자기 자신이 틀에서 벗어나야 그 틀 밖의 세상을 볼 수 있는 것이다. 기도할 때는 모두들 그 틀을 벗어났다고 확신하지만 현실에서는 그 틀을 벗어나지 못하고 틀 속에 갇혀 모든 것을 얻은 것처럼 행동하는 제자들도 많다.

결국은 하늘의 뜻을 저버리는 행동을 하게 되니 그 사람이나 그런 제자들이나 언제인가 시간이 되면 무엇이 잘못되었는지 또 기도터를 찾아 나설 것을 생각하면 안타까운 마음뿐이다.

다섯 달 가까이 기도를 하는 과정에 내 가슴속에는 밖에 법당을 마련할 것인지 하는 문제가 늘 자리하고 있었다. 법당은 너의 마음 안에 있고 하늘이 너의 마음에 있고 네가 앉은 자리가 법당이라고 하지만 그래도 밖의 법당이 없이 중생을 상대할 수는 없는 것이라는 생각이 늘 마음 한편에 있었다. 그런데 나에게 법당을 마련해 주겠다고 나선 사람이 있었다. 기도만 마치고 오면 서울에 자리를 마련하겠다고 큰소리치는 사람이 있었다. 난 월셋집이라도 좋다고 했지만 그 사람은 월셋집은 부담이 되고 아예 전셋집으로 구해 준다고 큰소리를 쳤다. 같이 기도를 하는 제자들에게도 자신이 먼저 나서서 걱정하지 말라고 하며 자신도 느낀 것이 있고 깨달은 것이 있어서 그리하는 것이라고 나에게 걱정하지 말라고 했던 사람이 있다. 그러다 내가 서울에 자리를 잡고자 그 금액에 그런 집을 얻을 수가 없을 정도로 하늘에서 돕지 않으면 이런 집이 생기지 않는다고 생각할 만큼 마음에 드는 집이 생겨 그 사람에게 전화를 했다. 점심시간이니 한 시간 있다가 전화를 한다던 그 사람은 며칠이 지나도 전화 한 통 없었고 문자 한 통 없었다. 결국은 그 집을 포기하고 새로 시작한다는 마음으로 지인의 도움을 받아 원룸을 얻었다.

 원룸을 얻고 혹시나 부담이 되어 전화를 하지 못하나 해서 집을 구했으니 걱정하지 말라고까지 문자를 보냈는데 그것에 대한 답변도 없고 그 뒤로 아예 내 전화를 받지도 않는 것을 보면서 사람이란 이런 것이고 나의 복(福)이 여기까지구나, 라는 씁쓸한 기분이 들었다.

 내가 먼저 부탁을 한 것도 아니고 내 사정을 먼저 알고서 자신이 도움을 주겠다고 나서던 사람이 결국은 전화 한 통 없는, 배신이라면 배신이요, 배반이라면 배반인 행동을 하는 것도 경험했다. 서울에 자리를 잡으면 자기 자신이 우리 법당의 홍보부장이 되어 뛰겠다고 설치던 사람이었다. 헛웃음도 나오지 않았다. 일반인이면서 기도를 왔다가 기도를 통해서 많은 것을 알게 되었고 깨닫게 되었다고 하면서 밖에 나가서도 나와 인연을 맺어 많은 도움을 받기 바라고 인생에 있어서 조언자로 섬기고 싶다고 하던 사람이 어느 순간 그렇게 변하는 것을 보면서 아무리 기도를 한다고 해도 아무나 다 그렇게 인간개조가 되는 것이 아니고 해탈의 길에, 성불의 길에 들어서는 것이 아니라는 것을 알게 된 씁쓸한 계기가 되었다.

 같은 제자의 길을 가면서 예전부터 알고 지내던 제자가 있었다.

 태백산에서 그 제자를 다시 만나게 되었다. 그 제자는 2, 3년 전부터 태백산 기도터에 2박3일, 3박4일 정도의 시간을 갖고 가끔 온다고 했는데 나의 기도생활 70여 일이 지났을 때 만났다.

서로가 반가운 사이였기에 스스럼이 없었고 그것이 계기가 되어, 기회가 되어 그 제자도 또 다른 자기 자신을 찾기 위해 21일 기도를 하게 되었다. 그리고 나서 시간이 있을 때마다 수시로 와서 기도를 하게 되었다. 그러는 과정에 예전부터 알았던 사이이기에 급속도로 친해지게 되었다. 그 제자의 아들까지 기도터로 와서 나를 삼촌이라 부르게 되었고 나는 그의 아들을 수양아들로 삼을 정도로 도반으로서 남들이 부러워할 만큼 친한 관계가 되었다.

그 제자도 기도를 통해서 신줄을 접고서 불법제자로 전환하기로 했고 기도를 통해서 성불을 보았다. 그리하여 자신이 하던 굿을 버리고 신의 물건들을 모두 가지고 와서 기도터에서 태우기도 했다.

시간이 지난 뒤에 그 제자는 기도가 다 끝나지 않아 내가 먼저 하산을 하게 되었고 난 법당을 구할 때까지 서울 그 제자의 집에 있게 되었다. 그러고 나서 일주일 뒤에 그 제자는 기도를 끝내고 하산했고 나는 그 제자의 집에서 그 제자와 같이 지내게 되었다. 그동안의 내 사정도 너무 잘 아는 처지인지라 서로에게 힘이 되고 응원이 되고 같은 도반으로서 감사함을 느끼게 되었다.

내가 갈 곳이 없으니 하늘에서 이렇게 준비를 했구나, 라는 생각에 감사할 따름이었다. 그러나 내가 집을 구하지 못하고 작은 원룸에 법당만 차리게 되자 부산에 있는 많은 짐들을 가지고 오지 못하게 되어 내가 부산에 내려가 법당에 들어갈 물건만 가지고 오고 다른 짐은 계속해서 보관료를 내려고 했다. 그러나 그 제자는 자기네 집 지하에 창고가 있는데 왜 남에게 보관료를 주느냐면서 나의 짐 중 원룸에 들일 것만 가지고 가고 나머지는 지하창고에 보관하라고 했다. 생돈을 나가게 한다고 난리법석을 떨었다. 결국 나는 감사하는 마음으로 없는 돈에 부산에서 이삿짐을 서울로 올렸다. 이사 비용은 130만 원이었다. 그날 얼마의 짐을 챙겨서 나는 원룸으로 다시 이사를 하게 되었고 정리 정돈으로 바쁜 며칠을 보내게 되었다. 그런데 정확하게 일주일이 지난 뒤에 그 제자에게서 전화가 왔다. 할 말이 있으니 급히 오라는 것이었다. 지금 시간이 늦었으니 전화로 이야기하면 안 되겠느냐 했더니 전화로 할 말이 아니라고 하면서 나에게 급히 오라는 것이었다. 혹시나 하는 생각이 들었다.

'나의 짐이 창고에 있어서 점 손님이 들지 않는 것 같으니 나의 짐을 가지고 가라'라고 말할 것같은 생각이 들고 느낌이 왔다. 그러나 나는 그런 생각을 지웠다. 왜냐면 자신이 먼저 짐을 옮기라고 했고, 그리고 내가 다른 곳으로 짐을 옮길 만한 사정이 아니고 그렇다고 다시 창고에 보관할 돈이 있는 것도 아니니 내 사정을 누구보다 잘 아는 제자인 만큼 나의 느낌이 틀린 것이라고 생각하며 그 제자의 집으로 갔다. 그 제자가 커피를 한 잔 가지고 왔다. 그리고 하는 말

"오해하지 말았으면 좋겠다. 지금 한 10일째 손님이 아예 없다. 온다던 사람들도 오지 않는다. 무슨 일인지 모르겠다. 그런데 오늘 낮에 순간적으로 이런 생각이 드는 것이……."

나는 커피 마시던 것을 멈추고 제자의 말을 막았다.

"내가 먼저 얘기할게요. 본인 전화 받고서 느낌이 왔는데 혹시 나의 짐 때문에 그런 것 같으냐? 그래서 짐을 치워달라고 나에게 말하려는 것이냐?"

"낮에 생각해보니 내 신의 물건들은 기도터에서 다 태웠는데 다른 제자의 신의 물건이 우리 집 창고에 있으니 그것이 탈이 나서 내게 손님이 없다는 생각이 들더라."

"법당에서 이런 문제 가지고서 기도는 해보았느냐?"

"아니다. 법당기도는 하지 않았다."

나는 어이가 없었다. 사람 뒤통수를 이렇게도 치는구나, 라는 생각이 들어 화가 났다.

"지하에 있는 나의 짐에 신령님 물건은 없다. 다 부산에서 올라오기 전에

정리를 했다. 그것은 본인도 알고 있지 않느냐?"

"도반, 나도 어렵고 도반도 어려운 시기라는 것을 안다. 그런데 10일 넘게 내게 손님이 없다 보니 이런 생각이 들 수밖에 없는 것을 이해해달라."

나는 "도반이란 말 함부로 쓰지 마라. 같은 도법의 길을 걷는 친구를, 동지를 도반이라고 한다. 이런 경우에 도반은 무슨 도반이냐. 그런 말 함부로 쓰지 마라. 알았다. 일주일 안에 정리를 해주겠다. 나에게도 사정이 있으니 시간을 주었으면 좋겠다. 그리고 이런 말을 할 거면 전화로 말하면 되지……. 강남역에서 이곳까지 시간이며 경비가 만만치 않다."라고 말하면서 5분도 되지 않아 그 자리에서 일어났다.

그 제자는 나에게 놀다 가라고 했지만 그곳에 앉아서 시시덕거릴 상황이 아니라는 것은 나도 알고 그 제자도 아는 것이었다. 예의상 놀다 가라고 하는 것이겠지만 나는 은근히 열을 받았다.

"가기 전에 한마디만 충고를 하고 갈게."

"해라, 서운하다는 것 안다. 나를 좀 이해해달라. 10일 정도 손님이 없다 보니 내가 미칠 지경이다."

"아니 그 이야기가 아니라, 본인 태백산에서 긴 시간 기도를 잘못했다고 본다. 본인 태백산에서 긴 시간 신법제자가 아니고 불법, 도법제자로 다시 태어난다고 기도했다. 그리고 지금 부처님 모신다고 했고, 그리고 부처님도 큰 부처님인 노사나부처님 모신다고 했고……. 그런 정도가 되면 이런 탈 잡지 않는다. 물건으로 인한 탈을 잡는다는 것은 아직 본인이 신줄에서 신법에서 벗어나지 못했다는 것이다. 그렇게 큰 부처님을 모신다고 한다면 무당의 습, 무속인의 습에 대해서 다 버려야 한다. 그러니 지금은 부처님은 아예 없고 무당이나 마찬가지이지 않냐?

도법제자가 된다는 것은 그 모든 것을 벗어버려야 한다는 것이다. 내가 보았을 때 본인 태백산에서 헛기도 했다고 생각된다."

그런 말을 하고서 밖으로 나왔다. 밖은 어두운 밤이었다. 그 제자 집에 들어간 지 10분도 되지 않아 나왔다. 하늘이 까맣다는 것을 느꼈다.

울화가 치밀었다. 도반으로서 같이 기도하고 평생 같이 위하며 제자의 길을 가자고 말한 것이 며칠 전이다. 그런데 10일 동안 손님이 없다고 추운 겨울 태백산에서 밖에서 같이 기도하며 같이 웃고 같이 울고 희로애락을 같이 한, 그 제자 말처럼 도반을 한순간에 자르는 것이었다. 돌아오는 차 안에서 '기도 헛했구먼'이라는 생각만 들었다. 아무리 마음에 부처님을 모시고 하늘을 담아 모신다고 하지만 그런 분들을 마음에 담아 모셨다면 그만한 그릇이 되고, 그 그릇에 맞는 행동이나 말이 나와야 한다.

그러나 자기 자신에게 어려운 고비나 어려운 순간이 닥칠 때 하늘을 접고 부처님을 접고 예전의 무당, 무속인의 습관으로 간다고 하면 어느 하늘이 좋아라 하고, 어느 부처님이 반기실까. 그런 생각들은 해보지 않았는지 모르겠다.

그 제자의 법당에는 큰 탱화로 된 신중탱화가 있다. 늘 그 신중탱화를 아까워하고 자랑 삼아 말하더니만 그 신중님들은, 그 신장님들은 탱화 속에만 존재하고 그림 속에만 존재하는 것들인가 보다. 만약에 나의 짐으로 인해 동토가 나고 탈이 난 것 같으면 신중이든지 신장을 불러 동토 동법을 쳐낼 생각은 하지 않고 습관에 젖은 생각만 하니 참으로 답답하고 한심하다는 생각이 든다.

많은 이야기는 하지 않겠다. 이처럼 내가 복이 없는 것인지 하늘에서 나를 가지고 흔드시면서 시험을 하는 것인지는 모르겠지만 위와 같은 두 가지 경험도 하게 되었다.

다시 말하지만 기도하는 것이 중요한 것이 아니고, 새로운 사람이 되는 것이 중요한 것이 아니고 사바세계에 내려와서 어떻게 사느냐가 중요한 것이라고 나는 생각한다.

태백산 기도터에서, 또 기도가 끝나 하산을 한 뒤에도 법당이 마련되기까지 이런저런 경험을 하면서 나는 사람에 대해서 냉정하게 되었고, 마음을 먼저 주지 않게 되었고, 옳고 그름을 판단하는 데 있어서 인연에 연연하지 않고 어떻게 보면 차가워지는 것을 느끼게 되었다.

"도법이라고 해서, 불법이라고 해서 모든 것을 이해하고 품는 것은 아니다. 아닌 것은 냉정하게 거절하고 차가운 마음을 가져야 할 때는 그렇게 해야 한다. 냉정하게 옳고 그름을 판단해 진리 안에 거하라. 그것이 불법이요, 그것이 도법에서 원하는 마음이다."

태백산에서 만난 사람들-2

태백산에서의 기도가 한 달이 지나고 두 달이 지나면서 다른 제자에 비해서 깨달음이 상당히 빠르다는 느낌을 받았다. 기도를 하다 보면 한 단계 한 단계 거쳐 올라가게 되는데 그러면서 기도를 하는 제자는 영적으로 성장하고 지금까지와는 전혀 다른 모습으로 발전하는 것이다.

어느 단계가 지나면 신장에서의 테스트 과정이 있다. 실제로 기도 중이나 아니면 기도터에서 귀신적인 존재와 싸움을 하는 단계가 있다. 그 단계에서 지금껏 기도하면서 얼마나 성장했는지 신장을 호명해 신장님들 힘으로, 원력으로 귀신적인 존재를 물리치는지 어느 순간에 테스트가 들어온다.

나 같은 경우에는 그런 테스트가 있는지도 몰랐다. 어느 날 자시 기도를 마치고 방에서 잠을 자려고 하는데 그날따라 이상한 기분이 들었다.

불을 끄고 잠을 자려 하는데 방문 밖이 영적으로 어수선한 것을 느꼈고 귀신적인 존재, 요괴가 있는 것 같다는 느낌이 강하게 들었다. 그러면서 나는 잠이 들었다. 그런데 새벽 3시쯤 되어 나는 잠을 자다 소변이 마려운 것을 느꼈다. 평상시에는 잠을 자다 화장실을 가는 적이 없었는데 그날따라 새벽에 화장실을 가고 싶다는 생각이 너무 강하게 들었다. 화장실을 가려고 방문을 열고 나왔는데 시간이 새벽 3시인지라 밖에 아무도 없었다. 그런데 화장실을 향해 걸어가는데 누군가가 분명히 따라오는 것을 감지했고 그것이 귀신이거나 요괴와 같은 존재라는 것을 순간적으로 느꼈다. 그러니 나의 머리는 쭈뼛쭈뼛하게 솟아올랐고 온몸이 떨리는 것이 느껴졌다. 그것을 물리쳐야겠다는 생각은 들지도 않았고, 하지도 않았다. 화장실에서 소변을 보면서 어떻게 무사하게 방까지 들어가나, 라는 생각에 두려움이 몰려왔다. 화장실에서 나와 방으로 걸어가며 산 쪽 허공을 보니 온통 하얀 무엇인가로 덮여 있었고, 지금까지 기도했던 산천이 아니라 전혀 다른 생소한 귀신의 세상을 보는 듯한 느낌이 강하게 들었다. 나는 신발 안에 돌멩이가 들었는데 그것을 털어버릴 생각도 하지 않고 무조건 방으로 뛰어왔다.

그리고 방에 들어오면서도 방문을 제대로 열지 못하고 등을 돌려 누군가 뒤따라온 것은 아닌지 확인하고서 밖을 쳐다보면서 등 뒤로 문을 열어 방으로 들어올 정도로 공포가 몰려왔다. 방 안에 들어온 나는 잠을 이루지 못했고 결국은 방에 앉아 기도를 하게 되었다. 그때 기도를 통해서 그것이 요괴, 귀신적인 존재라는 것을 알았고 이런 경우에는 신장님 장군님을 불러 나를 수호하고 보호하게 해야 한다는 것을 알게 되었다. 그렇게 나오게 된 것이 '화엄성중' 기도였다. 위급한 때에 신장님 장군님을 불러 제자를 보호하라고 강력하게 기도하는 것이 '화엄성중' 기도다. 난 그런 경험을 통해서 신장님을 부르고 장군님을 부르는 시기와 때를 공부하게 되었다.

나를 보호하고 도와주는 신장님이 따로 있고 나의 원신, 즉 나 같으면 '비로자나부처님'을 수호하는 신장 장군들 또한 기도를 통해서 다 보고 알아야 하고 받아야 한다는 것을 알게 되었다.

다음 날 기도터의 어느 조언자에게 간밤의 무서움에 대해 물어보았다. 그것이 어떤 것인지 기도를 통해서 답을 먼저 받은 상태에서 물어본 것이다.

"어……. 너무 빠른데……."

그러면서 조언자는 말을 순간적으로 바꾸는 것이었다. "다른 것이 아니라 업이 쫓아오는 것입니다. 본인의 업이 쫓아오는 것입니다."라고 말을 바꾸는 것이었다.

　언제까지 이곳의 조언자는 나에게 업 타령을 할 것인지 모르겠지만 간간이 나의 기도를 꺾는 듯한 느낌을 받고 있었다. 제자들마다 그릇이 다르고 나가는 길이 틀린 것은 하늘에서 정한 이치인데 그 이치를 인정하지 않고 오로지 자신의 틀 안에서 모든 것을 해석하려 하고 모든 사람들을 초등학교 학생 수준으로 보는 것이었다.

　밖에 있는 다른 조언자에게 물어보니 내가 기도를 해서 받은 것과 같은 답을 주었다. 그러면서 지금부터 보거나 영적으로 받는 것 그 모든 것들을 남에게 묻지도 말고 말하지도 말고 오로지 본인 자신만 알고 있으라고 말하는 것이었다. 그것은 기도터에 영적인 싸움이 많고 신적으로 인한 갈등이 많기 때문이었다. 나는 우리 눈에는 보이지 않지만 허공에 영적인 싸움들이 많다는 것을 알게 되었고 그저 듣고 보는 것, 마음으로 느끼는 것, 공부 자체를 나 혼자 마음에 담아두라는 뜻으로 받아들였다.

　기도가 두 달이 되어가면서 나는 나에게 오셔서 나를 수호하고 보호하는, 그리고 귀신을 물리치거나 사적인 것을 물리칠 때 불러야 하는 나의 신장님들을 알게 되었고 모시게 되었다. 그러한 때에 기도터에 3명의 보살들이 3박 4일 기도를 왔다. 나와는 상관없는 일이지만 울산에서 왔다고 해서 혹시나 아는 제자들인가 하는 생각이 들었다. 역시나 울산에서 온 제자들 중에 한 명은 나와 잘 알고 지내는 사이의 제자였다.

　"어머나 이 선생님."

　너무나 반가웠다.

　"부산으로 이사를 갔다는 소식은 들었습니다. 어딘지 몰라서 찾아가지를 못했어요."라고 아는 제자는 말하면서 내가 부산으로 이사를 한지 모르고 내가 살던 울산 신당에 상담을 하러 찾아왔었다고 말했다.

　제자생활을 하면서 간간이 느끼는 답답한 문제들이 있다. 그럴 때 누군가 조언자가 필요한데, 그래도 그 제자는 내가 굿을 하는 모습을 보아 왔고 내가 강원도 굿판에 두 번 정도 일하러 간 적이 있는데 그때마다 같이 그곳에 와 있던 제자였기에 잘 아는 사이다.

내가 부산으로 이사를 간지 모르고 자신이 답답한 것이 있어서 누군가에게 물어보자니 시원한 답을 찾지 못하겠고 나의 일하는 모습과 굿판에서 정확한 공수를 내리는 것을 몇 번 보았기에 나를 무작정 찾아왔었다고 했다.

"이 선생님 공수나 점사가 누구보다도 정확한 것은 내가 직접 보았으니 잘 알고…… 그때 굿판에 가서 공수 내리는 것을 보고서 아…… 울산 제자들하고는 다르다는 것을 알았다. 그렇게 영검하고 똑 부러지는 공수는 처음 보았다."라고 말하면서 자신과 같이 온 보살들을 소개했다. 한 명은 울산에서 같이 온 보살이고 다른 한 명은 대전에서 올라온 보살이었다.

"만날 사람은 어디서고 만나나 봅니다. 부산에 이사만 간 줄 알았지 어디 이곳 태백산에서 그것도 기도터에서 만날 줄 알았나요."

그렇게 말하면서 상당히 반가워하는 것이었다.

내가 아는 제자는 무속인으로서 8년이 되었고 다른 제자는 무속인으로 3년이 되었고 대전에서 온 제자는 13년 차인데 중간에 신당을 없앴다가 다시 시작한 지 얼마 되지 않았다고 했다. 이런저런 말을 하는 가운데 나는 장기기도를 들어와서 지금 두 달이 넘었고 이제는 무당생활을 접으려 한다고 하니 아쉬워하는 눈치였다.

"남들은 그 좋은 재주 배우려고 난리도 아닌데…… 너무 아깝네요."

그러나 무속인으로 살면서 배운 재주가 아무리 아깝다고 해도 나의 길이 아니라면 버려야 하고, 그 길을 통해서 당한 너무나 많은 고통과 인간풍파에 금전으로 인한 고통이 이젠 지겹다고 말하면서 내가 무속을 버린 이유를 설명했다. "무속이란 것이 한계가 있고 영원한 것은 없더라."라고 말을 마무리했다.

울산 제자는 자신이 이곳에 잘 왔다면서 나에게 상담을 해달라고 하는 것이었다. 나는 나중에 말하자고 하면서 우선은 3박4일 기도를 잘 마치라고 했다. 이틀 밤을 자고 나서 울산 제자가 나를 찾아서 그 방에 들어가게 되었다.

기도들의 실마리가 찾아지지 않는 것으로 보였다.

울산 제자에게는 부처님과 보살님 줄이 벌써부터 들어왔는데 제자가 마음을 열지 않는다고 했고 하루속히 마음을 열어 불법제자의 길을 가라고 조언했다. 그랬더니 몇 년 전부터 부처님과 보살님 기도가 나오는데 자기 스스로 하는 것이 아니라고 하면서 무속인으로서 아직 이루지 못한 것이 있기에 빙빙 돈다고 하는 것이었다. 하루속히 마음을 정해 불법으로 가는 것이 좋은 길이라고 조언했고 3년 차가 된 제자에게는 아직은 신줄로 풀어야 하는 시기이니 3년 정도가 지나면 아마 다른 공부를 하게 될 것이라고 말했다.

"그런데 왜 뱀인지 구렁이 같은 것이 법당 단 위에 걸쳐 있는 것이 보이나."

"이것은 무속에서 말하는 업 단지도 아니고 뱀으로 인한 것인지 구렁이로 인한 것인지 본인이 법당에서 풀어야 할 것이 있는 것 같다. 그리고 밖으로 내보낸 글문탱화를 다시 들여와야겠다. 글문탱화를 내리고 그림탱화로 옮기고 나서 되는 것이 없는 것 같다."라고 말하니 3년 된 제자는 자신이 담배를 끊었는데 담배를 한 대 피우고 싶다면서 계속해서 눈물을 흘리는 것이었다.

"오늘에서야 찾은 것 같습니다, 진짜로 감사합니다."

이렇게 말하고선 뱀에 대한 내력을 말하는 것이었다. 자신이 제자가 되기 전에 남편과 함께 뱀탕을 먹은 적이 있다고, 그 사신귀가 있는 것으로 느껴진다고 말하면서 자신이 자기 굿 즉 진적굿을 하면서 선생들에게 자신이 뱀탕을 먹은 적이 있고 그 뱀으로 인한 사신귀가 있으니 그것을 풀어달라고 했는데 굿을 하면서 그것에 대한 말은 한마디도 나오지 않았다는 것이었다. 그리고 글문탱화를 걸어 놓고 있다가 그림탱화로 옮긴 지 몇 달이 되었고 그런 기간 동안 손님이 없어서 어려움이 많다고 말했다.

"어떻게 해결을 해야 하나요?"

"해결 방법은 다른 것이 없다. 본인이 본인 법당에 가서 일주일 정도 날짜 몫을 잡아 뱀으로 인한 사신귀, 영산귀를 해원시키는 수밖엔 없다. 무조건 잘못했다고 하고선 업장소멸 해 해원하시라고 빌어라. 그리고 글문탱화는 다시 찾아 그림탱화 옆에 다시 걸어 놓는 수밖엔 없다. 그리하면 답을 찾을 것 같다."라고 말해주었다.

그러자 그 제자는 나에게 태백산에서 잠시 내려와 울산 법당으로 와줄 수 없느냐고 묻는 것이었고 나는 기도 중이라 갈 수가 없다고 말했다. 그리고 다른 보살은 대전에서 10년이 훨씬 넘게 제자생활을 하다가 어려움이 있어 그 길을 접었다가 다시 시작하는 제자였다. "신의 벌전이 많고 신의 굴곡이 많았습니다. 그러나 이제는 모든 것을 해원시키고 오로지 하늘에서 내리는 공부를 하셔야 할 것 같습니다."라고 말하니 "그렇지 않아도 신으로 해서는 너무 힘들다는 것을 압니다. 어떤 공부를 말씀하시나요?"라고 물었다.

"제가 하는 것처럼 불법, 도법으로 해서 큰 공부를 하셔야 할 것입니다. 하늘에서 오신 줄이 무속인 줄이 아니라 도법제자로서 큰 소임이 있고 큰 공부를 하셔야 할 분입니다."

"어떻게 해야 하는지 모르겠습니다."

"먼저 본인이 기도 중에 기도 날짜를 받은 것이 있을 것입니다."

"예, 예전에 49일 기도를 하러 들어가라고 하문을 받은 적이 있었는데 가족들과 같이 생활하다 보니 못 들어갔습니다."

"예, 그럼 그것부터 시작하셔야 할 것 같습니다. 49일 기도는 인생에 있어서 긴 날짜는 아닙니다. 그러니 빨리 시작하셔서 하늘의 뜻을 받으세요."

"그럼 대전에 있는 신당의 신령님들은 어떻게 해야 하나요?"

"그것은 지금 결정할 문제가 아니라 기도를 하다 보면 자연적으로 해결이 납니다. 해원이 되어 가시는 분도 있고 보살님에게 오신 큰 분에게 합의 합수가 되어 있는 분들도 계시니 지금 앞서서 판단을 할 것이 아닙니다."

"답답하네요. 어떻게 49일씩 기도를 하나요."

그런 말을 하면서 장기기도가 어렵다는 식으로 걱정을 하는 것이었다.

모든 것은 시작이 중요한 것이고 그 시작을 하기 위해선 자기 자신도 과감하게 버려야 하는 마음이 있어야 한다. 시작하는 것이 진리이고 진정으로 필요한 부분이라고 한다면 과감해져야 하는 것도 상당히 필요한 부분이다. 그러면 자연스럽게 뒤에 걱정하는 일들이 해결되는 것이 하늘의 원력이요, 신의 원력이라고 나는 믿는다.

"이번 기도 중에 하문을 잘 받으세요. 그럼 답이 나올 것입니다. 제가 보기엔 집에 가서 신당 밖에 있는 걸립을 먼저 처리하셔야 할 것 같네요. 본인에게는 필요 없는 부분입니다."

"어머나 그렇지 않아도 이번에 걸립을 만들어 모셨답니다. 원래는 없었는데 마음이 좀 서운한 것 같아서, 걸립이 없어서 일이 풀리지 않나 해서 걸립을 만들었습니다."

"걸립에 걸립 신들이 앉는 것이 아니라 오만 가지 이름 모를 조상들이 앉아 본인만 더 힘들게 합니다. 그러니 당장 가서 걸립 먼저 없애버리세요."

"그리고 제가 보기엔 본인은 도법제자이기도 하지만 불법이 강하다고 느껴집니다. 그중에서도 '미륵줄'이 강합니다. 그분을 잘 받아보세요."

그렇게 말하니 예전부터 미륵님이 계속해서 기도 중에 보이셔서 미륵보살을 모실까, 미륵부처님을 모실까, 생각하고 있다고 했다.

"모시는 것이 중요한 것이 아니에요. 그런 분을 법당에 동상으로 모신다고 해서 그분이 모셔지는 것이 아닙니다. 그런 분을 모시기 위해서는 보살님이 먼저 그분을 모실 수 있는 그릇이 되어야 합니다. 그래야 그분이 마음으로 먼저 들어오게 되는 것입니다."

무속인들은 꿈에 어느 분이 보이거나 기도 중에 어느 분이 보이면 무조건 동상이나 탱화로, 아니면 신령님 옷으로 몸을 잡아 모시는 것이 습성이 아닌 습성으로 되어 있다. 나 또한 그렇게 해서 모셨다가 내다 버린 것이 어마어마 할 정도이니 할 말이 없다.

"그분을 모실 만한 그릇이 되라고 그분이 기도 중에 보여주는 것입니다. 그분을 모실 만한 그릇이 된다는 것은 본인이 미륵님이 되어야 한다는 것입니다. 미륵님의 화신이 되어야 한다는 것입니다. 그러기 위해서는 마음을 비워야 합니다. 깨끗하게 비워야 합니다. 그래서 큰 공부를 하라는 것이고 장기 기도를 하라고 하는 것입니다."

그렇게 알기 쉽게 말하니 보살들은 고개를 끄떡이면서 이해하는 듯했다.

"왜 이런 말씀을 어디 다른 곳에서는 전혀 듣지를 못하는 것일까요?"

"우리가 이번 기도를 참으로 잘 왔네요. 기도 성불 보았고 답을 찾은 것 같습니다."

"누가 어느 보살이 이런 답을 주겠나, 참으로 답답만 하지. 이 선생님이 참으로 공부를 많이 했나 봅니다."

이런저런 말을 통해서 상담이 아닌 상담을 해주었고 그 보살들은 그날 밤 극락전에서 서로가 울면서 기도를 했다. 그것도 밖에 있는 사람들이 들릴 정도로 대성통곡을 하면서 우는 것이었다. 다음 날 보살들은 울산으로, 대전으로 내려갔다. 그러던 어느 날, 시간이 두 달 정도 지났을 즈음 알지 못하는 전화번호로 문자가 왔다.

"정말 너무 감사합니다, 할배 길을 너무나 잘 가고 있습니다. 저의 길을 알려주셔서 얼마나 감사한지 모릅니다. 저에게 조언을 해주신 할배와 선생님에게 깊은 감사를 드립니다."

누군지 모르는 전화번호인지라 전화를 해보았다. 태백산에서 만난 대전 보살이었다. 나에게 상담을 듣고 나서 가야 할 길을 찾았고 해야 할 일을 찾았다고 하면서, 이제는 하늘에서 원하는 길을 걷고 있다면서 얼마나 행복한지 모르겠다고 말하는 것이었다.

"너무너무 감사하고 고맙습니다. 법당을 마련하시면 꼭 가겠습니다. 선생님도 대전에 올 일이 있으시면 꼭 연락을 주세요."

기분이 좋았다. 남에게 한마디라도 해서 그 사람의 인생에 작은 부분이지만 도움이 되었다고 생각하니 기분이 좋았다. 이렇게라도 조금씩 새롭게 제자의 길을 걸을 수 있게 해주신 하늘과 부처님에게 감사를 드리는 마음이 나왔다.

태백산에서 장기기도를 하면서 난 장기기도를 하는 제자들이 있는 방으로 들어가지 못하고 쉽게 말하자면 준장기기도를 하는 방에 있게 되었다. 장기기도를 하는 제자들이 있는 방은 보통 100일 기도부터 몇 백 일 기도를 하는 제자들이나 일반인들이 있는 곳이고 내가 있는 방은 보통 21일 기도, 보름기도 아니면 3,4일 정도 있다가 가는 사람들이 머무는 방이기에 수시로 사람들이 바뀌었다. 어느 날 제자 한 분이 하루 정도 머문다고 하면서 내가 머무는 방으로 왔다.

머리를 기른 모습이 '나, 도 닦는 사람입니다'라는 표시가 강하게 나는 제자였다. 하루 있다가 가겠다던 그 제자분은 3일 정도 있다가 내려갔다.

그런데 2일째 되던 날인가 내가 쓴 글문부적을 보면서 기가 느껴진다고 말하는 것이었다. 나는 장난 삼아 쓰는 글입니다. 그저 연습용으로 쓰는 글이라고 말했다.

"아닙니다, 저도 그림이나 글을 보면 느껴지는 기운이 있는 사람입니다. 선생님 글에서 강한 기운이 느껴집니다. 기회가 된다면 선생님 작품을 하나 얻고 싶습니다."

이렇게까지 말하는 것이었다. 그런 말이 오가면서 자연스럽게 그 제자분의 이야기가 나오게 되었다.

15년 정도 이 산 저 산 계속해서 기도를 다닌다고 했고, 그러나 무엇이 문제인지 한계를 넘지 못하고 떠돌이 제자처럼 생활한다고 했다.

기(氣)를 받아 사람들에게 기(氣)치료를 한다고 하면서 기(氣)치료를 통해 여러 사람을 살렸다고 자랑 삼아 말했다. 그러나 정작 자기 자신은 한계를 돌파하지 못하고 계속해서 발전이 없고 늘 그 자리만 맴돌고 있다고 말하는 것이었다.

15년 동안 이 산 저 산 기도를 다녔다고 하지만 제대로 된 기도를 하지 못했고 제대로 된 기도 방법을 터득하지 못했던 것이다. 그러니 이런 것도 아니고 저런 것도 아닌 제자 모습으로 사는 사람이었다.

그 제자분에게 이런저런 상담을 해주면서 내가 느낀 것은 기도도 제대로 방법을 알고 해야지 그렇지 않으면 이 산으로 저 산으로 돌아다니면서 아무것도 아닌 헛세월을 보낸다는 것이다. 아무리 지리산에서 기도하고, 태백산에서 기도하고, 계룡산에서 기도하고 명산대천을 찾아다니면서 기도한다 해도 자칫 잘못하면 앞에서 말한 것과 같이 조상에 의해서 질질 끌려다니는 경우가 되든지, 아니면 정신(正神)이 아닌 사(死)에 의해 끌려다니는 세월이 된다는 것이다. 그만큼 제대로 모르고 하면 무서운 것이 기도요, 제대로 알지 못하고 기도 수행을 하는 제자는 시간 낭비를 떠나서 정신적인 혼돈으로 험한 일을 당할 수도 있다는 것을 느끼게 되었다.

몇 마디 내가 알고 느낀 부분에 대해서 상담을 해주니 자신이 15년간 기도를 하면서도 찾지 못한 것을 알게 되었다고 하면서 나를 꼭 서울에서 한 번 만나뵙고 싶다고 했다. 그러나 나는 특별하게 다시 만나고픈 느낌이 전혀 들지 않는 사람이었다. 어떻게 내 전화번호를 알았는지 보름쯤 지나 전라도 강진이라고 하면서 전화가 왔다. 나와 상담을 하고 싶어 하는 사람이 있어서 태백산으로 데리고 오겠다는 것이었다.

나는 무작정 오지 말라고 했다. 나는 지금 기도하는 중이고, 다른 사람들이 알 경우에 좋은 말이 나오는 것보다는 나쁜 말이 나오기가 쉬우니 조심스럽다고 거절했다. 그러나 나에 대해서 말을 들은 전라도 강진에 사는 사람은 막무가내로 나와 상담을 하고 싶다는 것이었다. 그래서 하는 수 없이 그럼 기도를 온 것처럼 해 다른 방에 머물고 있다가 시간이 나면 그때 자연스럽게 내가 있는 방으로 차 한 잔 하러 오는 것처럼 하라고 했다.

전라도 강진에서 오는 사람은 다음 날 낮에 전라도에서 출발해 저녁에 태백산 기도터로 오게 되었다.

그 일행이 오기 전에 나는 성황당에서 기도를 하면서 그 사람에 대한 것을 먼저 받게 되었다. 제자는 제자인데 무속을 통해서 제자의 길을 갈 사람이 아니라 기도를 통해서 천문과 의술을 받아야 하는 사람이었다. 그리고 조상이 강하게 들어섰는데 손목이 잘린 조상이 보였다. 예전에 조선시대 때에 궁궐에서 의원으로 있었는데 치료한 것이 잘못되어 손목을 작두로 잘렸다는 조상이 보였다. 그러한 원과 한으로 인해 구천허공을 떠도는 것이었고 결국은 후손의 앞길을 막는 존재가 되었던 것이다.

깊은 밤이 되어 다른 사람의 눈을 피해 일행은 나의 방으로 찾아왔다. 다행히 그날따라 내 방에는 같이 머무는 사람들이 없고 나 혼자 있었다.

전라도 강진에서 올라온 사람은 성씨가 김씨였고 그 김씨를 소개해준 사람이 앞에서 말한 기치료를 한다는 제자였다. 그 제자가 전라도에 일이 있어서 갔다가 김씨를 만나게 된 것이고 만나게 된 자리에서 태백산 기도 이야기를 하던 중 나에게 상담을 받은 것을 말하게 되었던 것이다. 그렇게 되어 김씨는 자신의 길을 열어줄 사람은 나밖에 없다는 생각에 하던 일도 중단하고 산으로 올라왔다는 것이었다.

지금껏 17년간을 이 산 저 산 기도를 다녔다고 했다.

"기도를 많이 했다고는 하나 지금껏 기도를 한 보람이 없습니다. 제가 보기엔 10년 전에 천문의 기운이 강하게 내려섰는데 그것을 받지 못했고, 지금으로 보자면 5년 전에 침술의 기운이 강하게 내려섰는데 받는 법을 몰라 그냥 묻혔습니다. 그러다가 4,5년 전부터는 기도도 아니 되고 세상에 묻혀 직업을 가지고 지내는 것으로 보입니다. 아무리 직업을 가지고 일을 가지고 있다고 해도 마음 한편 구석에 이 길에 대한 미련이 남아 그것이 한이 되고 원이 되었습니다."

이렇게 말하면서 상담을 시작했다.

"예, 정확합니다. 시간까지 정확합니다. 10년 전과 5년 전에 기도 중에 무엇인가 내려서는 것 같았는데 그것을 어떻게 해야 하는 것인지 몰라 그냥 묻히고 말았습니다. 5년 전부터 동생이 운영하는 사업체에서 근무를 하고 있지만 마음을 잡지 못하는 것도 맞습니다."

"본인은 제가 보기에 우리네같이 신굿을 해 제자가 되라는 사람이 아니라 기도를 통해 천문과 침술을 받으라고 하는 사람입니다. 그래서 천문으로 사람의 운명을 점치고 침술로 아픈 사람을 고치라는 사람입니다. 조상 중에 내가 본 것은 조선시대에 궁궐에서 의원을 하던 조상이었는데, 그 조상님이 궁궐에 있는 왕족을 잘못 치료해 결국은 작두로 손목이 잘려나간 것을 오늘 보았습니다. 그 조상이 강하게 내려서는 것입니다. 그 조상의 영향으로 본인이 5년 전부터 손목이 아픈 것으로 보입니다."

"예, 맞습니다. 5년 전쯤부터 손목이 아픕니다. 그러나 병원에서 진찰을 했는데도 원인을 모른다고 합니다. 그 조상 때문에 제가 손목이 아픈 것이었군요."

그렇게 말하면서 놀라는 것이었다.

"그리고 본인은 천문을 열어야 하는데 방법을 몰라 열지 못했습니다. 가족 중에서나 조상 중에 사주를 푸는 양반이 있는 것으로 보입니다."

"예, 저의 친할아버지가 사주를 잘 풀었다고 합니다. 제자를 한 것은 아니고요."

"본인 집안에 그런 천문 줄과 의술, 침술 줄이 완연합니다. 누군가가 한 명이 이것을 받아 제자가 되어 풀어야 하는데 그러질 못해서 집안이 좋지 못할 것입니다."

"아, 그렇군요. 집안 형제들이 저부터 풀리는 형제가 없는 것도 맞습니다."

이런저런 상담을 하던 중에 알게 된 것은 나 자신도 우습기도 하지만 놀랍게도 전라도에서 온 김씨네 형제가 하는 공장이 장갑을 만드는 공장이었다. 조상 중에 중요한 양반은 손목이 잘렸고 후손들은 그 손에 끼는 장갑을 만드는 공장을 하고 있는 것이었다. 조상의 잘려나간 손목 부분을 후손들이 인연에 의해서 만들고 있는 것이었다.

"누군가 하셔야 하는 일이고 업입니다. 본인이 그것을 제일 많이 알고 느끼고 있으니 나이가 있다고 하셔도 해야 할 길입니다."

"예, 저도 된다고 한다면 하고 싶습니다. 그러나 17년간 기도를 했는데도 감이 없었고 찾지를 못했습니다."

"기도하는 법을 몰랐던 것입니다. 기도를 하면서 하늘의 기운만 받고자 했지, 즉 도만 닦았지 그 도를 닦는 과정, 하늘의 기운을 받는 과정에서 막는 존재, 즉 장애물의 역할을 하는 조상이나 나의 업을 닦지 못했다는 것입니다."

"그러다 보니 기도를 한다고 해도 감흥이 있을 수 없고 능력을 받을 수 없었던 것입니다. 너무 몰라서, 너무 알지 못해서 그렇다고는 하지만 조상이 없는데 본인이 있을 수가 없습니다. 그 조상을 너무 몰랐고 본인 자신의 업을 몰라 풀지를 못했다는 것입니다. 그러다 보니 17년 동안 기도를 했지만 얻은 것이 적습니다. 손목이 잘린 조상이 나란 존재가 될 수도 있는 것입니다. 조상을 조상으로만 보지 말고 나 자신의 전생이라고 생각하세요. 조상이 전생에 못다 한 것을 후손을 통해서, 아니면 나의 지금 모습을 통해서 이루고자 하기에 본인 주위를 맴도는 것입니다."

전라도에서 온 김씨나 김씨를 데리고 온 제자는 지금껏 듣지도 못하고 알지도 못한 것을 배우는 것 같은 표정이었다.

"그럼 선생님, 앞으로 어떻게 해야 합니까? 그 길을 알려주십사 오늘 온 것입니다."

곰곰이 생각을 해보았다. 그렇게 쉬운 일이 아니다. 그리고 김씨는 나이도 많았고 이제 새로 시작한다는 것이 조금은 무리인 생각이 들었다.

"그리 간단한 문제가 아닙니다. 본인이 하늘에서 원하는 제자가 맞는 것은 확실합니다. 그러니 17년간 기도를 했지 그렇지 않다고 한다면 그 길을 가지 않았다고 생각합니다."

"선생님 뜻을 따르겠으니 말씀을 해 길을 열어주십시오. 부탁드립니다."

"길은 두 가지로 보입니다. 먼저 하나는 내림굿이 아닌 일반 굿으로 조상을 풀어야 합니다. 이것은 그 조상 할아버지를 푸는 것도 되지만 집안 내력에 신의 줄이 강합니다. 그러다 보니 이런 부분은 굿으로 해서 풀어야 하고 그 나머지는 본인과 내가 기도를 통해서, 제대로 된 기도법을 통해서 본인의 줄을 잡아야 합니다."

먼저 굿을 해서 신으로 풀어야 할 조상을 풀고 신으로 놀릴 조상은 놀려야 하는 집안이었다. 몰라서 그렇지 굿을 많이 했던 내력이 있는 집안이었기에 모든 것을 기도로 처리할 부분은 아닌 것 같았다.

굿을 하고 나서 고향 본산이 전라도 지리산이기에 지리산으로 나와 함께 들어가 보름이든지 한 달 정도 제대로 기도만 한다면 천문과 침술, 의술 주력을 잡을 수 있을 것 같았다.

"우선은 이것을 한다, 저것을 한다 마음으로 정하지 마세요. 오늘 기도를 오셨으니 단군성전에 인사를 하고 답을 받아보시고, 용궁으로 가서 기도를 하시면서 답을 받아보세요. 어떻게 하라는 답이 분명히 나올 것입니다."

"기도를 해도 보이는 것이나 들리는 것이 없는데 어떻게 답을 받을 수가 있을까요?"

"아닙니다. 분명히 받습니다. 제가 기도하면서 기운을 보내드리지요. 그리고 기도를 하시면서 무조건 지금껏 몰랐던 것을 용서하시라고 하면서 업장소멸만 찾으세요. 그럼 답이 보일 겁니다."

이렇게 말하고선 상담을 끝내고 다음 날 낮에 만나기로 했다.

다음 날 낮에 두 사람이 다시 내 방으로 왔다.

그날 방에는 기도터에서 알게 되어 도반으로 친하게 지내는 보살 2명이 먼저 와서 나랑 차를 마시고 있었다. 같이 있어도 되는 자리인지라 함께 참석하게 되었다.

"어젯밤에나 오늘 아침에 기도를 하면서 답을 찾으셨나요?"

"예, 이상한 경험을 했습니다. 선생님이 말씀하신 대로 기도를 했더니 단군성전에서 무엇인가 보였습니다. 무엇인가 보이기에 가만히 자세히 보니 사람들이 하늘에서부터 제 앞까지 일렬로 서 있는 것이었습니다. 그런 모습을 보면서 아 조상님들이구나, 라는 생각이 들었습니다. 즉 내가 보내야 하는 조상들이 그렇게 많이 일렬로 서 있구나, 라는 것을 알게 되었습니다."

김씨는 상기된 표정으로 그렇게 말했다.

지금껏 기도를 하러 다니면서 전혀 느끼지 못하고 보지도 못하던 것을 이곳 기도터에 와서 부족하지만 느끼고 보기 시작한 것이 신기하고도 기쁜 모습이었다.

"그럼 용궁에서는 무엇이라고 했나요?"

"날짜가 나왔습니다. 2개의 날짜가 나왔습니다. 한 개는 굿을 하는 날짜를 뜻하는 것 같았고 다른 하나는 기도 들어가는 날짜를 뜻하는 것 같았습니다."

"맞습니다. 본인이 다 받으셨네요. 이제는 본인이 확신을 가지고 일을 추진하느냐, 안 하느냐 그것만이 남았습니다."

"예, 저야 당연히 선생님 말씀대로 일을 하고 싶습니다. 그런데 돈을 마련할 금전문제가 조금 답답합니다."

"그것은 걱정하지 마세요. 분명히 마련이 된다고 보입니다. 제가 글문부적을 한 장 내려 줄테니 그것을 가지고 가세요. 그럼 분명히 금전문제가 그리고 가족들이 이해하는 것으로 바뀔 것입니다."

그렇게 해서 난 그 자리에서 글문부적을 내려 주게 되었다.

글문부적을 쓰면서 나도 모르게 말이 나왔다.

"달마대사님 그림을 모셨다가 어느 순간 버린 적이 있네요."

그렇게 말하자 김씨는 놀라면서 그런 적이 있다고 말하는 것이었다.

"오늘 이 글문부적에 달마대사님이 함께 들어가십니다, 잘 간직하세요."

그렇게 말하고는 글문부적을 내려 주었고 김씨와 같이 왔던 제자는 다시 전라도 강진으로 내려가게 되었다. 굿을 하기가 꺼림칙했지만 내가 직접적으로 하지 않고 그리고 마지막 굿이란 생각으로 나는 굿 준비를 하게 되었다. 그러나 10일쯤 지나서 김씨를 소개한 제자에게서 전화가 왔다.

자신이 중간에서 연결을 시켰는데 만에 하나 일이 잘못되면 자신이 원망을 들을 것 같아서 전화를 했다는 것이었다. 그렇게 걱정이 되면 아예 일을 시키지 마라. 나 또한 불안한 생각을 가지고 있는 사람들 일을 하고 싶지 않다고 말하게 되었다. 그리고 소개한 제자와의 통화 중에 이상한 소리를 듣게 되었다.

"선생님, 내림굿을 하게 되면 삼산을 돈다고 했는데 그런 것이 이번에는 필요가 없습니까?"

"누가 내림굿을 하는가요?, 이번 일은 신굿이 아닙니다. 무슨 소리를 하는 것입니까?"

전라도 김씨나 소개한 제자는 이번에 하는 굿을 내림굿으로 착각하고 있는 것이었다. 그 자리에 함께 있었던 보살들에게 물어보아도 내림굿이란 말은 하지 않았다고 했는데 이 두 사람은 내림굿으로 생각하고 있었다.

"김씨에게 전화를 달라고 하세요. 전 내림굿이라고 말한 적이 없습니다."

그렇게 통화를 하고 나서 이번 일은 책임을 맡지 말아야겠다는 생각이 들었다.

　김씨와 통화를 하게 되었다. 김씨 또한 내림굿으로 알고 준비를 하고 있었고 가족들에게도 그렇게 설명했다고 한다.
　"내림굿이라면 삼산을 돌고 용궁을 돌 날짜를 말했겠지요. 날짜도 잡은 적이 없는데 무슨 내림굿으로 생각합니까?"
　결국은 잘 생각해보라고 했고 다음 날, 김씨에게서 문자가 왔다.
　좋은 인연이 될 것 같았는데 아쉽다는 문자였다. 난 먼저 받은 선수금 200만 원에서 초 값 10만 원, 쌀값 10만 원을 뺀 나머지 180만 원을 돌려보냈다.
　그리고 나와의 인연이 아니고 내가 하지 말라는 일인가 보다, 라는 생각을 하면서 그 사람들을 잊게 되었다.
　그런데 그 뒤로 두 달 정도가 지나서 난 서울에 자리를 잡게 되었고, 전라도 김씨에게서 전화가 왔다. 내가 없는 태백산에 찾아왔다고, 그런데 태백산에 오니 내가 없어서 전화를 한 것이라고 했다. 그리고 그날 밤에 전라도 김씨는 알고 지내던 비구니 스님과 함께 내가 있는 서울로 찾아오게 되었다. 앞에서 말한 것과 같이 전라도 김씨는 글문부적의 힘인지, 무엇 때문인지는 모르지만 굿비가 마련이 되었고 전라도 광주에서 3일 동안 내림굿을 하게 되었다고 한다. 3일간의 내림굿을 해도 아무것도 느낌이 없고 그날 말문도 열리지 않았다고 했다.
　전라도 광주에서 내림굿을 주관한 보살은 전라도 김씨를 나에게 소개시켜준 제자가 알고 있는 보살이었는데, 나와 연결이 된 중간부터 계속해서 이런 말 저런 말로 나와 연결이 되지 않게 작용을 하고 결국은 자신이 알고 있는, 전라도 광주에 있는 보살과 연결시켜 내림굿을 하게끔 했다는 것이다.
　이제 와서 보니 나의 말을 듣지 않은 것이 후회가 되고 부인이랑 돈이 다시 생기면 나를 찾아가서 나와 일을 하자는 말까지 했다고 한다.
　"그런데 내림굿을 하고서 아무런 느낌이 없었는데 그 이후에 제게 자꾸 책을 든 할아버지와 달마대사님의 모습만 보입니다."

"책을 든 할아버지는 본인이 마음으로 받아야 할 천문할아버지가 되는 것이고, 달마대사는 제가 글문부적을 내려 줄 때 분명히 달마대사님이 부적에 같이하신다고 했습니다."

그 말을 하자 김씨는 잊었던 기억이 다시 돌아오는 듯 "아…… 이제야 생각이 납니다. 선생님이 부적을 쓰시면서 달마대사님이 부적에 함께하신다고 했었습니다. 왜 이제야 이런 생각이 나는지 안타깝습니다."라고 말하는 것이었다.

나도 할 말이 없었다. 하기야 이런 경우가 한두 번이 아니다. 상담을 할 때 반드시 명심해서 듣고 기억을 하라고 해도 사람들은 잊어버리는 경우가 많고 나중에 다시 기억해내며 후회를 하는 경우가 많다.

"이제 어쩌겠습니까. 기도밖에는 방법이 없습니다. 다시 굿을 할 필요도 없고 그때 굿 비용은 어차피 나가야 하는 돈이었나 봅니다. 그렇게 편안하게 생각하세요."

이와 같은 경우의 만남을 보면서 사람이 참으로 미련한 존재라는 것을 다시 한 번 느끼게 되었고 인정에 끌려, 안타까운 마음에, 돕는다는 마음에 냉정하게 대하지 못하면 도리어 후회가 온다는 것을 알게 되었다.

하늘에서 무조건 냉정하게 판단하고 냉철하게 행동하라는 뜻이 오늘날 제자가 살아가는 데 있어서 가장 필요한 부분이 아닌가, 한 번 더 생각하게끔하는 인연에 대한 경험이었다.

3장

눈물의 길 제자의 길

그래, 무당이라면 제대로 해야지(2005년)

휴대전화로 모르는 사람의 전화가 왔다. 난 손님과 상담을 하고 있던 중이었다. 원래 손님과 상담을 할 땐 집전화도 휴대전화도 그리고 밖에서 울리는 초인종도 신경을 쓰지 말아야 하는데 난 지금껏 집에 사람을 둘 수가 없다. 언제까지 외롭게 살아야 할 팔자인지 사주인지는 모르겠지만 신당에 이런저런 일을 도와주는, 즉 수발을 들어주는 사람도 아직은 둘 수가 없다. 신명에서 아직껏 옆에 사람을 두지 못하게 한다. 결국은 이 제자에게 상처를 주고 큰 아픔을 주고 떠나는 인간들이 많으니 신명에서 아예 이젠 곁에 사람을 두려고 하지 않는다. 아직도 제자인 내가 신명보다 사람을 더 의지하고 마음을 푸는지 모르지만 나중에 아픔을 당해 마음고생을 하느니 애초에 그런 경우를 만들지 않는 것 같다. 그런 연유로 곁에 수발을 드는 사람이 없다. 하기야 제자집에 수발을 드는 여자가 있으면 '둘이 바람이 났네', '이상한 관계'라는 등 별의별 소문이 다 나는 세상이니 무서워서도 사람을 둘 수가 없는 입장이다. 예전에 서울에 있을 때 가정부를 두었었는데 둘이 부부란 소문이 날 정도였으니 웃을 수도 없고 울 수도 없는 노릇이다.

손님과 상담을 하던 중 모르는 번호로 휴대전화가 울렸다.

편안한 손님이기에 무심결에 전화를 받았다. 상대방은 나이도 좀 있는 듯한 사람이었다.

상대방은 ≪무당이 없다≫란 책을 읽은 제자라고 하면서 나를 명예훼손으로 고소를 하겠다고 했다.

"당신이 이효남이란 사람입니까?"

"예, 그런데요."

"나 당신 책을 읽었는데 나는 무형문화재 11호로서 47년간 무당의 길을 걷는 사람이야."

"예, 그러세요. 그런데 어쩐 일이신가요?"

난 그래도 47년간 제자의 길을 걷고 있는 선배에 대한 존경과 예의를 갖추어 전화를 받았다.

"이효남이 당신이 뭔데 무당들 명예를 훼손시켜. 나 무형문화재 11호로서 47년간 무당길을 걷는 사람인데 어째서 무당이 없다는 책을 써서 모든 무당들의 명예를 훼손시켜. 당신 이렇게 책을 써야겠어?"

어이가 없었다. 경우가 없는 제자인 것 같았다.

그놈의 무형문화재 11호를 계속해서 반복하고 47년간 무당생활을 했다고 반복하면서 반말을 해대고 있었다.

"책을 끝까지 읽어보세요. 그럼 무당이 없다, 라는 뜻이 무엇인지 알 것입니다."

"야, 이효남이 너 얼마나 잘났어. 그래 책 읽었다."

"그럼 무당이 무슨 뜻인줄 알겠네요?"

답변이 없었다.

"무당이란 만백성을 위해서 하늘에 제를 지내는 사람입니다. 그런 뜻에서 지금 우리나라에 백성의 편안함을 위해서, 나라를 위해서 하늘에 제를 지내는 무당이 없는 것 같기에 그렇게 쓴 것입니다."

상대방이 아무런 말이 없기에 계속해서 이야기를 했다.

"지금은 제자들이 다들 자기 욕심으로 모든 것을 하는 것 같아서 고치자고 그렇게 쓴 것입니다. 그것이 그렇게 명예를 훼손한 것입니까?"

"나도 지금까지 태백산에 가서 해마다 천신제 지내는 무당이야."

"예, 그럼 계속해서 열심히 지내세요. 그럼 되겠네요."

일언지하에 말을 잘라버렸다.

"그래 그렇게 잘나고 남을 위한다는 놈이 내 제자가 점을 보러 갔는데 점사비를 5만 원씩이나 비싸게 받냐?"

어이가 없었다. 이젠 별것을 다 가지고 트집을 잡는다.

"5만 원을 받든, 10만 원을 받든, 그리고 50만 원을 받든 100만 원을 받든 내가 알아서 받는 것이고 내 신명의 점사에 확신이 있으니 그렇게 받는데 당신이 무슨 상관이냐."

"그래, 그렇게 점을 잘 보아서 내 신딸이 지금 15년 이상을 잘 불리고 있는데 제자가 아니라고 했냐?"라고 말하는 것이었다. 잠시 무슨 소리인가 생각을 하다가 누구인지 감이 오는 것 같았다.

"아, 알겠네요. 쉰두 살짜리 제자랑 마흔다섯 살짜리 제자가 점을 보러 왔는데 그 제자 신엄마 되세요?"

상대방은 잠시 놀라는 것 같더니 아니라고 변명을 하는 것이었다.

"그래, 당신 무형문화재 11호에 47년간 무당을 한 사람이 신딸에게 시킬 게 없어서 룸살롱을 시키냐? 제자가 신령님만 모시고 제자 일이나 잘해야지 할 게 없어서 신령님 모시고서 룸살롱까지 하니 내가 제자가 아니라고 했다. '제자 같은데 신명에서 제자가 아니라고 하네요'라고 말했다. 룸살롱을 하고 있으니 아닌 게 분명하지."

상대방은 자신이 누군지 들킨 것이 마음에 걸렸는지 횡설수설하기 시작했다.

"제자가 다른 것도 할 수가 있지."라고 말하면서 성질을 내기 시작했다.

"제자들 신자식들 가르치려면 제대로 가르쳐. 제자가 제자만을 하기도 얼마나 힘이 들고 무서운데 시킬 게 없어서 술집까지 겸업으로 시키냐. 그러면서 무슨 무형문화재가 어떻고 47년이 어떻고란 말이 나와, 정신 차려!"
 그 말을 하고서 전화를 끊어버렸다.
 손님들이 앞에 있었지만 분이 풀리지 않았다.
 손님들도 어이가 없는지 내 마음을 달래기 바빴다. 별놈의 세상이다. 신딸에게 룸살롱까지 시키면서 무슨 문화재이고, 겸업을 하는 것이 당연한 것처럼 떠들어대는 무당들이 무슨 무당이라고 명예를 훼손했다고, 고소를 한다고 하는 것인지 어이가 없다.
 나에겐 다른 곳도 그러하겠지만 제자들이, 신제자들이 상담을 하러 많이 온다.
 신제자들이 올 땐 신명까지 같이들 오시기에 구분을 하기가 난 조금은 쉬운 편이다. 나도 어려운 문제나 답답한 문제가 있을 땐 아는 제자들에게 상의를 할 때가 많다.
 이런 전화 때문에 다시는 신제자들 점사나 상담을 하기가 싫어진다.
 앞서 말한 바와 같이 쉰두 살의 제자님과 마흔다섯 살의 제자님이 며칠 전 밤에 상담을 하러 왔다.
 상담을 하러 오기 며칠 전에 굿당에서 일을 하는데 전화를 한 통 받았다.
 "여보세요? 이효남 씨인가요?"
 "예, 그런데요. 어디세요?"
 "예, 이곳은 부산인데 상담을 하고 싶어서요. 오늘 가도 되는지요?"
 "제가 지금 일을 하고 있어서 오늘은 되지 않고 다음 주가 되어야 시간이 됩니다. 그런데 부산에 계신 분이 제 전화번호를 어떻게 아셨어요?"
 "예, 누가 소개를 시켜주었습니다."
 부산에 그렇게 아는 사람이 많지 않은데 소개를 해주었다는 것도 이상한 노릇이었다.
 "그런데 제가 보기엔 제자분 같은데 제자분이 무슨 상담을 한다고 하세요?"

난 그렇게 이야기했다. 이상스럽게 상담을 하기 싫은 느낌이 드는 손님이었다.

"아니에요. 저 장사를 하는데요."

"아…… 예. 그러세요. 제가 보기엔 제자분인 것 같은데 제자가 아니고 장사를 하시고 계신다면 참으로 많은 부분들이 풀리지가 않고 힘이 들 것입니다."

"예, 좀 힘이 들어 상담을 하고 싶어서 그럽니다. 언제쯤 찾아가면 될까요?"

내가 보기엔 제자 같은데 제자가 아니고, 장사를 한다고 한다. 뒤끝이 개운하지 않은 느낌이 들었지만 약속시간을 잡고서 전화를 끊었다. 그러고선 옆에 있는 신아들에게 이렇게 말했다.

"이젠 나도 영검이 많이 떨어졌나 보다. 예전엔 전화 목소리만 들어도 제자인지 다 알았는데 제자가 아니냐고 했더니 장사를 한다네……."

그 말을 하면서 신아들이랑 웃었다.

그러고 나서 3일 뒤에 상담을 하기로 했던 여자분이 다음 날 전화를 해서는 밤에 상담을 하러 가도 되냐고 했다. 난 피곤도 풀렸고 그날 일정이 다 끝난 상태였기에 오라고 했다. 한 사람이 아닌 두 사람이 같이 왔다.

"부산에서 일찍 오셨네요. 차가 막히지 않았나 봅니다."

"예, 좀 일찍 왔지요."

"이곳 길을 잘 아시나 보네요. 한 번에 찾으시고요."

"예, 이곳에 가끔 옵니다."

거실 의자에 두 사람을 앉게 하고 난 차를 대접하기 위해 주방으로 갔다.

아무리 보아도, 이리 보고 저리 보아도 제자가 확실한데 장사를 한다고 하니 이상한 노릇이었다. 상담을 시작했다.

"제가 보기엔 영락없는 제자가 확실한데 장사를 하신다고 하니 참으로 어려울 것 같습니다. 어디 가서 보시면 제자라고 이야기하지 않나요?"

부산에서 온 여자는 아무런 말이 없었다.

"신이 와도 지금이 쉰두 살이니 제가 보기엔 서른두 살부터 왔습니다. 그 20년 동안 어떻게 사셨어요?"라고 말했다.

"혹시라도 신굿을 하고서 신령님 모셨다가 덮은 적 없으세요? 신령님 모시는 신단도 보이는데……."

부산에서 온 여자는 마음에 결정을 했는지 말문을 열었다.

"예, 선생님, 용하시네요. 저 제자입니다. 정확하게 서른두 살에 제자가 되었으니 딱 20년이 되었네요."

난 놀라면서도 어이가 없었고 황당했다.

"아니, 그럼 왜 제자가 아니고 장사를 하신다고 했어요."

"예, 그 점은 죄송합니다. 제가 너무 놀라서 갑자기 장사를 한다고 말했어요."

"전화를 해서 상담을 하러 오려고 상담 시간을 잡으려고 하는데 갑자기 제자가 아니냐고 물으니 제가 당황도 하고 놀라기도 해서 그냥 장사를 한다고 했습니다."라고 설명하는 것이었다. 그러면서 계속해서 말을 이었다.

"저도 너무 놀랐습니다. 제자가 힘이 들면 다른 제자들에게 물어보러 가는 것도 종종 있는 일인데 지금껏 서울이고 지방이고 용하다는 곳에 보러 다녀도 그저 일수장사 아니면 술장사 한다고만 했지 제자라고 알아맞힌 분은 선생님밖에 없습니다. 그리고 서른두 살에 신이 온 것을 알아맞힌 것도 신기하고요. 속이려고 속인 것은 아닌데 죄송합니다."

이해가 되었다. 나부터라도 내가 무슨 문제가 있어서 모르는 제자집에 점을 보러 간다고 하면 제자인 것을 숨기고 갈 게 당연했다.

"이해가 됩니다."

"선생님, 제가 제자가 맞나요? 20년이 되었지만 도통 모르겠습니다."

"제자님은 정확하게 제자님이 맞습니다. 지금 흔들리는 것은 신명이 제대로 좌정이 되지 않고 모셔야 할 장군줄을 너무 눌러놓았기 때문입니다. 원래는 벌써 작두장군줄로 해서 장군님이 들어오셨는데 작두도 나 몰라라 했고…… 보니 우리 황해도 굿과 인연이 있네요."

"예, 어른들 고향이 개성입니다. 그래서 황해도줄이 있습니다. 맞습니다. 작두장군을 모시지 않고 계속해서 눌러만 왔습니다."

"그리고 대신 할머니가 대단한 양반인데 지금 많이 틀어졌습니다. 성격도 남자처럼 깐깐한 양반인데 제자님에게 많이 틀어졌고. 이 할머니가 말씀을 하시길 침술, 즉 약사줄도 가지고 오셨는데 넘 몰라준다고 하시네요."

"예, 맞습니다. 예전에 그분으로 인해서 아픈 사람들 많이 살렸습니다."

"아니, 그렇게 많은 것을 아는 제자님이 왜 대신 할머니랑 장군님줄을 눌러 놓았나요?"

그리고 제자분들은 집이 부산이 아니라 울산이었다.

내가 굿당에서 굿을 하는 것을 보고 제 딴에는 눈물이 나고 감동을 받아서 나에게 상담이라도 한번 받아야겠다는 생각으로 한 달을 벼르다가 왔다고 했다.

그분은 20년 된 자존심이고 뭐고 지금이 중요한 문제라고 하면서 기회만 된다면 작두장군을 모시는 진적을 꼭 나에게 하고 싶다고 금전 준비를 할 동안 기다려달라고 부탁했다.

그리고 같이 온 제자 상담을 하게 되었다. 마흔다섯 살인 사람이다.

쉰두 살의 제자랑 같이 온 사람이고 내 책에 관해 유독 관심을 많이 가지는 사람이었다. 당연히 제자였으니 책에 관심을 가졌겠지만 그런데 상담을 하려고 하니 이상한 말이 먼저 나왔다.

"제자 아니죠?"

우선적으로 제자인 사람에게 난 무조건 제자가 아니라고 말을 해버렸다.

"제자인 것 같은데 왜 우리 신명에서 제자가 아니라고 하지요?"

그렇게 말하니 마흔다섯 살 제자는 황당해하는 것 같았다. 그리고 먼저 상담을 한 쉰두 살의 제자도 황당해하는 것 같았다.

"아니에요. 제자 된 지 13년이 되었고, 지금도 잘 불리는 사람입니다."라고 같이 온 나이 든 제자가 말했다.

"그런데 왜 우리 신명에서는 제자가 아니라고 하지요. 이상한 노릇이네요."

결국 상담 중에 그 사람이 룸살롱을, 그것도 아가씨를 두고서 한다는 것이 나왔다.

"제자가 제자만 해야지 술집을 하고 있으니 신명에서 제자가 아니라고 하지요. 당장 정리하시고 파는 것이 좋을 것 같습니다."

"예, 그렇지 않아도 팔려고 해도 나가지 않아요. 빨리 나가게끔 하는 비법 좀 있으면 알려주세요."

"본인네 신명에게 기도해서 물어보세요. 그것은 본인네 신명이 더 잘 알 것입니다. 무조건 잘못했다고 하시고 급히 처방 좀 내려달라고 기도하세요. 빨리 정리를 하지 않으면 아예 망해서 손실이 많을 것입니다."

그러고선 그 제자는 자기 자식들까지 이런저런 진로 상담을 했고, 자식 한 명은 외국에 나가서 의사공부를 하고 와야 할 것이라고 하니 지금 외국에서 유학 중인데 그렇지 않아도 의학 쪽으로 공부를 더 하고 싶다고 고집을 부린다고 했다. 다른 자식은 공부 길이 막혔고, 장사를 해서 아니면 예술 쪽으로 소질을 부려서 먹고살 팔자이니 그렇지 않으면 어머니를 닮아서 제자가물도 있으니 일찍 손을 써서 막음을 하라고 말해주었다. 상담을 하고 나니 속이 시원하고 답답한 문제가 풀린 것 같다고 나에게 칭찬을 아끼지 않으면서 돌아갔다.

한 제자분은 아예 진적을 할 굿비를 준비해 연락을 하겠다고까지 약속을 하고서 돌아갔다. 그런데 나에게 돌아온 것은 명예훼손이니 고소이니 욕하는 소리밖엔 없었다.

그러고 나서 얼마 지나지 않아 쉰두 살인 제자분에게서 다시 전화가 왔다. 자신은 전화에 대해서는 모르는 일이고 마흔다섯 살짜리가 책을 가져가서 이런 사건이 터진 것 같다고 하면서 나에게 전화를 한 제자는 무형문화재 11호도 아니고 47년 제자도 아니며, 신딸과 신어머니 관계도 아니라고 했다.

신에 중독된 사람(2006년)

난 신에 중독된 사람이다. 나 스스로 난 신에 중독이 된 제자라고 말한다. 그리고 그러한 나를 창피하거나 이상한 존재로 느끼지도 않는다. 다시 찾은 태백산에서 난 신에 중독이 된 제자라는 말을 들었다. 태백산에는 간혹 도를 닦는 도인들이 있다. 그 사람들이 잘했다 잘못했다를 떠나 산에서 생활하며 도를 닦아 도인의 길을 걷고자 하는데 이렇다 저렇다 말할 필요는 없다.

어느 도인이 나와 대화를 하던 중 "당신이란 제자는 신에 중독이 된 제자입니다."라고 불쌍한 듯 말했다. 그러나 난 나 자신을 불쌍한 존재로 생각하지 않는다. 제자라고 한다면 모든 것을 신의 뜻에 따라서 생각하고 행동하고 뜻을 펼쳐야 한다. 삶의 대부분을 신의 절차에 의해서 행동하고 생각하고 말해야 한다고 본다. 어떤 부분은 신의 뜻에 따르고 어떤 부분은 인간의 생각에 따라서 생활한다고 한다면 그것은 제자가 아니라고 생각한다.

제자라는 팔자는 신에 얽매인 팔자이지 결코 신을 활용하는 팔자는 아닌 것이다. 제자란 사람이 신을 떠나서 무엇을 하고 어떻게 살아갈 수 있을까? 그러니 난 모든 것을 신에 의해서 생각하고 신에 의한 삶을 살아야 한다고 생각한다. 그러나 잘못된 마음과 행동을 하면서 온전한 신의 뜻을 받을 수는 없다. 그러니 항상 깨끗하고 순수한 마음으로 신에게 다가가고 중독이 되어야 한다고 본다. 제자가 신에 중독이 되지 않으면 누구에게 중독이 된다는 말인가.

어찌 보면 산에서 세상을 뒤로하고 도나 닦는 도인들, 그 사람들이야말로 우리보다 아니 나보다 무엇에 중독된 사람들은 아닐까? 신에 중독된 삶이라고 해서 인간의 삶을 버리는 것은 결코 아니다. 하지 못하는 것들이 많은 것 뿐이지 결코 인간의 삶을 버리라는 것은 아니다. 제자에게 오신 신명들에게 제자 자신이 중독이 되지 않는다면 단골이나 신도가 중독이 되란 말인가. 제자는 무슨 일에 있어서 어떠한 행동에 있어서 우선적으로 신의 입장을 생각해야 한다. 무엇을 하나 사더라도 내가 모시는 신을 먼저 생각해야 한다. 예를 들어, 신당을 마련하고 옮기는 것도 인간이 편한 곳이 아닌 신이 편안해하고 안정이 되어 좌정할 수 있는 곳을 택하듯 제자만큼은 신에 의한 삶을 살아야 한다고 생각하고 난 그런 의미에서 신에 중독이 된 사람이고 앞으로도 그런 제자의 삶을 살고 싶다.

다시 찾은 태백산에서의 기도를 통해서 난 지금껏 생활했던 제자의 모습이 아닌, 좀 더 신을 위하고 하늘을 위하고 조상을 위하는, 신에게 더 가까이서는 제자가 되기 위한 가르침을 받은 것이나 마찬가지다. 제자도 각자 특기가 다르고 삶의 모습도 다르듯이 살아가야 하는 모습도 다르다. 죄를 소멸하는 것에, 업을 소멸하는 것에 그리고 신을 좌정시키는 것에서부터 모든 것을 하나씩 새롭게 공부하면서 더 신에 의한 삶을 사는 제자가 되기 위해서 마음을 다지는 시간들이 되었다.

태백산에서 받은 귀한 뜻 가운데 몇 가지가 더 있다. 난 1년에 두 번 하늘을 위해 천신제를 지내야 한다는 뜻도 받게 되었고 내가 믿어야 할 것은 천지신명뿐이란 뜻도 받았다. 제자에게, 무당에게는 몸주신도 있고, 주장신도 있고, 각양각색의 모습의 신이 있다. 그러나 모든 제자의 끝은 천지신명이다. 하늘(天)이요, 해(日)와 달(月)이다. 제자가 신과 함께 가야 할 끝은 하늘과 일광, 월광이다. 그것은 끝이지만 어느 의미에선 시작이기도 하다.

나는 기도하는 동안에 천주일월(天主日月) 답을 받았다. 무당이, 제자가 보고 가야 할 것은 천주일월이다. 그것은 많은 사람들, 무당집에 오는 단골이나 신도들도 마찬가지다. 그 의미를 해석하자면 현실에서 지금 복을 받는 삶도 중요한 것이지만 그보다 더 중요한 것은 내세다. 사람은 누구나 다 죽음을 맞는다. 그 죽음을 어떻게 맞느냐는 것도 삶 못지않게 너무나 중요한 부분이다. 죽음은 끝이 아니다. 죽음은 삶의 연장이고 새로운 시작이거나 우리가 온 곳으로 돌아가는 것이다.

무당들, 아니 무속에서의 내세관은 희미하다. 현실의 문제와 현실의 삶에 너무 급급한 것이 현실의 무속이다. 우리는 죽으면 반드시 갈 곳이 있다. 그것은 단지 천당과 지옥 그리고 극락과 윤회의 모습으로만 있는 것이 아니라 우리 생명의 중심으로 가는 것도 있는 것이다. 온 곳으로 다시 돌아가는 것과 마찬가지라 생각한다. 우리는 큰 우주의 생명체에서 내 안의 작은 생명을 받아 이 땅에 태어났다. 그러니 이 땅에서 삶이 다 되면 다시 큰 우주의 생명체로 돌아가는 것은 당연한 것이다. 큰 우주의 생명체가 하늘일 것이다. 그럼 그 하늘을 주장하고 주관하는 큰 힘이 있을 것이다. 해와 달을 주관하고 태양계를 주관하는 힘, 즉 해와 달 그리고 모든 태양계는 어쩌면 하나의 톱니바퀴처럼 일정하게 어느 힘에 의해서 돌아가는 것이다. 그럼 이 모든 우주를 주장하고 주관하고 지켜보시는 분이 있을 것이다. 기독교나 개신교에선 그것이 하나님일 것이고 내가 깨우친 바로는 천주(天主)님이다. 즉 천주님을 해석하자면 우리나라 무속신앙의 여신(女神)에서 출발한다. 우리는 마고님, 마고주신, 마구할멈, 마귀할멈, 영등할머니 등으로 그 의미를 상당히 축소시킨 상태로 부르고 있다. 우리 무속은 어쩌면 마고할머니에서, 마고신앙에서 시작을 찾을 수 있다. 각각 제자에 따라서 해석도 차이가 있겠지만 남신(男神)사상에 의해서 삼신(三神)을 무속의 시작으로 보는 경우도 있다. 삼신이라 함은 환인, 환웅, 단군을 의미한다. 환인은 하늘인 천(天)을 의미하고 환웅은 땅인 지(地)를 의미하고, 단군은 사람인 인(人)을 의미한다. 그러나 나 개인적인 생각으론 환인, 환웅, 단군 또한 그 시작이 있다. 그 시작에 의해서 우주가 생성되고 태양계가 생성되고 해와 달이 생성되고 그러고 나서 삼신이 생겨난 것으로 보면 된다. 우리나라는 삼신을 남신으로 보는 이들이 많다. 그러나 몇몇 제자는 여신으로 보는 경우도 있고 아시아권인 베트남이나 인도 등에서는 여신으로 본다. 그래서 삼신에게 제물을 올릴 때 오이, 고추, 당근, 바나나 등등 남성을 상징하는 제물을 바치는 경우가 그런 경우가 된다.

천주일월, 즉 하늘의 주인, 해와 달의 주인 그것이 우리가 믿고 의지하고 그리고 우리가 죽어서 새롭게 시작하기 위해 반드시 가야 하는 곳이 천주일월 안에 있다는 뜻을 난 기도 중에 받게 되었고 제자인 나 자신도 믿고 의지하고 나아갈 길이 '천주일월'이란 뜻을 받았다. 태백산을 내려가서 신당을 마련하게 되면 나의 간판은 '천주일월'로 하란 명도 받았다. 그러나 아직 난 그 간판을 걸지 못하고 있다. 좀 더 이야기를 하자면 이 지역에서 천주일월이란 간판을 걸긴 잠시 걸었다. 그런데 지인들로부터 무슨 천주교, 즉 성당이나 가톨릭에서 뻗어 나온 사이비 종교 같아서 손님들이 오기를 꺼림칙해 한다는 말을 들었다. 그래서 아직은 나 자신이 미약하고 알려진 바가 작기에 잠시 유보를 하고 있다.

아직은 우리네 간판이 무슨 보살, 무슨 법사, 아니면 무슨 장군, 무슨 대신, 무슨 산신 등등으로 우리의 눈과 우리의 귀가 젖어 있기에 천주일월이란 말이 사이비 종교 같은 생각이 드는 것도 당연한 것이다. 언젠가는 나의 마지막 간판이 '천주일월'이 될 것임은 당연하고 확실한 것이다.

그 천주일월에 대한 10계명도 받았다. 그리고 신도들, 단골들도 지금처럼 한 달에 한 번, 두 번 오는 것이 아니고, 즉 초하루, 보름날만 오는 것이 아니고 수시로 다니면서 기도를 해야 한다. 그 기도는 지금 현실 문제에 급급한 것이 아닌 미래, 즉 내세, 내가 죽어서 갈 곳에 대해 준비를 하는 기도여야 한다는 뜻을 받았다.

천주일월 10대 강령으로 나에게 내리신 신명의 뜻은 이렇다.

-. 천주님을 경배하고 준비하라.
-. 죄장소멸과 업장소멸을 위해 기도정진 하라.
-. 조상님의 죄와 업을 소멸해 극락왕생 발원하라.
-. 몸을 항상 깨끗이 하고 몸을 더럽히지 마라.
-. 술을 먹고 말을 많이 하지 마라, 모든 화근의 시작이다.
-. 나의 모습은 나로 인한 것이다.
-. 남을 부러워하지 마라.
-. 만복은 나의 마음에 있다. 죄와 업을 닦아 만복을 누려라.
-. 천주님과 신명과 조상은 하나다.
-. 천주님과 신명은 항상 나의 모든 것을 보고 있다.

우리가 어떤 삶을 살며 미래를 어떻게 준비해야 한다는 것이 천주일월 10대 강령에 나와 있다. 그리고 모든 복은 어떻게 시작이 되고 어떻게 해야 만복을 누릴 수 있는지 그 답도 10대 강령에 나와 있다.

즉 모든 문제의 해답이 천주일월 10대 강령 안에 다 나와 있다. 믿고 따라야 할 사람은 제자뿐만이 아니다. 단골, 신도들까지 믿고 따라야 복을 누리고 내세를 좋게 받을 수 있는 것이다.

이상한 제자들-1(2005년)

 울산으로 이사를 온 뒤 내가 새롭게 태어난 무당이 되기 위해 우선적으로 한 것은 신명을 좌정시키는 것과 내 조상을 대접하는 것이었다. 신명을 좌정시키려면 우선적으로 기도가 중요하다. 기도만이 신명의 뜻을 알고 신명을 제대로 모실 수 있다. 신명이 그저 제자들이 좌정하라고 해서 좌정하는 것은 아니다. 그리고 제자들은 자신에게 온 신명을 정확하게 알아야 한다. 그저 할아버지, 할머니라고 말해서는 안 된다. 할아버지가 어디 한 분이고 할머니가 한 분인가? 할아버지라면 어느 줄을 잡고서 어느 신명과 합의를 들어 나에게 어떤 뜻을 펼치고자 왔는지 알아야 한다. 그러면서 그 할아버지의 호명 즉 명호도 정확하게 알아야 한다. 할머니 또한 마찬가지다. 그저 할머니, 할아버지라고 말하는 시대는 지났다고 본다. 기도도 무작정 하는 기도가 아니라 날을 정하고 며칠간 할 것인지 그리고 어떻게 할 것인지 그것도 정해야 한다.
 나의 경우 내 할머니를 좌정시키기 위해 우선적으로 나의 죄에 대한 소멸과 업에 대한 소멸 기도를 한 뒤에 다시 신명으로 오신 내 할머니의 뜻을 알고 명호를 알고 무엇을 무슨 신줄을 펼치실지 그것을 알기 위한 기도에 들어갔다. 우선적으로 7일간 죄장소멸과 업장소멸에 대한 기도를 하면서 나 자신이 신명의 몸주로 깨끗한 그릇이 되게 해달라고 기도했고, 그다음에 7일 동안 기도를 통해서 내 할머니를 가까이 좌정시킬 수 있었다. 제자는 우선적으로 신명을 좌정시켜야 안정이 될 수 있다. 육체적으로 정신적으로 그리고 중요하게 금전적으로 안정이 될 수 있다. 제자가 마음이 어렵고 육체가 힘이 들고 금전적으로 힘이 든다고 하면 그것은 기도 부족이요, 더 나아가서는 신명이 좌정되지 않았다는 뜻이다. 신명은 처음에 오신 분이 몸주요, 주장이 되기도 하지만 3년에 걸쳐 5년에 걸쳐 10년에 걸쳐서 계속해서 들어온다. 10년이 되어야 모든 신명이 좌정할 수 있고, 그리고 다른 신명이 든다고 해도 탈이 나지 않고 슬기롭게 그리고 지혜롭게 어려움 없이 신명을 모실 수 있는 것이다. 신명이 제대로 좌정해 제자가 어려움 없이 사바세계를 불리려 한다면 우선적으로 내 앞에 있는 조상부터 잘 가리를 잡아야 한다. 무조건 내 아버지, 내 어머니가 오셨다고 해서 모시는 것이 아니다. 우선적으로 내 주위의 조상들부터 잘 해원 천도를 시켜야 한다. 신명으로 오신다고 해도 조상고는 풀어주어야 한다. 그래야 쉽게 합의를 들어 좌정할 수가 있지, 조상고에 막혀 있으면 제자가 너무나 힘이 든다.

내 위에 있는 신명도 중요하다. 너무나 중요하다. 그러나 조상의 눈으로 본다면 할아버지, 할머니보다 나와 더 가까운 분들이 내 아버지요, 내 어머니 조상인 것이다.

그러기에 제자는 제자로서 모든 것이 안정이 되고 편안하기 위해서는 내 조상들부터 잘 정리 정돈을 해야 한다. 난 지금껏 황해도 굿을 통해서만 내 신명과 내 조상을 대접했다. 그러나 각자 제자들마다 뿌리가 다르다. 그 뿌리를 잘 알아야 한다. 그리고 오신 신명에서 어떤 굿과 어떤 방식으로 제를 지내는 것을 좋아하시는지 알아야 한다. 그런 점에서 난 많은 실수를 범했다. 황해도 굿을 통해서 신굿도 하고 진적이라고 해서 내 신명굿도 여러 번 했다. 그러나 실수를 한 것이다. 우선적으로 난 황해도 사람이 아니기에 내 조상이 원하는 앉은굿을 해야 했다. 즉 내 굿 내 신명과 조상을 대접하는 굿을 할 때 다른 것은 몰라도 조상굿만큼은 앉은굿으로 해야 했다. 그러나 선생들은 알려주지 않았다. 지금에 와서 누구를 원망하고 누구를 탓하리오. 무조건 제자의 잘못이다. 황해도 굿으로 진적맞이를 한다고 해도 내 조상부리가 있으니 앉은굿으로 해서 신명과 조상을 먼저 대접하고 나중에 황해도 굿을 해야만 탈이 없었던 것이다. 몰라서 못 한 것이 아니라 신명에서, 조상에서는 이런 느낌 저런 느낌으로 제자에게 알림을 주었다. 그러나 제자가 모른 척 지나쳤고 무시했다.

    다른 제자들은 그런 실수를 범하지 말기 바라는 마음이다. 이왕이면 제자가 할 굿이 다르고 조상에서 받고자 하는 굿이 다른 경우도 있다. 내 경우가 그러하다. 앞서도 말한 바와 같이 남의 집을 위해서 굿을 해주면서 조상거리만 되면 슬프고 애잔하고 아쉬움이 남았다는 것은 제자의 신명에서 원하는 모양이, 형식이 다른 것이 있다는 것도 되고 굿을 하는 집 조상에서 원하는 모양이 다른 경우도 있다. 그래서 지금은 앉은 부리가 강한 집은 먼저 앉은굿을 하고 그런 뒤 황해도 굿으로 조상신명을 대접하고 다시 마지막 부분에서 조상해원을 또 앉은굿으로 한다. 이렇게 경비는 더 들고 힘은 더 들지만 그래도 굿을 하는 집에서 덕을 보고 효험을 본다면 제자는 늘 손해를 보아야 한다. 늘 제자들에게 신명은 있다. 그 신명이 있기에 우리는 제자가 된 것이고 무당이 된 것이다. 그런데 신명에서는 신의 선생을 통해서, 다른 제자를 통해서 나에게 알림을 주는 경우는 드물다. 오로지 나에게만 알려주는 경우가 많다. 꿈으로 알려주거나 기도 중에 음성으로 알려주거나 혹여 굿을 하면서 서러움으로 눈물로 알려주는 경우도 있고 마음 한구석에 깊은 생각을 주어 깨닫게 하는 경우도 있다. 그러니 제자들은 신의 선생을 의지하지 말고, 그리고 너무 신의 선생이나 신의 부모에게 눌리지도 말았으면 한다. 신의 선생, 신의 부모, 신의 동기에 너무 눌리다 보면 내 신명이 눌리는 경우도 있다. 그러면 제자는 눈물을 빼면서 우는 날이 많고 굿으로 인해서 성질이 나고 만족할 수가 없고 늘 아쉬움만 가득하게 된다. 무조건적으로 처음엔 내 느낌, 내 생각에 충실해라. 그러면 그것이 신명의 뜻일 수도 있다.

어느 시기, 어느 때부터인가 이른바 나랏신명을 모시는 것이 유행처럼 되어버린 적이 있다. 어느 제자라고 못을 박는 것이 아니라 예를 드는 것이다. 큰 신명, 나랏신명을 누구나 다 아는 유명한 분으로 모시는 제자들이 많다. 그래서 그 신명의 이름을 활용해 자기 신당의 간판을 만들기도 한다. '명성황후', '관우장군', '박정희 대통령', '육영수 여사', '맥아더 장군', '일본국 장군', '장희빈', '조대비 마마' 등 너무나 많다. 그분들을 모셔도 좋다. 제자들한테 왔다고 하니 모시는 것은 당연한 것이고 또 잘 모셔서 원도 풀어드리고 한도 풀어드리면 그것도 좋은 일이다. 그러나 그 양반들이 무엇 하러 무당들에게 내려오겠는가. 할 일이 없어서, 그리고 내려온다면 그 가족들에게 오지 가지 뿌리도 없고 끝도 없이 성도 다르고 본도 다른 무당들에게 오시겠는가. 오시더라도 내 신명에서 어느 분이 줄 잡아 그저 만신(萬神)의 개념으로 오는 것이지 주장신이나 몸주신으로 오는 것은 아니다. 예를 들어서 '명성황후'가 원이 많아, 한이 많아 무당에게 몸주신으로 들어왔다고 가정한다면 명성황후는 미친 신인가? 왜 그렇게 많은 무당들에게 몸주신으로 있는가? 웬만한 무당들은 명성황후를 몸주신으로 삼아 원 풀자 한 풀자 하며 지랄 같은 행동들을 한다.

몸주신으로 모셨다면 '명성황후'란 명호를 가지고서 모시기나 하지 '민비'란 이름으로 모신다. '민비'란 호칭을 어디서 누가 지어 부르는 이름인지나 안다면 아마도 명성황후가 원 풀고 한 풀러 왔다가 더 한이 지고 원이 질 노릇이다. 명성황후를 모시는 제자가 명성황후의 내용을 담은 사극이 끝날 시기가 되면 많아지고, 드라마 대장금이 끝나면 많은 제자들이 약사할머니를 모시는 경우가 생기고, 이순신 장군 드라마가 끝나면 이순신 장군을 모시는 제자가 많아지고, 장희빈 드라마가 끝이 나면 장희빈을 모시는 무당도 생긴다. 웃지 못할 일이다.

무당들이 거래하는 불교만물상을 가면 그분들이 사용하는 옷이나 머리장식 등을 많이들 찾고 많이들 구입한다. 그분들이 오시지 않는다는 것은 아니다. 그러나 오시더라도 연 잡아 줄 잡아 오시지 무작정 몸주로, 주장으로 제자에게는 들어오지 않는다는 것이고 꿈 한번 꾸었다고 얼싸 좋다고 들어오는 것은 아니라는 것이다. 모든 신명은 내 조상에서 시작되어야 한다. 내 조상에서 신명이 들고 그 신명 안에서 나랏신명이 연을 잡아서 만신으로 오는 것이지 다시 주장신이 되고 몸주가 되는 것은 아니다. 내 조상이 안정이 되고 내 신명이 좌정이 되면 그 다음엔 제자들이 영험과 서기, 명기를 가지고서 사바세계를 불려야 한다. 사바세계를 불리라는 것은 금전적인 면을 강조하는 것은 아니다. 돈, 금전 상당히 중요하다. 그러나 신명에서 사바세계에 돈을 불려주러 왔다고 한다면 그 신명 또한 문제가 있는 것이다. 죽을 때 돈을 가지고 가는 것도 아니다. 있을 만큼만 있으면 된다. 결코 내 자랑은 아니지만 난 아직도 복이 없는지 무엇이 잘못되었는지 모르지만 아직도 월셋집에 산다. 신명의 잘못은 아니다. 인간인 제자의 잘못이 많다. 나중에 다른 지면을 통해서 밝히겠지만 난 울산에 와서 맨 처음 나를 안 제자들을 통해서 '사기꾼 무당'이란 닉네임을 가지게 되었다. 서울에서 사기란 사기는 다 처먹고 울산으로 사기를 치러 왔다고 소문이 났다. 결국은 법정으로까지 가는 사건이 되었지만 그렇게 사기를 잘 쳐서 해먹었다면 울산으로 와서 월셋집에 살겠나, 라는 생각이 든다.

 사바세계의 불쌍하고 가련한 백성들 앞에 서서 그들에게 등불의 역할을 해주라는 것이 신명의 뜻일 것이다. 죽을 인간에게 명을 주고 산 인간에게 복을 주는 것이 신명의 뜻이다. 편안하고 가정이 안정되고 행복하게 보람 있게 살게끔 도와주는 것이 신명의 뜻이요, 제자의 몫인 것이다. 이것이 진정 사바세계를 불리는 것이 아닐까 싶다. 사바세계를 제자가 불릴 때 우리가 모든 것을 다 해결할 수는 없다. 신명에서 덕과 효험을 주시는 일이 있고 하지 못하는 일이 있다. 즉 굿을 하거나 치성을 드리거나 고사를 지냈다고 해서 전부

효험을 보고 덕을 보는 것은 아니다.

　제자가 상담을 해서 상담자의 집에서 어떤 일을 한다고 하면 먼저 제자가 신명에게 물어서 확신을 가져야 한다. 신명에선 반드시 하라는 일이 있고 하지 말라고 하는 일이 있다. 신명에서 하지 말라는 일을 했을 때 제자나 일을 한 집이나 탈이 나기 쉽다. 그리고 신명에서 확신이 들고 하라는 일이 있을 때 가장 중요하게 작용을 하는 것이 '생기복덕'을 가리는 것이다. 생기복덕을 가린다고 일을 하는 집 전체 식구를 전부 다 좋게 맞출 수는 없다. 단 대주나 기주 정도는 맞추어서 일을 해야 한다. 생기복덕을 잘 가려야 일을 하고자 하는 날 어느 신이 하강을 하고 어느 조상이 하강을 해 신명을 받는다, 받지 않는다 등등 모든 여건이 나타난다. 이왕 일을 했다고 하면 성불효험을 보아야 하는 것은 당연한 것이다. 생기복덕을 잘못 가렸을 때 일에 대한 효험이 없거나 아예 탈이 나는 경우도 있다. 그러니 일을 할 땐 서두르지 말고 생기복덕을 반드시 가려야 한다. 그리고 일이란 것은 혼자서는 할 수가 없다. 나 같은 경우엔 무당만 3명이 들어오고 장구와 징이 와야지 그리고 앉은 줄이 강한 집안은 법사까지 와야 한다. 그렇게 여러 사람이 다 날짜를 맞추어야 하니 참으로 힘이 든다. 바쁜 선생님들 같은 경우엔 여러 군데 일을 다니기에 미리 예약을 해야 할 정도다. 그러다 보면 나의 일정에 못 맞출 경우가 있다. 그때 반드시 주의를 할 것은 웬만하면 일을 하는 집 생기복덕에 맞추어서 다시 날짜를 뽑아서 하는 것이 좋지 신의 선생이나 같이 일하는 멤버들에 의해 날짜를 맞추지 말라는 것이다. 신의 선생이나 다른 멤버들은 일을 하고 나서 돈만 받아서 가면 그뿐이다. 결국은 제자가 모든 것을 책임져야 한다. 그러니 나중에 큰 탈이 난다고 해도 선생이나 다른 멤버들은 책임을 지지 않는다. 그러니 애초에 제자의 자존심과 확신을 가지고 일을 진행시켜야 한다.

　이제 시작하는 제자들이 신의 선생이나 신의 동기에게 많이들 휘둘러서 신명을 펼치지 못하는 경우를 너무나 많이 보았다. 모든 것은 제자가 신에게 기도를 해 알아서 판단하고 밀고 나가야 하는 것이지 다른 이들을 통해서 신명이 꺾이면 절대로 굿이 되지 않는다. 어느 제자가 자신은 작두신명이 와서 굿을 할 때 작두를 타야 하는데, 장군을 꼭 놀리고 싶은데 신의 선생들이 그것을 막는다고 한다. 그래서 고민이 많다고 나에게 물어온 적이 있다. 그 제자는 결국에는 신의 선생들과 탈이 나서 헤어지게 될 것이고 장군으로 해서 벌전을 받을 수밖엔 없다. 그만큼 냉정하고 무서운 세계가 우리네 무의 세계다.

  신의 선생들 또한, 먼저 이 길을 가신 분들 또한 제자의 신명을 눌러서는 절대로 되지 않는다. 아무리 먼저 갔다고 해도 애동제자도 신이 있으니 신명을 모셨으니 제자의 길을 가는 것이다. 그러니 서로가 조언을 하고 다독거리면서 알 것은 알려주면서 가야 한다. 그래야 오래갈 수 있다. 그래야 서로에게 상처가 없을 것이다. 요즘 무당들, 요즘 제자들은 냉정하고 사리 판단 분별이 정확하다. 내가 손해를 본다고 생각하면 뒤돌아서는 것이 세태다. 그리고 웬만하면 다들 대학을 나온 처지인지라 알 것은 다 알고 볼 것은 다 본 사람들이다. 그러하기에 숨기고 덮고 할 문제가 아니다. 이런저런 모든 것들이 다 맞아야 제자는 신명이 좌정이 되고 내 조상이 안정이 되며, 그리고 일을 하는 집이 덕을 보아야, 효험을 보아야 제자도 편안하고 흔들리지 않는다. 그러려면 먼저 제대로 알아야 한다. 생기복덕을 모른다면 책을 사서 공부를 해서 배워라. 그런 것은 제자가 시간만 내고 공부만 하면 시원하게 알 수 있는 부분이다.

이상한 제자들-2(2005년)

이상한 제자들이란 제목의 글에서 다른 내용을 쓰고자 하는 것이 있었는데 잠깐 글이 다른 곳으로 새어버린 것 같다.

앞에서 말한 바와 같이 내가 울산으로 이사와서 제일 먼저 한 일이 신명을 다시 좌정시키는 일과 내 조상을 먼저 한번 대접하는 것이었다. 황해도 굿을 통해서 몇 번 했지만 어디 조상을 대접하는 일이 한두 번으로 되는 일도 아니고 그리고 내 조상에서 원하는 것이 앉은굿으로 하는 것이 맞다는 판단이 들었기에 크게 돈을 들여서 할 수는 없고 적은 돈으로라도 대접을 하고자 했다. 그러다 보니 이것저것 생각할 것이 많았다. 이래저래 모든 것이 부족한 경우인지라 아는 제자들을 통해서 법사님 한 분만 보시고서 간단하게라도 해야 할 처지였다. 그래서 인연이 된 제자가 나와 4,5년간 연락을 주고받고 그리고 가끔 내 굿에도 와서 이래저래 도움을 주는 제자였다. 원래는 선거리로, 박수로 신을 모셨으나 뜻한 바가 있어서 지금은 도줄로 해서 가는 제자이고 이 제자를 보면 늘 대단하다는 생각이 많이 든다. 이유는 참으로 기도를 많이 하기 때문이다. 수시로 산에 움막을 짓고 100일 기도를 하면서 도를 닦는 제자다. 추운 겨울이나 여름도 상관없이 움막 하나를 짓고 그곳에서 숙식을 해결하면서 기도를 하는 제자다. 그 제자와 연락이 되어 이런저런 사정을 이야기하고서 그 제자가 아는 다른 분으로 해서 법사 한 분을 모시기로 했다. 나의 조상

일에 오는 법사는 원래 앉은 거리로 하다가 지금은 나와 같은 이북굿으로 하는 제자인지라 이런저런 것이 맞는 것 같다는 판단이 들어서 소개한다고 했다. 그래서 급한 김에 일을 저지른다고 믿고 맡기기로 했다. 일을 하는 굿당에서 내가 아는 제자와 오늘 일을 주관할 제자를 만났다. 느낌이 좀 이상했다. 앉은 거리를 하다가 선거리를 한다는 제자는 법사라고 하기에도 애매하고 박수라고 하기에도 애매한 사람으로 느껴졌다. 처음 본 느낌이 그렇게 좋은 것은 아니었다. 첫 느낌으로 판단할 때 그 사람의 외모나 행색을 먼저 보게 되어 있다. 그런데 그 박수인지 법사인지 하는 양반은 한쪽 귀에 귀고리를 3개씩이나 치렁치렁 달고서 왔다. 아예 하려면 양쪽 귀에다 하든지 한쪽 귀에만 3개씩이나 한 모습을 보니 그렇게 첫 느낌이 좋은 것은 아니었다. 그래도 내가 급하니 어쩔 수가 있나 하는 마음으로 오늘 일을 맡기기로 하고 추진했다. 일을 하는 과정에서도 이것은 앉은굿인지 이북굿인지 섞어서 하는 것이 역력했다. 나도 이북 황해도 굿을 한다는 것을 나에게 보이려고 하는 것인지 어설픈 모습들이 눈에 들어왔다. 일을 하려면 부정을 먼저 풀어야 한다. 부정을 푸는 데 앉은굿으로 해서 경문으로 풀어도 될 것을 이북굿에서 하는 대로 하는 것이었다. 홍치마에 남쾌자를 걸치고서 연풍으로 돌면서 부정을 푸는 것이었다. 그러고선 할아버지 도포를 입고 갓을 쓰는데도 여러 가지 물건들이 많이도 나왔다. 상투 위에 쓰는 모자부터 갓까지, 이것은 굿이 아니라 무슨 무용이나 연극을 보는 것 같았다.

그래도 마음속으로는 '조상님들 부족하지만 받으세요. 그리고 다음에 제대로 올리겠습니다'라고 빌 수밖에 없었다. 모든 축원이 끝나니 새벽이 되었다.

그리고 오늘 일에는 우리 신당에 단골로 드나드는 아가씨들이 2명이 와서 이런저런 수발을 들어주었다. 모두 6명이 내 조상을 대접하는 일에 참석했고 일은 새벽 3시가 되어서야 끝났다. 너무 늦은 시간이라 신당으로 와서 정리를 하고 시내의 식당에서 식사를 대접하고 우리 집에서는 잘 곳도 없고 해서 모텔이나 여관에서 숙박하라고 숙박비까지 주어서 보냈다. 사건은 다음 날 터지게 되었다. 내 조상 일을 하는 데 수발을 들러 온 아가씨들이 난리가 났다. 황당한 일을 당했다고, 내가 미리 이야기를 하지 않았다면 큰일이 날 뻔했다는 것이었다. 난 언제나 아가씨들이나 젊은 여자들이 단골이 되어 신당에 드나들게 되면 먼저 충고를 해주는 것이 몇 가지 있다.

'신당에 단골로 오는 사람들은 제자랑 평생을 같이 간다고 하지만 평생을 같이 가는 인연은 없다.'

'단골들도 팔자가 만만치가 않기에 다른 무당집이나 제자집으로 또 갈 것이다.'

'다른 무당이나 특히 남자무당인 박수나 법사의 신당으로 드나들 땐 행동이나 몸가짐을 잘해야 한다.'

'남자무당이나 법사를 남자로 보지 말고 그저 신을 모시는 제자로만 보아야 한다.'

'아무리 더운 여름날이라도 신당에 올 땐 옷차림에 주의를 해야 한다.'

'남들이 보기에 유별난 옷이나 속이 훤히 비치는 옷 입고 오지 마라.'

'맨발로 오지 마라. 맨발로 올 경우엔 반드시 양말을 가지고 다녀라. 어른들이 계신 곳이니 예의를 갖추어라.'

'혹여라도 남자박수나 법사가 신의 합의를 들어야 한다고 잠자리를 원할 경우 절대 그것은 아니니 아예 그 신당은 다니지도 마라.'

'신의 합의를 들어야 한다고 잠자리를 원하는 신명은 한 분도 없다. 그것은 제자가 원하는 것이다.'

'남자들도 마찬가지다. 신의 엄마나 여자무당집에 다닐 경우 무당을 여자로 보지 말고 신의 제자로 보아야 하고 무당이 궁합을 맞추어야 한다고 하면 유혹에 절대 넘어가지 마라.'

평소에 난 이런 말을 항상 하면서 단골이나 신도들에게 늘 주의를 준다.

단골이나 신도들이 무당집에 인연이 되고 신연이 되어 온다고 해도 5년이나 10년이면 거의 다른 곳으로 연을 맺는 경우가 많다. 끝까지 가는 경우가 극히 적다. 그리고 무당집에 단골이 되어 또는 신도가 되어 다니는 팔자다 보면 오는 사람들도 팔자가 만만치가 않기에, 항상 빌어야 하는 사람들이기에 다른 곳으로 연을 맺는 경우가 많다. 그러다 보면 이런저런 경우도 많이 발생하지만 간간이 '신의 합의'를 들어야 한다고 서로에게 몸을 원하는 경우들이 종종 있다는 소리를 들었다. 한마디로 이야기하면 개수작 같은 소리들이다. 절대로 그것을 원하는 신명은 없다. 그것을 원하는 것은 제자의 생각이고 제자의 행동이다.

그런데 나에게서 그런 일이 발생되었다. 조상 일을 해주러 온 2명의 제자가 새벽에 식사를 마치고서 방 2개를 얻어 여관으로 간 뒤 우리 단골 아가씨들에게 전화를 하고 문자를 보내고 했다는 것이다. 전화를 해서 신의 합의를 들어야 하니 여관으로 왔으면 좋겠다는 이야기에다가 신의 굴곡이 많고 신의 풍파가 많은 사람이라 자기랑 궁합이 들고 합의가 들어야 편안하게 살 수가 있다느니 말했다는 것이다. '자기야 까꿍'이란 문자까지 보낸 별 미친놈까지 다 있었다. 아가씨들은 내가 평소에 말하는 것이 생각이 나서 아예 연락도 하지 않고 나중엔 전화를 받지도 않았다고 한다. 어이가 없었다. 다음 날 단골 아가씨들을 불렀다. 일을 수습해야 했다.

"그 사람들이 어떻게 너희들 전화번호를 알았냐?"

"전날 일을 하기 전에 휴대전화로 음악을 보내 달라고 했어요. 자기네는 나이들이 있어서 컬러링이나 휴대전화 음악을 저장을 하지 못하니 보내 달라고 해서 음악을 보내주었어요. 그러면서 제 휴대전화 번호가 저장이 되었나 봅니다."

웃을 수도 없고 울 수도 없는 상황이었다. 내 입에선 욕만 나왔다.

"그래도 다행인 것은 선생님이 미리 그런 말을 해주어서 제가 기억해내곤

위기를 모면할 수 있었습니다."

"그래, 다행이다. 세상에 믿지 못할 일이 나에게도 일어나는구나. 제자들이 어떻게 그럴 수가 있는지 창피한 노릇이구나."

별 미친놈이 다 있다. 신의 합의를 빙자해 별일을 다 할 놈들이다.

누구를 탓하랴. 다 제자들 얼굴에 먹칠을 하는 일이다. 그리고 농담을 섞어서 말한다면 신의 합의를 든다고 해도 우리 신명에서 그리고 내가 들어야지 저희들이 뭔데 남의 신도와 단골들과 합의를 들어야 한다는 말이 나오는지 모르겠다. 그리고 더 웃긴 것은 그 제자가 몇 년간 나와 연락을 하고 제자의 가는 길에 있어서 이런저런 고민을 하고 상의를 하고 그리고 나의 녹도 받았던 제자라는 것이다. 산에서 겨울이든 여름이든 100일씩이나 기도를 하면서, 도를 닦으면서 무엇을 하는지 육적인 생각 하나 버리지 못하면서 도를 닦고 100일씩 기도를 하면 무엇을 하나, 하루에 100일 기도의 공을 다 없애버리는 행동을 하는데……. 한심한 노릇이고 안타까운 노릇이다. 제자란 것이 신의 일을 할 때만 제자인 것이 아니다. 평상시 언행이 더 중요하다.

일반적인 사람들과 똑같이 행동하고 말하고 그리고 다른 이들보다 더 심한 행동이나 말을 한다면 어찌 제자의 길을, 신의 길을 갈 수가 있나. 하다못해 기독교에서도 십계명이란 것이 있어서 목사나 신도들도 전부 십계명에 따른 삶을 사는데 어찌 무를 믿는 것만이 아니라 무를 전하고 남을 위해서 살아야 하는 제자들이 그런 막된 행동을 하고 다니는지 답답하고 안타까울 뿐이다. 4,5년을 알고 지내면 무엇을 하나. 한 가지 잘못된 행동으로 인해서 그 제자와는 아예 연락을 하지 않는다. 내가 제자로, 무당으로 살아가는 데 있어서 절대적으로 필요가 없는 사람이란 생각밖엔 들지 않는다. 끊어질 인연이라면 그렇게라도 일찍 끊어진 것이 다행이다.

내 조상 일을 한 법사인지 선무당인지, 그 사람은 내 조상 일을 하면서 무슨 생각을 하며 축원을 했는지 모르겠다. 분명 좋은 생각은 아닐 것이다. 그래도 조상에서, 신명에서 내 마음만 보시고 이해를 해주었으면 좋겠다는 생각뿐이다.

신굿은 처음이 중요하다

황해도 굿에서의 신굿은 세 번으로 나뉜다. 처음에 하는 것이 허주굿이고 1년이 지난 뒤에 하는 것이 소슬굿이고 2년째 하는 굿이 불림굿이다. 3년에 걸쳐서 세 번의 굿이 전부 끝나야 완전한 신굿이 되는 것이고 제자로서 당당하게 나설 수가 있는 것이다. 다른 지역의 굿에서는 한 번으로 끝내는 경우가 많고 1년이 지난 뒤에 신명을 대접한다 해서 진적을 올리는 경우가 많다. 신명을 대접하고 새로 오시는 신명을 받는 것과 마찬가지이니 신굿의 개념으로 3년은 보아야 한다. 예전에는 신굿을 해야 하는 예비 제자가 있다면 신의 부모의 집에서, 신당에서 같이 생활하면서 신의 부모의 수발을 들고 이런저런 일을 배우고, 제자로서 해야 할 일과 신을 모시는 법을 충분히 배운 뒤에 신굿을 해 밖으로 내보낸다고 했다.

그러나 요즘 시대에 신의 부모를 3년이 아니라 1년이라도 수발을 들면서 신의 일을 배운 뒤에 신굿을 해 나갈 사람이 어디에 있겠는가?

처음엔 금전적으로 어려움이 많으니 신의 부모가 되는 사람의 수발을 들고 신의 일의 배운 뒤에 신굿을 하겠다고 들어오는 사람들도 종종 있다. 그러나 한 달 안에 반드시 다들 나가는 경우만 보았다. 돈이 흔한 세상이 되다 보니 누구나 돈을 마련해 신굿을 어찌 되었든지 하고 보자는 입장이 많다. 그러다 보니 신굿이 잘되었네, 잘못되었네, 말문이 열렸네, 말문이 열리지 못하고 더 이상해졌네, 그런 이야기들이 많고 결국은 경찰서에 고소건으로 올라가는 경우가 많은 것이 현실이다.

　내가 이야기하고자 하는 것은 신굿 자체를 이야기하고자 하는 것이 아니다. 황해도 굿에 있어서 첫 번째 신굿인 허주굿을 말하고자 하는 것이다. 허주굿이라고 하는 것은 처음 신을 모시려고 할 때 신보다는 허주 즉 잡귀, 잡신이 먼저 들어오는 경우가 많기에 온전한 신만 받고 허주 즉 잡귀, 잡신을 몰아내는 굿을 말한다.

　예를 들자면, 신이 한 분 오신다고 하면 그 뒤를 따라 허주가 10개 온다고 보면 된다. 그래서 황해도 굿에서는 허주굿을 맨 처음에 하는 것이고 상당한 부분 필요한 것이다. 그러나 허주굿을 하는 데 내 경험상 좋지 않은 것이 있었다. 쉽게 이야기하면 완전한 제자를 만드는 과정이기보다는 다음을 기약하게 하는 경우가 많다. 쉽게 말하자면 트릭이 좀 있다고 보면 된다. 허주굿에 있어서 황해도 굿에서는 많은 굿들이 생략된다. 다른 것들은 생략하더라도 중요한 부분을 차지하는 군웅굿과 조상굿이 빠진다. 즉 다음을 기약한다.

　예전부터 그랬다고 하니 내가 무어라고 토를 달 수는 없다. 그러나 이런 경우도 있고 저런 경우도 있다고 생각한다. 신굿을 할 정도가 되면 금전적으로 어려움이 많든가, 아니면 몸이 아프든가, 아니면 정신적으로 문제가 있어 온전한 정신이 아닌 경우가 많다. 나 같은 경우엔 금전적으로 상당히 어려움이 많은 사람이었지만 다른 경우를 보자면 정신병자나 마찬가지인 경우도 많다.

　황해도 굿에서의 군웅굿은 상당히 중요한 굿이다. 군웅굿이란 여러 가지 설이 있지만 호랑이에게 물려 가 죽은 사람의 넋을 달래는 굿으로 해석하는 경우도 있고, 억울하게 피 흘려 죽거나 암이든지 병으로 죽은 넋이든지 자살이나 사고로 힘하게 죽은 넋을 달래는 굿으로 해석하는 경우도 있고, 조선시대 초에 최영 장군을 달래려 살아 있는 돼지를 이성계로 대신해서 무당들이 굿을 하면서 화살을 쏘아 죽여 최영 장군을 달래는 굿으로 해석하는 경우도 있다. 나의 경우는 산 제사로 본다. 살아 있는 제사로 보는 것이다. 성경을 예로 들자면 선지자들이 산에 올라 살아 있는 양을 죽여 뜨거운 양의 피를 제단에 제물로 올리는 것을 산 제사로 여겼다. 서양이나 동양이나 모든 종교는 천신을 향한다. 그러면 천신에, 하늘에 제를 올리는 데 있어서 산 제사는 중요한 것이다. 그런 산 제사에 빠지지 않는 것이 살아 있는 짐승을 죽여 그 피를 바치는 것이다. 그것을 크게 여겼다. 나는 억울하게 죽은 넋이나 사람에게 있어서는 아니 되고 해원을 시키든지 내몰아내든지 해야 하는 넋, 즉 좋지 않은 작용을 하는 귀를 없애는 데 가장 좋은 굿이 군웅굿이라 본다.

내 경험상으로 보아도 정신병자, 즉 귀신에 씐 사람의 굿을 할 때도 군웅굿만 잘하면 효험이 강했고 병자를 고치는 과정의 굿을 할 때도 군웅굿만 잘해도 크게 효험을 보는 경우를 보았다. 군웅굿에는 산 사람을 대신해서 짐승을 죽여 바치고 피로써 깨끗함을 얻고자 하는 의미가 있다. 어찌 보면 군웅굿을 통해 죽은 짐승이나 그 피가 저승으로 가는 티켓일 수도 있다. 그만큼 난 군웅굿을 중요시 여긴다. 그런데 허주굿에선 군웅굿을 하지 않는다. 일월(日月)을 맞고 깨끗한 신명을 받는 자리이기에 군웅굿을 할 수가 없다는 것이다. 그러면 허주는 어떻게 벗겨낼 것인가. 지금처럼, 아니 예전에 해 온 것처럼 오곡잡밥에 좁쌀밥을 통해서만 허주를 벗겨낼 것인가. 그것으로 벗겨질 허주가 있고 더 강하게 해서 벗겨낼 허주가 있다고 본다.

신굿을 할 정도가 되면 큰 금전이 든다. 그리고 나의 경우에 신굿을 자주 하지는 않는 편이다. 왜냐면 완벽하게 신굿을 하려면 시간적으로도 15일 정도는 잡아야 하고, 세 군데 산을 돌아야 하고, 그리고 용궁을 가야 한다. 세 군데 산을 도는 것도 하루에 다 할 수 있는 것이 아니다. 먹고 자면서 돌자면 3,4일은 걸린다. 삼산은 상당히 중요한 의미가 있다. 삼산을 돌면서 제자가 될 사람에게 말문을 열어주어야 하고, 그 말문을 어느 신명에서 여는지 제자가 될 사람이 말을 하게끔 만들어야 하고, 그리고 제자가 될 사람에게 어느 신명이 오는지가 삼산을 돌면서 나와야 한다. 그리고 용궁을 돌면서 몸을 좌정시키고 안정을 가지게 해야 한다. 그러자면 최소한 3,4일은 걸리고 신굿을 하려면 일반 여느 굿과 다르게 준비를 해야 할 것이 많다.

　제자가 될 사람에게 주어야 할 물건들도 많다. 신복, 즉 신의 옷만 해도 산신복, 칠성복, 대신복, 남쾌자, 홍치마, 동자 동녀복, 일월 명도, 부채, 방울, 부군 도포 등등 많은 물건들을 준비해 주어야 한다. 불교상에 가면 대부분이 있다고는 하지만 그래도 제자를 위해선 대충 하는 것이 아니라 비싼 것은 아니더라도 맞춤으로 해 준다. 그리고 신굿을 하는 날 입어야 하는 한복을 맞추어 주어야 하고 그러다 보면 시간을 많이 할애해야 하고 신굿이 끝났다고 해서 끝이 아니다. 신당을 마련하고 전안을 꾸며 주어야 하는 것도 신의 부모의 몫이다. 그리고 손님을 보는 법을 알려주어야 하고, 점사 상담을 하는 법도 알려주어야 하고, 그러다 보면 한 사람을 위해서 시간을 많이 할애해야 한다. 그러니 돈도 만만치 않게 들어간다. 만만치 않은 돈이 드는 반면에 신의 부모에게 남는 돈은 거의 없다고 보면 된다.

　예를 들어, 내가 아는 부산 제자가 신굿을 의뢰한 적이 있다. 몇 년 전부터 알고 지내던 동생과 같은 제자인지라 거부를 하지 못했다. 그 부산 제자가 신굿을 한다고 해서 신의 딸에게서 받은 돈이 1천만 원이다. 천만 원 하면 큰돈이다. 그러나 산을 돌고 이런저런 경비를 쓰고 나니 굿이 끝난 상태에서 그 제자에게 남은 돈은 100만 원이 약간 넘었다. 그 친구는 실망하는 빛이 역력했지만 신굿이란 것이 대충 하는 것도 아니고 완벽하게 하려면 그렇게 들어간다. 그래서 난 웬만하면 신굿을 하지 않는다.

　그렇게 많은 돈이 드는 신굿이지만 신굿을 하는 집에서는 큰돈 천만 원만 생각하지 다른 것은 생각하지 않는다. 그래서 굿을 할 경우 확실하게 하지 않으면 나중에 뒷소리를 듣는 경우가 많다. 신굿을 해서 제자가 되려는 사람들은 앞에서도 이야기했지만 여러 가지 좋지 않은 상황이 되어서 하는 경우가 많다. 다른 것은 몰라도 정신적으로 문제가 되어 몸이 아프고 자주 쓰러지고 헛소리하고 기절하고, 일반적인 생활은 아예 하지 못하는 정신병자처럼 되어서 하는 경우도 있다. 그런 경우까지 간 사람을 오곡잡밥으로 좁쌀밥으로 잡밥을 넘긴다고 해서 허주, 즉 귀가 벗겨질까? 난 아니라고 본다. 그런 경우엔 그것에 맞는 굿을 해야 한다고 생각한다. 잠시 잠깐 허주를 벗기고 숨겨 놓은 방울이나 부채를 찾게 한다고 해서 제자가 되는 것은 아니다.

방울이나 부채는 허주도 찾고 잡귀, 잡신도 충분히 찾을 수 있다. 내 생각으로는 완벽하게 허주나 잡귀, 잡신을 몰아내지 않으면 그것들은 또 들어온다고 본다. 허주가 완전하게 벗겨지고 잡귀, 잡신이 제자가 될 사람의 몸에서 떠난다면 눈빛 자체가 달라진다. 그리고 굿을 하면서 공수를 내리더라도 정확하게 내리고 제자가 될 사람은 굿을 하는 순간 지치지 않고 신에게 완전하게 몰입할 수 있다. 그래야 온전한 신굿이 되는 것이다. 그래서 난 허주굿에서 군웅굿을 꼭 한다. 대부분은 군웅굿을 하지 않은 상태로 허주굿을 하면서 다시 한 번 날을 잡아서 소슬굿을 하라고 권하는 경우가 많다. 그러면 굿을 하는 제자나 제자가 되려고 하는 사람이나 그 가족들은 천 갈래 만 갈래 마음의 부담을 가지게 된다. 진정한 신이라면, 신굿을 통해서 제자가 되겠다고 하고 그런 자리를 마련했다면 그다음부터는 신이 알아서 제자를 어느 시기까지는 도와주어야 한다. 그것이 3년이 될지 2년이 될지는 모르지만 그 기간 동안은 신이 제자가 된 사람을 성장하게끔 도와주어야 한다. 나는 신굿을 참으로 하지 않는 사람이고 신의 제자를 두는 복도 없는 사람이다. 그러다 보니 다른 곳에서 신굿을 했다가 말문이 열리지 않아 나에게 찾아와서 말문을 연 제자, 나에게 수발을 들면서 1년이 지난 뒤에 신굿을 해서 제자가 된 사람이 고작이다. 나에게 신굿을 해달라고 오는 사람들도 없었고 하고 싶은 마음도 없는 사람이다.

그런데 무당생활을 하기 전부터 10년 동안 알던 형님이 있었다. 그 형님의 조카가 어린 나이에 신이 왔는데 허주를 벗긴다고 절에 가서 허주를 벗기는 굿인지 천도재를 하고 나서 조카가 완전히 정신병자처럼 되어버린 경우가 있었다. 결국은 나와 전화 통화가 되어 신당으로 조카와 찾아왔다. 처음 들어오는데 조카와 같이 들어오는 것이 허주였다. 결국은 나와 이런저런 이야기를 하다가 조카는 기절했고 난 한마디 말로 허주를 혼내어 조카를 정신 차리게 하고 방울을 주었다. 그러자 조카는 방울을 흔들면서 그렇게 서럽게 울었다.

"허주를 벗긴다고 절에 가서 천도재를 지내면 뭐 하나, 허주가 더 씌워서 왔는데."

그렇게 말하면서 서럽게 우는데 제자인 나도 안쓰러웠다. 결국은 제자가 되는 것이 길인지 아닌지 실험을 하기로 했다. 실험을 한다는 말이 우습지만 난 신굿을 할 정도의 사람이라면 내 굿판에 한 번쯤 참석시켜서 뛰어보게 한다. 그것을 무감이라고 한다. 무감을 서면 제자가 될 사람은 춤을 추면서 공수를 내리는 경우도 있고 자기 스스로 굿 날짜를 잡는 경우도 생긴다. 이번 경우도 마찬가지로 조카는 내 굿판에 참석해서 춤을 추고 뛰고 나서 자기 스스로 굿 날짜를 잡는 것이었다. 그러나 문제는 조카가 허주에 너무 실려 있었고, 원한이 맺힌 조상이 잡귀로 들어와서 신명인 양 농락을 하는 것이었다. 원한이 맺힌 조상이 누구라고 밝힐 수는 없지만 가족들이 모르는 조상이었다. 억울하게 죽임을 당한 조상이 선녀로 가장해 조카에게 붙어서는 가끔 혼란스럽게 만들고 기절하게 만들고 엉뚱한 말을 하게끔 하는 것이었다. 형님이 나에게 모든 것을 맡긴다고 해서 난 굿을 하기로 결정했다. 시간이 부족했다. 굿을 어떻게 풀어갈지 그것도 문제였다. 이번 허주굿에서는 반드시 군웅굿과 조상굿을 해야만 했다. 내 굿판에 모시는 선생의 입장에서 보면 아니라고 할 수도 있지만 모든 책임은 나에게 있는 것이다. 그래서 결국은 조상굿은 앉은 거리 법사에게 의뢰했고 신굿을 하는 과정에서 군웅굿을 했다. 군웅굿을 하기 전까지는 조카는 이래저래 신이 아니었다. 언제 쓰러질지 모르는 상황이었고 신명에 의해 공수를 내린다고 하지만 내가 보기엔 요망한 귀에 의 한 공수였다.

군웅굿에 들어갔다. 돼지의 피를 가지고 놀면서 결국은 정신병자를 고치는 경우와 마찬가지로 피를 조카에게 먹이기 시작했다. 얼굴에 피를 바르면서 그 귀가 누구인지 밝혀내야 하고 왜 조카에게 붙어 있는지 밝혀야 했다. 결국 요망한 귀는 스스로 실토를 하고 울면서 나가게 되었고, 조카는 군웅굿을 하기 전과 하고 난 뒤 바뀐 행동으로 공수를 내렸고 신굿이 끝나곤 가족들의 불신도 사라지고 가족끼리 더 화합하게 되었다.

지금 생각해도 군웅굿을 하기 잘했다고 생각한다. 어설프게 굿을 해서 원망을 듣고 조카란 제자가 제대로 안정이 되지 않았다면 모든 것은 내 책임인데 그래도 나의 생각대로 굿을 진행해 모든 것이 안정되고 편안해졌으니 다행이다. 이런 경우가 두 번이나 된다. 그리고 다른 한 가지 굿은 조상굿이다. 허주굿에서 우리는 조상을 대접하지 않는다. 다음에 있을 두 번째 소슬굿에서 대접한다. 그러면 조상들은 자기 후손이 제자가 되었지만 1년 이상을 대접을 받지 못하고 굶어야 하는 경우가 생기는 것이다. 조상들이 굶는 것을 애동 제자가 어찌 알겠는가. 그러나 그런 조상으로 인해서 제자는 바로 서지 못하고 흔들리고 많은 어려움을 겪게 된다.

신명을 모셔도 조상에서 시작한다. 그런 시작인 조상굿을 황해도 굿의 허주굿에서는 하지 않는다. 크게 잘못된 것이다. 신굿을 해서 제자를 만드는 것이 중요한 것이 아니라 신굿을 한 제자가 안정이 되어 불리게끔 만들어야 하는데 그렇게 책임을 지고서 굿을 하는 경우가 드문 현실이다. 그러니 제자는 신굿을 하면서 큰돈을 써야 하고 제자가 되어서도 많은 것에 고통을 받아야 하는 것이다. 그러기에 처음에 신굿을 할 때 반드시 절차를 알고 해야 한다. 그저 유명한 선생이라고, 그리고 돈 적게 든다고, 이런저런 인연이라고 그런 것에 연연하지 말고 나를 제대로 제자를 만들어줄 선생을 만나야 하는 것이다. 첫 단추가 잘 끼워져야 한다는 말이다.

처음이 중요하다. 그런 점에서 내가 하는 황해도 굿에서의 허주굿은 완벽하지 않다. 단지 제자만 만들어내는 의식에 불과하다는 생각을 많이들 가지고 있는 것 같아 안타까움이 든다.

몸주를 찾아라 (2006년)

제자에게 가장 중요한 것은 몸주신이다. 몸주신이란 것은 잘 알겠지만 날 제자로 만든 신명을 말한다. 이것은 제자라면 누구나 다 아는 내용이다. 그러나 제자이면서 그 몸주를 몰라 다른 신명을 몸주로 착각하는 경우가 많다. 나 같은 경우도 그러한 경우였다. 나의 7,8년 제자의 삶에 있어서 가장 많은 시간을 할애한 것이 몸주신을 찾는 것이었다. 무슨 엉뚱한 소리냐고 물어올 사람들도 있겠지만 우리는 제자 자신의 몸주신을 모르면서 제자생활을 하는 경우도 많다. 창피한 일이 아닐 수 없다. 몸주신을 모르면 이런저런 신명에 의해서 많은 고통과 금전적, 정신적, 시간적으로 손해를 보게 된다.

창피한 이야기이지만 내 경우를 예로 들어보고자 한다. 몸주신이라고 해서 그저 이 신명이 내 몸주신이라고만 아는 것은 수박 겉핥기와 같은 것이다. 제자의 몸주신이 누구고, 어떻게 오셨고, 어느 줄을 잡아서, 무엇을 하러 오셨는지 정확하게 알아야 한다. 그것을 알았다면 그분을 제자의 몸주신으로서 신명을 받기 위해 제자는 그만한 대가를 치러야 한다. 대가는 시간을 들인 기도와 금전으로 맞이를 하는 것이다. 몸주신명은 그저 제자가 신굿을 해서 오라고, 즉 들어오라고 해서 오는 신명은 아닌 것이다.

난 인터넷 홈페이지에 나의 몸주신이 황해도에서 오신 허공성수 할머니라고 표현했다. 나의 조상은 아니지만 인연이 되고 신연이 되어 나와는 전혀 상관없는 남의 조상 신명이 나에게 올 경우에 허공성수라고 한다. 성수란 것은 황해도 굿에서 신명을 뜻한다. 황해도에 연을 두었던 남의 조상 할머니가 나에게 대신 할머니로 온 것으로 해석하면 이해가 쉬울 것 같다. 이 허공성수 할머니를 통해서 난 3년 세월 황해도 굿을 열심히 했다. 그러다 보니 다른 이들에 비해서 빠른 성장을 하고 자리매김을 할 수 있었다. 그러다 보니 나의 조상에서 오는 신명에 대해선 터부시 하게 되었다. 그러면서 제자는 힘들어지게 되었다. 즉 황해도에서 온 다른 조상의 할머니인 허공성수 할머니는 나에게 몸주신으로 올 수가 없는 것이었다.

나의 신명에서 신연을 주고 줄을 주어서 잠시 잠깐 올 수는 있지만 평생을 제자의 몸주신으로 좌정할 수는 없다. 처음 제자가 굿을 하게 되면 12신명을 모신다고 한다. 그러나 그 12신명이 전부는 아니다. 곰곰이 생각하면 12신명 중에 나와 직접적으로 연관이 있는 신명은 한 분에서 2~3분 사이다. 한 분이라도 제대로 들어왔다면 그것은 다행이고 12신명은 대부분이 천신, 산신, 용신, 장군, 신장, 선녀, 동자동녀에 해당하는 경우가 많다. 무당이 위에 신명을 다 호명하고 굿을 할 때 모시기도 하지만 내 신당에 그리고 나에게 직접적으로 오시는 신명들은 아닌 것이다.

처음 제자가 되는 굿을 하고서 1년이 지나고 3년이 지나야 기본적인 신명이 좌정을 하게 된다. 그런데 난 3년을 내리 허공성수 할머니만 가지고서 신명 놀음만 하는 경우에 해당되었다. 그러다 보니 3년이 지나면서 힘들고 지치고 어려움이 많아지게 되었다. 그것에 대해서 알려주고 가르쳐주는 제자들이, 선생들이 없었다. 그저 부정이 들었다. 산에 가서, 용궁에 가서 기도해라. 터 고사를 지내보라는 등 얄팍한 지식만 알려주는 것이었다. 부정이 들어서 부정을 풀고 산에 가서 잘 불리게 해달라고 빌고 용궁에 가서 잘 불리게 해달라고 빌면 일시적인 효과 효험은 있다. 그러나 그것은 잠시 잠깐이다. 근본, 원인을 풀지 못하고선 계속적으로 어려움이 있고 일을 한다고 해도 정신적으로 공허한 상태가 된다.

　모든 제자는 몸주신에서 시작을 해야 한다. 그 몸주신명은 반드시 알림을 준다. 나의 경우도 제자가 되려는 신굿을 하기 전에 할아버지 도포를 입고서 할아버지가 드는 지팡이를 들고 다른 손에는 부채를 들고 산을 향해서 소리를 지르니 산이 갈라지면서 절벽에 우리나라 지도가 그려지는 것을 꿈으로 본 적이 있다. 그분이 바로 나의 몸주신명인 것이다. 몸주신명은 어떤 경로나 꿈을 통해서 반드시 알림을 준다. 제자들은 그것을 빨리 터득해야 한다. 그런데 난 그것을 터득하지 못하고서 그저 황해도에서 오신 허공성수 할머니만 몸주신으로 해서 신명놀음을 한 것이다. 하지만 그 할아버지가 무슨 명패, 즉 호명을 가지고 오셨는지 어떤 줄을 잡고 오셨는지 무엇을 하러 오셨는지 정확하게 기도를 통해서 답을 받아야 한다. 일시적인 기도를 통해서 그것을 알려주지는 않는다. 짧은 기도엔 작은 것 일부분만 보여준다. 일부분이 전부가, 전체가 될 수는 없다. 내가 할아버지에 대해서 정확하게 모든 것을 안 것은 제자생활 6년 만이었다.

　그러나 그때 할아버지를 제대로 받을 수 없었다. 사람의 욕심 때문에, 제자로서의 욕심 때문에 몸주신명을 받지 않았다. 그것은 황해도로 해서 온 허공성수 할머니 때문은 아니었다. 나의 신명 계보를 보면 다른 큰할머니의 주력이 강하다. 즉 간단한 예로 관세음보살의 줄을 잡고서 온 할머니 한 분이 계신다. 그 할머니와 할아버지의 원력이나 도력이 서로가 만만치 않다. 양보가 없다. 한 분이 조금 부족한 부분이 있어야 밑으로 가고 한 분이 위로 갈 텐데 두 분 다 만만치 않기에 일체의 양보가 없는 것이다. 그러니 제자만 죽을 판이 되는 것이다. 그래서 결국 제자가 기도를 통해서 두 신명을 타협을 보게 했다. 내가 황해도 굿으로 무당생활을 하는 것을 5년만 더한다고 했다. 5년 뒤부터는 할아버지를 몸주로 받아 할아버지 법으로 생활하는 제자가 되겠다고 타협했다. 이 타협도 인간인 나의 욕심에서 비롯된 것이었다. 즉 황해도 굿을 통해서 이루지 못한 것이 있기에 아쉬움과 미련에 몸주신명인 할아버지를 받지 않은 것이나 마찬가지인 것이다. 진정한 몸주신이라면 그것 또한 용납하지 않는다. 뭐가 뭔지 모르는 3년 동안의 애동 때는 신명도 제자를 용서하고 보아준다고 한다. 그러나 3년이 지나면서부터는 신명의 뜻을 모르면 반드시 시련과 어려움을 통해서 고통을 주시고 공부를 시키고 기도를 시키게 된다. 그런 가운데 신명을 새롭게 찾게끔 하시는 경우가 많다. 나란 제자도 할아버지가 어떤 분이고 어떤 뜻으로 어떻게 오셨는지 정확하게는 알았지만 아직 고생을 덜해서 그런 것인지, 아니면 황해도 굿에 대한 미련과 자존심이 남아 있었기 때문인지 쉽게 할아버지를 받을 수가 없었고 제자로서 인간의 생각으로 타협을 하려고 했다. 난 무당으로 살고자 했다. 무당으로 이름이 나고자 했다. 그러나 할아버지는 도법을 가지고 오신 양반이다. 그러니 황해도 굿과는 차이가 나는 부분들이 많았다. 지금껏 짧은 시간이지만 황해도 굿에 정신적, 시간적, 금전적으로 투자를 한 것이 너무 많았고 한순간 그것을 저버릴 순 없었다. 그래서 결국 5년의 시간만 더 달라고 부탁한 것이다.

몸주신은 반드시 제자에게 현실로 아님 꿈으로 보여주신다. 한 예를 더 들자면 제자가 된 지 3년이 지난 어느 날 꿈에 난 산을 오르고 있었다. 기도를 하려고 산을 오르는 것 같았다. 산길을 따라 올라가는 도중에 어느 할아버지를 만났다. 아니 그 할아버지가 나를 불렀다. 위의 옷은 입지 않고 밑에만 치마 같은 것으로 가리고 있는 형상이었다. 쉽게 말해서 나한과 같은 모습이었다.

그 나한의 모습을 한 할아버지가 나에게 말했다.

"네가 황해도 만신 이효남이냐?"

"예, 그런데요."

내가 생각해도 참 당돌하게 말한 것 같았다.

"어디를 가느냐?"

"산에 기도를 하러 올라가는데요. 그런데 할아버지는 누구세요?"

"그냥 계속 올라가라. 네가 날 알 날이 올 것이다."

그러고선 꿈에서 깼다. 선몽은 아닌 것 같았고 참으로 이상한 꿈이었다. 나한의 모습은 분명한데 나에게 나한이 올 일도 없고 참으로 이상한 꿈이라고 흘려버리고 말았다. 그러던 어느 날 현실에서 신당에 들어가려고 하는데 내가 손님 상담을 할 때 앉는 자리, 즉 점상에 이상한 모습을 한 할아버지가 서 있는 것이 보였다. 순간적으로 본 모습이라 무엇이라고 정확하게 표현할 수는 없지만 대사의 모습도 아니고 달마의 모습도 아니고 그리고 나한의 모습도 아닌, 그러나 그런 부류의 모습을 한 할아버지를 순간적으로 보았다. 그러고선 얼마 지나지 않아 난 허공에서 천신기도를 하게 되었다. 천신기도를 하는데 내 입에서 조용히 나오는 소리가 있었다.

"나반존자 나반존자 나반존자……."

나는 계속해서 나반존자만 찾게 되었다.

기도를 멈추고서 나한은 알겠는데 나반존자라는 것은 처음 들어본 이름이고 단어라고 생각했다. 그날 밤 컴퓨터로 단어를 검색해보니 나한님이 따로 있고 나반존자도 따로 존재하고 있었다. 내가 받고 호명을 한 단어가 틀린 것은 아니었다. 그러나 그때 난 아직은 아무것도 모르는 철부지인지라 그렇게 그냥 지나갔다. 시간이 지나서 많은 고통에 힘들어하다가 결국 찾은 곳이 태백산 기도터였다. 그곳에서 죽을 각오를 하고 기도를 하니 그때야 몸주신이 어느 분이고 무엇 때문에 오시고 무슨 줄을 잡고 오셨는지 그리고 호명은 무엇인지 기도 중에 줄줄 나의 입을 통해서 나오게 되었다. 즉 나에게 오신 조상 할아버지는 아미타불과 산신줄을 잡고서 나반존자로, 즉 독성으로 오신 것이었다. 그러나 그때 난 그 할아버지를 받지 않았다. 앞에서도 말했지만 굿에 대한 미련이 더 컸기에 그리고 인간에 대한 미련, 제자에 대한 미련이 아직도 남아 있었기에 할아버지를 받지 않고 인간으로서 타협을 보았던 것이다. 그러나 신명은 나를 그냥 놓아두지 않았다. 1년이 지난 어느 날 스스로 다시 산을 찾게 하셨고 산에서 기도를 하려고 절을 하는 순간 나에게 말씀하셨다.

"제자야 네가 편안하게 제자생활을 하고 단골들, 신도들이 성불을 보고 효험을 보고 편안하려고 하면 나를 받아들여야 한다."

할아버지께서 그런 말씀을 하시는 것이었다.

1년 전만 해도 타협을 보던 나였는데 1년이 지난 뒤에는 아무런 생각도 할 시간도 없이 "예, 제가 편안하게 제자생활을 하고 신명을 믿고 있는 신도들이 성불을 볼 수만 있다면 당연히 할아버지를 모시겠습니다."라는 대답이 나오는 것이었다.

그동안 많은 풍파를 겪었기 때문인지, 아님 나이를 한 살 더 먹어서 그런 것인지는 몰라도 작년과는 차이가 있었다. 순순히 할아버지를 모시고자 하는 마음이 들었다. 그러나 한 가지 걸리는 것이 있었다. 앞에서 말한 것과 같이 관세음보살의 줄을 잡고서 오신 할머니가 버티고 있는 상황이었다. 그러나 그것도 인간의 생각이다. 나에게 원신으로 들어오시는 분들이라면 두 분들 사이엔 벌써 합의가 든다. 제자가 아닌 인간의 생각으로 해서는 합의를 들지 않지만 신명의 마음으로 본다면 티격이 날 일이 없다. 진정한 원신으로 왔다면 그렇다. 그러나 인간인 제자가 자기 자신의 영위나 욕심 때문에 마음을 열지 못하니 이것저것이 걸리는 것이었다. 그러다 보니 몸주도 아니고 주장신도 아닌, 나와는 한두 단계 떨어진 신명이 그것을 차지하고 앉아서 이러니 저러니 하는 것이었다. 즉 나에게 진정한 몸주신으로, 주장신으로 오신 분들이라면 제자의 앞길을 열어주고 펼쳐주신다. 그러나 몇 단계 떨어진 신명이라면 제자로 하여금 신명놀음만 하게 한다. 다시 말하면 귀신의 놀음만 하게 하면서 제자로 하여금 금전적으로 손해가 아닌 손해를 보게 하고 정신적으로도 큰 피해를 보게 한다. 당장은 빛나지만 뒤돌아서면 재만 남는 경우를 많이 당하게 한다. 무당이라면, 제자라면 신명에 휘둘려 사는 것이 당연한 것이지만, 그래도 제자로서 정신적으로, 건강적, 금전적으로 어려움은 겪지 않게 해야 한다. 간단하게 설명하자면 부모가 자식이 나쁜 길로 가려 하면 가지 못하게 할 것이고, 손해가 나는 일이라면 못 하게 할 것이고, 적은 금전이라도 그것을 크게 늘려주려 할 것이다. 그러나 부모가 아니고 형제가 아닌 타인이라면 조금은 틀린 상황이 될 것이고 뒤에서 방관만 하는 경우도 많을 것이다.

 신명 또한 그렇다. 반드시 그렇다고 난 생각한다. 어떤 신이냐에 따라서 제자의 미래가 보이는 것이다. 큰 신, 작은 신의 문제가 아니다. 진정한 원신의 개념에서 나에게 몸주신으로 왔느냐, 아님 그저 제자의 몸에 실려 한풀이만 하다가 갈 것이냐, 그것이 중요하다. 지금까지 보면 난 귀신놀음, 신의 한풀이만 한 것이나 마찬가지다. 이런 경우엔 책임감도 없다. 그저 뜨면 그뿐인 것이다. 그 뒤 모든 문제는 제자가 감당해야 하는 것이다. 나처럼 제자의 길에 들어서는 제자들이 특히 애동제자들이 있다면 반드시 몸주신 그리고 몸주신의 곁에 따라 드는 주장신을 잘 받아 모셔야 한다. 그것이 제자로서의 삶에 있어서 큰 관건이다. 내가 아는 제자 중에 나이가 환갑이 넘은 분이 있다. 영검도 하고 돈도 많이 벌었던 분이다. 그러나 결국은 머리를 밀고서 중으로 살아가시는 분이다. 무당을 하다가 중으로 바꾼 것이 중요한 것이 아니라, 신에 휘둘려 몸주신이 아닌 다른 '어느 공주'란 신명에 휘둘려 살다가 결국은 아무것도 남지 않고 쓸쓸히 산에서 환갑을 맞는 분도 보았다. 가족도 없었고, 돈도 없었다. 참으로 초라한 모습이었다. 냉정해져야 한다. 제자의 모습은 마지막이 좋아야 한다. 젊어서 고생할 수는 있다. 그러나 40이 넘고 50이 넘어가면 상황은 틀리다. 그런 데는 여러 가지 이유가 있겠지만 크게 작용을 하는 것 중에 하나가 자기의 몸주, 주장을 모르는 가운데 신명놀음에만 빠졌을 때다. 그럴 경우 그런 말년을 당할 수도 있는 것이 제자들이다.

 제자가 되어야 하는 사람이 있다면, 그리고 지금 시작하는 제자들이 있다면 반드시 다시 한 번 기도의 시간을 가져보라. 깊은 기도를 해보라. 지금 내가 모시는 신이 진정한 나의 몸주인지 아니면 나 자신도 모르게 신명놀음에 빠져 엉뚱한 신을 모시고 있는 것은 아닌지…….

사주, 궁합은 반드시 있다(2007년)

컴퓨터를 통해서 카페를 만들었다.

그 카페를 통해서 많은 사람들의 사주를 보아주기도 하고 궁합을 보아주기도 한다. 카페를 통한 상담을 하다 보면 대부분의 사람들이 물어오는 것이 사주와 궁합이다. 모른 체하고 무시했던 부분인데 실제로 결혼을 하고 아니면 약혼을 하고 또 다른 경우는 파혼을 하고 난 뒤에 늦은 감은 있지만 많이 상담을 한다. 상담을 하다 보면 좀 더 일찍 알아보고 결혼을 하든지 약혼을 하든지 했다면 상담을 할 당시처럼 힘이 들지는 않았을 것이라는 생각이 많이 든다.

나는 인터넷을 통한 상담을 몇 년간 하다가 접었던 사람이다. 그러다가 은연중에 어느 사이트를 알게 되었고 그곳에 올라오는 글들을 보면서 조금이라도 일찍 알고 제대로 된 선택을 했다면 지금처럼 후회하고 눈물바람을 일으키는 일은 없었을 것이라는 생각이 들었다. 그래서 카페를 만들게 되었고, 카페를 통해서 나를 알리는 기회도 되었지만 무엇보다도 인생에 있어서 가장 중요한 부분인 결혼, 약혼 그리고 동업, 사업 등 여러 방면에 조금이라도 도움을 주고 싶은 생각 때문이었다. 여러 가지 사연을 접하면서 '좀 더 일찍 알아보았다면', '궁합이라도 보든지', '너무 사주, 궁합을 무시했구나' 이런 생각들이 많이 들었다. 결혼해 부부가 된다는 것은 인생에 있어서 가장 중요한 부분이라고 말할 수 있다. 그렇게 인생에 있어서 가장 중요한 문제를 그저 사랑 하나만 가지고 했다가 크게 낭패를 보는 사람들을 많이 보았다.

"아니 결혼하기 전에 사주, 궁합이라도 한번 보지 그랬어요."라고 물어보면
"그냥 서로가 좋아했고 사랑했기에……."
"미신이라 생각했어요."
"그땐 몰랐지요. 살다 보니 아니라는 생각이 들더군요."
"사귈 때는 너무 좋았습니다. 그런데 살다 보니……."

대부분 이렇게들 말한다.

나 또한 무당이 되기 전에는 모든 것을 부정적으로 그리고 우리네 무(巫)에 대해선 더욱 부정적인 생각을 가지고 있었던 사람이다. 그러나 제자가 되어보니 무시하지 못할 부분이 너무나 많이 있었다. 사주란 것은 내가 태어나면서 가지게 되는 주민등록번호와 마찬가지다. 주민등록번호는 내가 살아가면서 싫다고, 불편하다고 해서 마음대로 바꿀 수 있는 것이 아니다. 사주란 것이 내가 살아가는 데 있어서 100% 모든 것을 좌우하는 것은 아니다. 그러나 50% 이상은 작용을 한다. 50% 이상을 나의 인생에 작용하고 영향을 준다 한다면 한 번쯤 점검이라고 해야 하지 않나, 생각한다. 내가 먼저 나를 알아야 한다는 측면에서도 점검을 해보아야 한다 말하고 싶다. 나 자신이 나를 알고 모든 일에 적용하고 활용한다면 실패하는 인생이 아닌, 남들보다는 앞설 수 있는 인생이 될 수도 있다. 반드시 무시할 수 없는 부분이고 무시되어도 아니 되는 것이 사주이고 궁합이다.

어느 모 그룹에서는 예전에 회사 직원을 면접할 때 그 직원의 사주를 먼저 보고서 이 사람이 회사에 필요한 사람인지, 아니면 해를 끼칠 사람인지, 득이 될 사람이지 먼저 판단했다고 한다. 이러한 이야기는 아는 사람들은 다 아는 이야기다.

내 사주를 먼저 알아야 하고 그리고 어떤 사람을 만나야 순탄하게 무리 없

는 삶을 살 수가 있는지 알아야 한다. 나에게 맞는 사람만 찾아서 만날 수는 없다. 그러나 인생에 있어서 어찌 보면 가장 중요하다고 할 수 있는 결혼이란 큰일에서 중매로 결혼하는 경우보다는 연애로 결혼하는 경우가 많다. 그러하기에 더욱 궁합이니 사주를 무시하게 된다. 내가 나에게 맞는 사람만 만나서 사랑하고 연애하고 결혼할 수는 없다.

그러나 아무리 사랑하는 사이라고 해도 결혼 전에는 반드시 궁합을 보아야 한다. 그래서 나쁘고 좋지 않으면 헤어지라는 것이 아니라 나쁜 부분들을 없애고서 결혼하면 괜찮다는 것이다. 그러나 이런 절차를 무시하기에 지금 시대에는 서로가 좋아서 결혼하고 사랑해서 결혼하지만 결국은 몇 년이 지나지 않아 이혼, 이별하는 경우가 너무나 많다는 것이다. 중매도 아니고 연애를 하다가 결혼했는데 왜 이혼율이 높은지 곰곰이 생각해볼 문제가 있다. 여러 가지 문제점으로 인해서 이혼하고 이별을 하겠지만 많은 부분 성격 차이가 아니면 서로가 맞지 않아서 서로간의 대립으로 이혼하게 된다.

연애를 할 때는 그런 것이 없었다고 한다. 결혼을 하고 나니 사람이 바뀌었다고 한다. 그것은 아니다. 사람이 바뀐 것이 아니라 환경이 바뀌니 당연히 사주가 작용을 하게 되는 것이다. 가끔 젊은 사람들이나 나이 든 분들도 궁합을 물어오는 경우가 종종 있다. 지금 현재 서로가 좋아하고 연애를 하니 궁합을 물어오는 것이겠지만 좋지 않다고 말하면 싫어들 한다. 그렇다고 거짓말로 상담을 할 수도 없는 노릇이니 답답한 경우가 종종 있다.

난 이렇게 말한다.

"연애를 할 땐 모릅니다. 일단 결혼을 해보세요. 그럼 나쁜 살들이 작용할 것입니다."

대부분 상담을 하면서 나쁜 경우가 있을 경우엔 피해 가는 방법이나 비법을 알려준다. 그러나 그러한 필요성을 느끼지 못하고 지금 현재 연인들끼리 사랑하는 마음만 믿고서 결혼하는 경우가 많았다. 결국은 얼마 되지 않아 나를 찾아와서 헤어졌다고 하든지 이혼했다고 하든지 파혼했다고 하든지 한다. 아니면 다른 사람을 통해서, 지인들을 통해서 듣는 경우도 있는데 결혼해서 살다가 얼마 지나지 않아 이혼했다고 한다. 이혼의 사유는 '성격 차이'라고 말한다.

"그렇게 오랜 시간 동안 죽기 아니면 살기로 사랑한 사람들이 성격들도 모르고 결혼했나?……"

그런 말만 나온다.

사주에서 남녀간의 나쁜 살의 작용은 연애를 하는 시기에는 잘 나타나지 않는다. 그러나 결혼해서 두 사람이 하나가 되었을 땐 반드시 작용이 나타난다. 그래서 사주를 보고 궁합을 보고서 결혼을 하라는 것이고 나쁜 살이 있을 경우에는 반드시 풀고 결혼을 하라는 이유다. 우리는 예전부터 자주 듣거나 아니면 자기 입으로 이런 말을 하는 경우가 있다.

"끼리끼리 만난다."

이 말은 다시 말하면 같은 종류, 같이 어울리는 사람들끼리 만난다는 것인데, 팔자 면에서도 팔자가 센 사람은 팔자가 센 사람들끼리 만나고 팔자가 좋은 사람들은 그런 사람들끼리 만난다. 우리가 학교를 다닐 때를 생각해보면 공부 잘하는 친구들은 그런 친구들과 쉽게 어울리고 못하는 사람들은 못하는 사람들끼리 어울리게 되는 것과 같다. 대부분이 그렇다. 친구들 간에도 서로가 비슷한 사람들끼리 쉽게 어울리고 뭉치고 같이 다니는 경우가 많지, 전혀 나와 동떨어진 생활이나 생각 그리고 환경에 있는 친구들과는 잘 어울리지 못한다는 것을 우리는 느끼게 된다. 그것 또한 우리네 무(巫)로 보자면 같은 사주나 같은 팔자의 사람들끼리 만나기가 쉽고 기(氣)의 흐름이 맞아서라는 것이다. 기의 흐름이 맞기에 같이 있을 수가 있는 것이지, 그렇지 않다면 나와는 역반응을 일으켜 떨어지게 되는 것이다. 그래서 예전부터 들어온 '끼리끼리 만난다'란 말은 가벼운 의미에서가 아니라 어찌 보면 큰 의미로 해석해야 한다. 내 사주가 세고 내 팔자가 세다면 내 주위의 친구들이나 아는 지인들도 대부분 그러하다. 그러니 이런 사주나 팔자를 가지고 있는 한 배우자를 만난다고 해도 전혀 다른 세계의 사람을 만날 수가 없는 것이다. 누가 누구를 원망하고 탓할 것이 아니라 자기 자신이 타고난 사주팔자를 탓하고 원망해야 할 것이다.

사람에게는 반드시 타고난 사주 팔자란 것이 있기에 전혀 다른 환경의 여건들이 만들어지지 않는다. 즉 사람을 만나는 것도 나와 같은 팔자를 가진 사람들끼리 만나게 되는 것이지 전혀 다른 이상형을 만나게 된다면 역반응이 일어나게 되는 것이다. 우리가 쉽게 접하는 예로 연예계에 있다가 누구 하나 잘 만나 결혼했다가 결국 이혼하고 다시 연예계에 나오는 사람들을 많이 볼 것이다. 아무리 미모가 있고 연예인으로서 최고의 위치에 올랐다고 하지만 배우자를 만나는 데 있어서 서로 같은 팔자의 사람이 아닐 경우에는 반드시 이혼하게 되어 있다. 연예계에 있다는 것은 쉽게 말하면 기생팔자다. 그런 기생팔자가 요즘 세상이 좋아져서 부와 명예를 가지니 그것에 포장이 되어 부정적인 모습들이 보이지 않을 뿐이지 상당히 힘한 팔자이고 힘이 든 사주다. 그 사람들은 그런 기생팔자를 연예계 생활로 푸는 것이다. 그런 사람이 미모와 명예를 가지게 되어 어느 그룹의 회장 가문에 며느리나 사위로 들어간다고 하자. 서로간의 수준, 쉽게 말하자면 레벨이 맞지 않기에 오래갈 수가 없는 것이다. 아무리 요즘 연예계란 곳이 부와 명예를 주는 곳이기에 최고라고 말하지만 사주로 본다면 우리네 무당팔자나 어릿광대팔자인 것이다.

우리는 앞에서 말한 것처럼 자기 자신의 사주를 먼저 알아야 한다. 그래야 어떻게 대처하고 어떤 길로 나아가야 본인의 인생이 그나마 꼬이지 않고 별 어려움 없이 인생을 살 것인지 아는 것이다. 모르는 것보다는 알고서 대처해야 남들보다 훨씬 빠르게 갈 수 있고 성장할 수 있는 것이다. 사람마다 타고난 사주가 있듯이 타고난 사주에는 여러 가지 살들이 있다. 타고난 사주에 아무런 살이 없다고 한다면 그것은 남들보다 무엇을 해도 성공할 수 있는 확률이 높다는 말과 같다. 우리의 사주에 타고난 살이 300가지가 된다고 말한다. 그러나 그 살을 무당인 나 자신도 지금 다 모른다. 단지 신령님의 공수로 말하자면 300가지의 살은 네 가지 살 안에 다 들어간다는 것이다. 크게 구분을 지어서 네 가지 살 안에 300가지의 살이 포함되어 있다는 것이다. 그럼 간단하게 네 가지 살만 먼저 알고서 대처를 해도 상당히 큰 도움을 얻게 된다. 그 네 가지 살이라는 것은 천간살, 지지살, 원진살, 상충살이다. 천간살이라는 것은 태어날 때 하늘에서 가지고 태어난 살이라고 말할 수 있다. 지지살이라는 것은 태어날 때 땅에서 가지고 태어난 살이라고 말할 수 있다. 원진살은 내 사주 안에 내 띠와 원수지간이 되는 살이 있다는 것이고 상충살이라는 것은 내 사주 안에 내 띠와 충돌을 일으키는 살이 있다는 것이다. 이상에서 말한 네 가지 살은 직업, 직장, 금전, 진급, 시험, 결혼, 수명, 사업, 동업, 병, 사고…… 등 우리가 일상생활에서 접할 수 있는 모든 것에 작용할 수 있다.

 내 사주 안에 이러한 네 가지 살 중에 한 가지라도 있다고 한다면 반드시 꼬이고 힘든 인생이 된다. 반드시 제거하고 풀어야 하는 것이다. 그리고 내가 태어난 사주에는 '음양오행'이라는 것이 있다. '음양오행'은 쉽게 말하자면 우주대기운에서 화(火), 수(水), 목(木), 금(金), 토(土)를 말하는 것이고 '음'은 약한 것으로 표현하고 '양'은 강한 것으로 표현한다. 내가 가지고 태어난 사주에 이러한 음양오행이 모두 들어 있다고 한다면 남들보다 상당히 편안하게 행복하게 자신이 원하는 것을 이루면서 살 수 있는 인생이 되는 것이다. 그런데 대부분의 사람들이 이러한 음양오행 중에 없는 것이 많다. 음양오행을 다 가지고서 태어난 사람은 내 경험상 1만 명 중에 한 명꼴이다.

 화(火)가 없는 사람은 모든 일에 정열, 열정, 추진력이 없고 항상 모든 일에 시들하게 된다. 그리고 특히 계절로 볼 때 겨울이 되면 모든 일에 있어서 막히는 것이 많고 몸이 아프게 된다. 개구리나 뱀처럼 모든 활동이 정지가 되어

동면 상태가 되는 것이나 마찬가지다. 화(火)가 강할 경우에는 고협압을 주의해야 하고 성질이나 성격이 과격하고 난폭한 근성이 있어 주위 사람들을 항상 긴장시키는 경우가 있다. 그러한 결과 인복이 없다.

수(水)가 없는 사람은 가장 먼저 명(命)을 조심해야 한다. 우리는 수(水)가 사주에 없을 경우에 단명한다고 말한다. 단명한다는 것은 일찍 죽는다는 것이고 이러한 경우에 반드시 조상 중에 일찍 죽은 조상들이 많이 있다. 그리고 자식을 낳아도 딸이 많지 아들을 낳는 경우가 적다. 수(水)가 없는 사람은 늘 마음에 여유가 없고 늘 불안하고 초조한 생활이 지속되고 금전적으로 아는 곳에 투자해도 득이 되지 못하고 실패가, 손해가 나는 경우가 많다. 수(水)가 없는 사람이 주식이나 땅에 투자할 경우에 본전도 못 건지는 일이 많다. 그냥 그 본전을 가지고 있으면 그나마 다행인데 투자를 통해서 가지고 있는 것도 잃게 되는 것이다.

목(木)이 없는 사람은 중심이 없다.
'바람에 흔들리는 갈대처럼' 남의 말에 잘 현혹되고 남의 말에 귀를 많이 기울이고 자기주장이나 중심이 없기에 풍파가 많다. 든든한 거목이 되지 못하고 갈대처럼 사람의 말에, 세상풍파에 많이 흔들려 성공하기가 그만큼 어렵다. 목(木)이 없는 사람과 결혼이나 동업은 하지 않아야 한다.
단, 상대방, 즉 결혼을 할 상대자나 동업을 할 상대자가 큰 거목을 가지고 있는 사주라고 한다면 서로가 공유할 수 있기에 괜찮다.

금(金)이란 것은 현실생활이나 삶에 있어서 가장 중요한 것이 되었다.
너무 금전적인 면에서만 강조하는 것은 잘못된 것이지만 그래도 지금 현실에 적응하고 살아가려면 금전을 무시할 수 없다. 그러한 연유로 인해서 현실을 살아가는 사람들에게 가장 중요한 것은 음양오행에서 '금(金)'의 역할이 크다고 할 수 있다. '음양오행'에 있어서 '금(金)'은 금전(재물), 진급, 시험, 명예, 취직, 합격, 투자 등등 금전적인 면이나 이름이 나는 명예에 중요한 역할을 한다. 음양오행에 '금(金)'이 없는 사주는 금전적으로 복이 없는 것을 떠나서 금전으로 손해를 많이 보고, 투자를 해도 실패가 확실하고, 시험공부를 아무리 열심히 해도 합격 운이 따르지 않고, 남들에 비해서 진급이나 승진이 되지 않는 경우가 흔하다. 어찌 보면 현실을 사는 사람들에게는 가장 필요한 부분이고 가장 절실한 부분인 것이다. 그러나 '금(金)'이란 것이 너무 많은 부분을 차지하게 되면 금으로서의 역할을 떠나서 나에게, 내 몸에 도끼와 같은 역할을 하기에 나에게 큰 피해를 줄 수 있는 소지도 있는 것이다.

토(土)는 사람이 살아가는 데 있어서 안정적인 삶을 사는 데 큰 비중을 차지한다. 즉 '토(土)'가 없는 사람은 자기 자신의 집이 없다는 것이다. 자신이 쉴 수 있고 마음의 안정을 찾을 수 있는 집이 없다는 것이다. 그러므로 이리저리 방황을 많이 해야 한다는 것이다. 결혼을 한다고 해도 자기 이름으로 된 집문서를 가질 수 없는 사주인 것이다. 자기 사주에 '토(土)'가 없기에 집문서든지 아니면 사업자의 문서를 가질 경우 손해가 나는 것을 떠나서 명까지 재촉하게 된다. 가끔 가다가 동네에서 새로 집을 깨끗이 지어서 이사를 한 뒤 얼마 되지 않아 사람이, 가족들이 죽었다는 말들을 우리는 종종 듣는다. 이런 경우가 집안 문서를 가지지 못하는 사주의 사람이 집문서를 가지거나 집을 사서 이사를 한 경우다. 사주로 그런 탈을 당할 수 있는 것이다. 그리고 '토(土)'가 음양오행에 없는 경우의 많은 사람을 나는 쉽게 '중팔자'라고 말한다. 중처럼 이 산 저 산 김삿갓처럼 방랑하면서 돌아다녀야 하는 사주인 것이다.

이처럼 간단하게나마 적은 '음양오행'의 '화(火), 수(水), 목(木), 금(金), 토

(土)'는 우리가 무시할 수 없는 것이다. '음양오행'에 있어서 없는 것은 보강해야 하고 과한 것은 축소시켜야 한다. 궁합이란 것은 일차적으로 보자면 내가 없는 것이 상대방에게 있어야 하고 상대방에게 없는 것을 내가 가지고 있어야 좋은 궁합이 되는 것이다. 이렇게 서로에게 공유할 수 있는 음양오행으로 맞추어진 부부나 연인관계는 헤어질 일이 거의 없고 바람을 피는 경우가 거의 없다. 왜냐면 헤어진다고 해도 음양오행으로 인해 부족한 부분을 상대방을 통해서 공유했기에 그 상대방을 잊지 못하게 된다. 다른 사람을 만난다 해도 다시 만난 사람에게서 내가 필요한 것을 공유한다면 모를까, 만약에 공유할 것이 없다고 한다면 후회하고 돌아오는 경우가 많다. 부부간에도 다른 음양오행으로 맞추어진 부부들은 불륜이 일어나지 않는다. 다른 사람을 만난다고 해도 필요성을 느끼지 못하기에 불륜을 저지르지 않게 되는 것이다. 단, 음양오행이 모든 궁합을 헤어지고 맞추게 하는 것은 아니다. 일부분에 해당하는 것이다. 즉 궁합이나 사주란 것은 모든 측면에서 보아야 한다. 음양오행으로만 모든 것을 풀 수 있는 것은 아니다. 각자 가지고 태어난 사주에 살이 포함이 되었다면 살에 의한 작용도 무시하지 못하기에 사주상으로 살을 가지고 태어났는지, 그리고 음양오행에서 무엇이 부족하고 과한지 종합적으로 다 보아야 한다. 그래야 완벽한 답이 나오는 것이다.

울산으로 가라(2004년)

일본에서 돌아온 나는 무작정 태백산으로 향했고 태백산에서 여러 가지 기도의 응답을 받았다. 내 사주는 마흔 살을 넘기지 못하고 등 뒤에서 칼 맞아 죽는 사주인지라 그것을 액땜하는 것인지는 몰라도 일본에서 모든 것을 잃은 것이나 다름없었다. 육체적으로 정신적으로 모든 것을 잃은 것이나 마찬가지였다. 다시 시작하려고 온 것이 태백산이요, 이젠 마흔 살을 넘겨 새로운 인생으로, 무당으로 살아야 하기에 충전을 하러 온 것이나 마찬가지요, 죽을 사람 신의 조화, 도움으로 살기 위해 온 것이나 다름없었다. 당장이 문제였다.

서울의 집은 이미 금전적으로, 마음으로 떠버린 상태이기에 신을 모시고 다시 시작하려 해도 갈 곳이 없었다. 그것 또한 기도를 하는 목적의 한 부분이었다. 오라는 곳도 없었고 마땅히 갈 곳도 없는 처지였다. 마음 한구석에 '수원'으로 가야 할 것 같은 생각만 들었다. 그래도 수원은 내가 굿을 자주 했던 곳과 같은 지역이고 내가 2년 넘게 살았던 곳인지라 마음 한구석으로 의지가 되는 곳이다. 그러나 기도 중에 가야 할 곳으로 수원이 아니라 느닷없이 '울산'으로 명을 받았다. 처음엔 뜻이 아닌 줄 알았다. 그저 내가 잘못 받은 기도의 응답인 줄 알았다. 그러나 다시 시간을 내어 기도를 하면 또 '울산'으로 가라는 말만 나왔다. 울산 하면 생소해도 너무 생소한 곳이다.

감포로 용궁기도를 갈 때 잠시 거쳐서 지나는 도시에 불과했지 한 번도 가지 않았던 곳이고 한 사람도 아는 사람이 없는 곳이었다. 부산이나 대구도 아닌 '울산'을 신은 벌써 준비하고 있었다. 이사 준비를 해야 하기에 난 산을 잠시 내려왔다. 이사 정리를 끝내고 다시 올라올 것으로 생각하고 난 태백산을 내려왔다.

서울 집으로 차를 타고 간 것이 아니라 수원으로 곧장 집을 구하러 갔다. 그래도 수원은 아는 사람들이 있기에 의지가 되는 마음에 아예 수원으로 집을 구하러 가게 되었다. 수원의 아는 사람들을 통해서 이렇게 저렇게 집을 알아보다가 결국은 기존에 신당을 하던 신엄마가 무당을 떠나 절법으로, 즉 중의 길을 걷게 되어 신제자들도 신엄마랑 같이 절로 들어가게 된 제자의 집을 사정해 구하게 되었다. 이사는 3일 뒤에 하기로 했다. 그래도 돌아다녀본 집들 중에선 가장 넓고 깨끗하고 몫도 좋은 편이었다. 그래도 좋은 집을 구했다는 생각에 서울 집을 떠나야 한다는 아쉬움이나 서러움 같은 것은 크게 들지 않았다.

서울 집을 정리하다 보니 버릴 것도 많았고 가져갈 것도 많았다. 혼자 사는 사람이지만 그래도 신을 모시면서 사는 사람이다. 보니 짐이 많다. 짐을 정리하고 버릴 것은 버렸지만 그래도 7톤가량이 되었다. 무엇을 그리도 많이 사들이고 버리고 했는지, 신의 물건도 마음에 들어 샀다가 이리저리 굴러다니게 하다 버리는 것도 죄라면 죄인데 나는 참으로 많은 물건을 사고 보관하다가 버리는 것도 많다는 생각이 들었다. 그것도 죄라고 하면 큰 죄에 해당한다. 그러기에 제자는 늘 기도를 통해서 신의 가물을 받지 말아야 한다. 신의 가물이 들고 풍파가 들면 그 시기를 통해서 공부도 하고 교훈도 쌓게 되는 것이지만 자칫 잘못하면 더 큰 죄를 짓는 결과를 가져온다.

3일 뒤엔 수원으로 이사를 해야 했기에 이삿짐을 운반할 익스프레스 사무실도 예약해야 했고, 사무실에서 다 해준다고는 하지만 어디 그것을 믿을 수 있나. 난 이사를 할 때마다 익스프레스 사람들과 마찰이 많은 편이다. 계약서에 쓴 것처럼 하지 않기 때문이다. 모든 것을 완벽하게 정리해준다고 광고를 해서 계약을 하지만 결국은 짐만 내려놓고 가는 곳이 대부분이다.

완벽한 것은 바라지도 않는다. 단지 성의 있는 정리라도 해주어야 하는데 큰 짐만 위치를 잡아놓으면 가려고 하는 것이 우리나라 익스프레스 직원들이다. 신당의 짐이야 그 사람들이 만질 수도 없고 정리를 할 수도 없다. 신당의 신령님 물건이야 당연히 제자인 내가 싸고 정리를 한다. 그것 또한 큰 차로 하나 가득이기에 두 번의 이사를 하는 것이나 마찬가지다.

이삿짐 직원들에게 그것까지 맡길 수는 없다. 그래도 일반 가정 짐이야 계약서에 명시된 대로 해주고 가야 하는데 그렇지 못한 것이 우리나라 이삿짐 센터의 현실인 것 같다. 어찌 되었든지 나는 수원으로 이사를 가야 했기에 사무실 직원들과 계약을 했고 신당의 짐을 먼저 정리하게 되었다.

그런데 이틀 뒤면 수원으로 이사를 해야 하는데 문제가 생겼다. 수원으로 이사를 가는 집을 가계약을 해놓았지만 잔금이 마련되지가 않았다. 즉 돈을 마련해 준다고 철석같이 약속을 한 사람이 사정이 되지 않는다고, 그것도 늦은 밤에 전화를 했다. 벌써 짐은 다 정리가 되어가고 이제 내일모레면 이사를 가야 하는 상황인데 결국은 사건이라면 큰 사건이 터진 것이었다. 하루 사이에 돈을 구하기는 힘든 상황이었다.

내가 가진 것으로 모든 것을 해결해야 했다. 제자가 아무리 믿는 구석이 있다고는 하지만 황당한 일이 발생한 것이다. 짐 정리를 하던 것을 급히 멈추고 기도에 들어갔다. 결론은, 신명의 뜻은 '울산으로 가라'였다. 아무리 울산으로 간다고 하지만 집이 있어야 이사를 하는 상황이고 하루 사이에 어떻게 집을 구할 것인지 막막한 지경에 이르게 되었다. 집에서는 이미 인터넷도 되지 않는 상황인지라 피시방으로 갔다. 인터넷 검색을 통해서 부동산과 벼룩시장 같은 정보지를 볼 수밖에 없었다. 그런데 울산의 지리를 알아야 어느 동네가 어디에 있고 동서남북을 알아야 이사를 가든지 말든지 할 노릇이 아닌가. 할 수 없이 제자를 통해서 다음 날 아침에 부동산 사무실과 만물상, 즉 우리 같은 제자들이 신명의 일을 하는 데 필요한 물건을 파는 불교만물상을 수소문해서 집을 구해달라고 부탁했다. 간혹 불교만물상을 통해서 방을 구할 수가 있기 때문이었다. 제자들이 불교만물상을 통해서 방을 매매하거나 내놓는 경우가 종종 있기 때문이었다. 그러나 다음 날 제자를 통해서 전달된 것은 울산의 부동산들은 대부분 매매나 하지 전세, 월세 같은 물건들은 잘 거래를 하지 않는다고 했다. 불교만물상에도 몇 군데 전화를 했지만 방이 나온 것이 없다는 것이었다. 내게선 한숨만 나왔다. 할 수 없이 내가 직접 전화를 할 수밖엔 없었다.

울산의 전화국을 통해서 울산에 있는 불교만물상을 아무 곳이나 연결해 달라고 했다. 그렇게 해서 연결된 곳이 중구 옥교동에 있는 불교만물상이다. 그곳에 전화를 해서 내 사정을 이야기했다. 그랬더니 방이 있으니 무조건 내려오라고 했다. 불교만물상의 사장이 자신도 만물상을 하지만 제자이기에 부처님을 모시는 법당이 따로 있다는 것이었고, 그 법당을 정리할까 생각하던 중이었다고 하는 것이다. 그러면서 무조건 내려오라고 했다. 신명의 조화가 있는 것인지 전화 한 통화로 방을 구하게 되었고, 다음 날 익스프레스 사무실 직원들이 짐 정리를 하고서 차에 짐을 다 실으니 오후 1시였다. 이삿짐 직원들은 당일은 출발할 수가 없다고 했다.

새벽에 출발해서 아침에 울산에 도착하고 짐 정리를 하고서 서울로 올라오려면 새벽에 출발해서 울산으로 가고 울산에서는 오후에 출발해야 밤늦게 서울에 온다는 것이었다. 결국은 하루 이사가 아니라 이틀이 소요가 되는 이사를 하는 것이었다. 오후 1시에 난 신의 아들인 제자랑 울산으로 집을 구하러 내려오게 되었다. 불교만물상에서 무조건 집이 있으니 오라고 했지만 그 집을 본 것도 아니고 어떤 집인지도 모른 채 나와 내 제자는 고속버스에 몸을 실었다. 울산으로 내려오는 고속버스 안에서 이런저런 생각이 들었다. '하다하다 결국은 죽을 지경까지 되어 울산이란 동네까지 내려가나'라는 생각만 들었고 이제는 눈물도 말라버렸는지 속으로만 우는 꼴이 되었다. 차라리 자려고 눈을 감아버렸다. 그런데 잠은 오지 않고 지나간 시간들만 생각이 났다. 처음에 신을 모셔야만 했을 때도 도망을 가더니 지금도 그런 상황이나 마찬가지였다. 어느 제자분이 "제자가 되려면 두 번은 도망을 가야 합니다."라고 나에게 몇 년 전에 말한 것이 생각이 났다. '나란 사람은 무엇이길래 나란 제자는 어떤 제자이길래 이렇게 두 번씩이나 도망을 가는 인생이 되었나'라는 잡념만 들었다.

저녁 6시 30분이 되어서야 울산에 도착했다. 고속버스 터미널에 내리니 벌써 밤이 되어 어두컴컴했다. 전화로 통화를 한 만물상으로 갔다. 그다지 화려하지도 초라하지도 않은 불교만물상이었다. 한 번도 본 일이 없는 제자인 나란 사람에게 선뜻 방을 내준다고 한 것이 너무나 고마웠다.

나는 먼저 감사하다는 인사를 했다. 그런데 만물상 사장님이 집이 작아서, 지금 자기네가 사용하는 법당이 아무래도 작아서 줄 수가 없을 것 같다고 말하는 것이었다. 그러면서 영업이 끝나면 방을 구하러 같이 다녀보자고 하는 것이었다. 난감하고 막막했다. 내일 새벽에 서울에서 이삿짐 차는 내려와야 하는 상황이었고 이사를 하루 미루게 되면 하루 이사 비용이 더 추가되어 그나마 적게 가지고 있는 돈이 다 길거리로 버려지는 상황이 되게 되었다. 같이 울산으로 내려간 제자와 나는 불교만물상에서 영업이 끝나는 시간까지 무작정 기다릴 수가 없어서 잠시 돌아다녀보겠다는 말을 하고선 밖으로 나왔다. 집을 구해야 하는데 어디로 먼저 가야 할지 어디가 어딘지 막막할 뿐이었다. 그래도 두 시간 정도 돌아다녔다. 맘에 드는 집이 있으면 제자집, 즉 무당집으로 주지 않는다고 하고 상가도 있으나 주지 않는다는 소리들만 했다.

시간이 지나면 지날수록 더 답답하고 막막해져만 갔다. 두 시간 정도 돌아

다니다 다시 만물상으로 돌아가는 길이었다. 그때 눈앞에 작은 종이쪽지가 보였다. 방을 내놓는다고 적은 종이쪽지였다. 그냥 전화를 걸었다. 늦은 시간이지만 집을 보여달라고 했다. 할아버지 할머니만 사는 3층 건물의 구형 주택이었다. 2층을 보여주었는데 빈집이었다. 방을 놓은 지 두 달이 되어가는데 오는 이가 없어서 비어 있었다. 무조건 달라고 했다. 도배도 할 시간이 없으니 하지 말라 했고 아침에 장판이나 깨끗한 것으로 깔아달라고 했다. 그렇게 해서 계약을 했다. 이곳저곳 돌아다니면서 집을 구할 시간도 없었고 돈도 없었고 그저 그때 상황으로 보면 그 집도 너무나 감사한 것이었다. 이렇게 해서 난 울산으로 이사를 오게 되었고 울산에서 제자생활을 다시 시작하게 되었다.

신명의 뜻으로 울산으로 오니 집도 수월하게 구하게 되었고 신명의 조화가 아니면 될 수가 없는 상황에서 난 울산으로 오게 되었다. 지금 생각하면 신명의 뜻은 반드시 있다. 작은 뜻이면 모르지만 큰 뜻은 신명에서 제자에게 굽히지 않는다. 즉 큰 뜻을 펼치시기 위해서 제자를 훈련시키기도 하고 어려움을 주기도 한다. 이 제자가 수원으로 가려 했으나 어려움을 주어 어쩔 수 없이 울산으로 오게 만드는 것이 신명이다. 울산으로 왜 와야만 하는지 그 큰 뜻은 아직 어렴풋하게만 안다. 무어라고 아직은 확언할 수가 없다. 그러나 울산에서 새롭게 새로운 그릇으로 태어나 다시 무당의 길을 가라는 것이 아닐까 생각한다.

머리 위에 잡기가 있네

여유가 있어서 울산에 이사를 온 것도 아니고, 아는 사람이 있어서 온 것도 아니고, 무인도에 혼자 표류하는 것과 같은 시간들이 계속 이어졌다. 이사를 온 집은, 신명을 모신 신당은 골목으로 들어선 집이었기에 간판을 걸 자리도 변변치 않았다. 간판을 걸어야 하는데 결국은 도로변의 전봇대에 플라스틱 판에 '천주일월'이라고 적힌 간판을 걸었다. 그런데 '천주일월'이란 의미가 천주교와 같다고 생각하는지 연락을 해오는 손님들이 없었다. 결국은 간판을 바꾸게 되었다.

이곳 울산은 또 만신이란 단어가 생소한 지역이기에 '황해도 만신'이란 간판을 걸 수도 없는 노릇이었다. 그래서 생각하다 이곳 지역의 간판들을 보니 무슨 보살, 무슨 법사, 무슨 도사, 무슨 대신, 무슨 선녀, 무슨 동자…… 등등 신명의 이름을 간판 이름으로 짓는 제자들이 많았다. 그래서 나 또한 신명 이름을 간판에 넣게 되었다.

'황해도 작두장군'이란 간판을 걸었다. 그러나 얼마 지나지 않아 그 간판도 내려야 했다. 기존에 이곳 울산에서 황해도 굿을 하고 있는 박수가 있는데 그 제자가 자신이 '황해도 작두장군'이란 간판을 사용하고 있어 다른 사람들이 자신이랑 혼동하면 안 되니 간판 이름을 바꾸어 달라는 소식을 전해왔다. 별것을 다 따지는 동네다. 울산이란 지역이 광역시이긴 하지만 너무 좁은 지역처럼 느껴졌다. 이곳에서 '아' 하면 벌써 다른 동네에서 '어' 하는 곳이 이곳 울산 지역이다. 이름 가지고 따지고 들어오니 텃세를 당하는구나, 라는 생각이 들었다. 싸워서 무엇 하나, 라는 생각에 간판을 내렸다. 그러곤 처음 신을 모실 때와 같은 이름 '황해도 만신'이란 간판을 다시 걸었다.

한 달 동안은 기도만 했다. 아직 안정이 되지 않아서 그런지 손님이 들지 않았다. 어느 날 손님으로부터 전화가 왔다. 상담 예약을 하는 전화였다. 참으로 오래간만에 손님 예약 전화를 받았다. 그날로 손님은 왔다. 아가씨 2명에 어린 남자 한 명이었다. 어떻게 알고 왔는지 어디서 왔는지 그것도 물어보지 않고서 한 명씩 점사를 보기 시작했다. 먼저 아가씨를 상담했다. 상담을 하려고 했는데 내가 말문이 막혔다. 그 아가씨를 보니 신을 모실 사람은 아닌데 머리 위에 잡귀, 잡신이 산발을 하고 앉아 있는 것이었다. 한 5분 정도를 말을 하지 않았다. 나 자신도 마음의 준비를 하고서 말을 했다.

"아가씨 놀라지 마시고 잘 들으세요. 아가씨는 내가 보기에 우리네처럼 신을 모실 사람은 아닙니다."

아가씨는 눈이 동그래졌다. 긴장을 한 것 같았다.

"그런데 아가씨 머리 위에 내가 보기에 잡귀, 잡신이 산발을 하고 앉아 있어요. 그로 인해서 본인의 머리가 항상 아플 것이고, 무슨 생각이 아무 생각도 없을 것이고, 온몸이 아파서 그냥 자고만 싶을 것이고, 누가 말을 해도 잘 들리지 않을 것이고, 속이 항상 울렁거릴 것이고, 결론은 정신이 반은 나간 상태일 것입니다. 지금 온전한 정신이 아니지요?"

아가씨는 눈에 눈물을 글썽거리면서 말했다.

"항상 몸이 아프고 정신이 나간 것 같다는 느낌이 듭니다."

나는 "아가씨 어디서 굿을 하든지 아니면 고사 같은 치성을 드린 적이 없어요?"라고 물었다.

"예, 한 달 반인가 두 달 전에 산에 가서 맞이를 드렸어요."

"그러고 나서부터 지금처럼 정신이 나가고 몸이 아프고 아무것도 하기 싫은 것인데."

아가씨는 잠시 생각하더니, "예, 맞습니다. 그때부터입니다. 사람이 살아도 사는 것 같지가 않고 무엇에 홀린 듯 다니고 있습니다."라고 말하는 것이었다.

"아가씨의 경우에 치성, 즉 맞이를 드리고 나서 잡귀, 잡신이 따라붙은 것이나 다름없습니다. 그러니 덕은 효험은 없고 더 어려울 것입니다."

"예, 맞아요, 선생님."

그렇게 말하면서 아가씨는 결국엔 눈물을 흘리는 것이었다.

"어디를 가면 신굿을 하라는 소리도 나올 수가 있어요. 그러나 내가 보기엔 신을 모실 사람은 아니니 치성을 드려 살을 풀고 잡귀, 잡신을 내쫓는 수밖엔 없습니다. 그래야 본인의 몸과 마음이 편안해질 수 있습니다."

아가씨는 이러지도 못하고 저러지도 못하고 정신이 없는 것 같았다.

"아가씨, 정신 바짝 차려야 합니다. 정신을 바짝 차려야 살 수 있지 그렇지 않으면 정신이 아예 나갈 것 같으니 정신 바짝 차려야 합니다."

이런 경우는 산에서 고사나 치성을 드리고서 잘못된 경우다. 어찌 일을 했는지는 모르지만 마지막에 부정을 잘 처리하지 못한 것이다. 그러니 일을 하고서 덕을 보고 효험을 보는 것이 아니라 탈이 난 경우인 것이다. 다른 아가씨의 상담을 계속해서 했다. 궁금한 것도 많고 물어보는 것도 많은 아가씨였다. 앞에 상담을 한 아가씨와는 친구이고 다른 보살집에 단골로 같이 다니는 아가씨였다. 2명의 아가씨 상담을 마치고서 거실로 나왔다. 그랬더니 어린 남자도 상담을 하고 싶다고 했다.

"어린 사람은 무슨 점을 보려나······. 몇 살인데요?"

"좀 봐주세요. 스물여섯 살입니다."

될 수 있으면 난 어린 사람들은 남자나 여자를 막론하고 점을 보지 않는다. 그들이 궁금해하고 물어보는 것이 대부분 똑같은 경우가 많기에 잘 보지 않는데 어린 남자의 경우엔 신이 보였다.

"본인의 사주팔자는 본인이 알 텐데……."

"예, 그래도 좀 봐주세요."

신당으로 들어갔다.

"본인은 우리네와 같은 팔자입니다. 그리고 법사가 아닌 무당입니다."

무어라고 말하기 전에 그 말부터 해버렸다. 어린 남자는 놀라는 기색도 없고 그냥 덤덤해 보였다.

"혹시 제자가 아닌지?"

"아닌데요."

"그런데 내가 보기엔 신단이 보이고요, 그리고 불사 계열의 할머니가 중앙에 좌정하고 있습니다. 불사 계열의 할머니가 미륵님 줄을 잡고서 오셨네."

어린 남자는 아무런 말이 없었다. 그저 듣고만 있었다.

"신단을 꾸미지 않았나요? 난 벌써 신굿을 한 것으로 보이는데."

"아닙니다. 아직은."

"3년 전부터 벌써 신은 들었습니다. 신굿을 하지 않았다면 힘이 들어 어떻게 살았나요?"

안타까웠다. 어린 남자는 완연한 신의 제자였다. 그런 사람이 그냥 신을 모르고서 살았다면 풀리는 것이 없고 되는 것이 없었을 것이다.

"그리고 본인은 법사가 아니라 분명히 우리와 같은 박수무당입니다. 나중에 신굿을 하더라도 신선생을 잘 만나야 합니다."

그렇게 말했다. 그런데 어린 남자는 아니라고 하지만 자꾸 고깔을 쓰고 있는 할머니가 보였다.

"본인은 신굿을 하지 않았다고 했는데 어찌 자꾸 불사 할머니가 신단의 중앙에 앉아 있는 것이 보이나."

"실은 불사 할머니를 모시고 있습니다."

"신굿도 하지 않고요?"

"예, 아직은 때가 아닌 것 같아서 모시고만 있습니다."

"그럼 3년 전부터 신은 들었는데 어찌 살았나요?"

"3년 전부터 2년 동안 절에서 이런저런 일을 하면서 지냈습니다."

"아, 그랬구나. 잘 들으세요. 본인은 나중에 신굿을 해 제자가 되더라도 우리네 같은 박수입니다. 홍치마에 남쾌자를 입고서 춤을 추면서 굿을 하는 무당의 길이지, 절대로 법사의 길은 아니니 잘 판단하시고서 신의 부모를 만나세요."

그렇게 말하면서 아깝다, 라는 생각이 들었다. 잘만 하면 제대로 불리는 무당이 되겠다는 확신이 들었다.

"그리고 본인이 여자가 아닌 남자이기에 제자의 길이 더 힘이 듭니다. 그러니 잘 알아서 하셔야 합니다. 제자를 하더라도 대충 하는 것이 아니라 제대로 알고서 남들보다 뛰어난 제자가 되어야 살 수 있습니다."라고 충고의 말을 했다.

상담을 하러 온 3명과 이런저런 이야기를 했고 그들이 돌아가게 되었다. 그들은 다음에 한 번 더 온다고 했다. 맨 처음 상담을 한 아가씨는 정신이 거의 없는 상태로 도망치듯 가는 것이었다. 그리고 일주일이 지나 처음에 상담을 했던 아가씨로부터 전화가 왔다. 자기 친구랑 같이 온다는 것이었다. 친구랑 같이 왔는데 같이 온 친구를 보니 우리처럼 무당의 길은 아니더라도 만만치 않은 팔자로 보였다. 상담을 하니 다른 곳에서 한 5년을 다니던 보살집이 있는데 그곳에서 일도 많이 했던 아가씨였다. 결국 신을 받으라고 해서 어찌 해야 될지 모르겠는 참에 처음 상담을 한 친구의, 정신이 나간 사람처럼 다닌다는 상담 내용을 듣고서 다시 한 번 확인을 하러 왔다는 것이었다. 자신이 들어보고서 판단을 하러 왔다는 것이었다. 상담을 하면서 오늘 온 친구는 신을 받을 사람은 아니라고 했다. 그리고 보살집에 5년을 정성껏 다니며 하라는 일은 다했는데 결국은 신을 받게끔 한다는 것이 이해가 안 된다고 했다. 이런저런 상담을 다 마치고 처음에 온 아가씨는 나에게서 살을 푸는 치성을 하기로 했다. 같이 온 친구도 우리 신당에 인사를 다니면 아니 되겠냐고 해서 그리하라고 했다. 3,4일이 지난 뒤에 처음에 온 아가씨가 치성을 했다. 아가씨는 정신이 예전처럼 다시 돌아오고 머리가 맑아지고 아픈 곳이 없게 되었다. 그런 효험을 본 뒤 신당에 자주 오게 되었고, 이런저런 허물이 없게 되었고, 울산에 와서 우리 신당에 드나드는 첫 단골이 되었다. 나중에 이야기를 들으니 이곳에 오게 된 연유가 나를 아는 박수무당이 내가 하는 굿을 산에 기도를 갔다 굿당에서 보았다고 했기 때문이었다.

"이효남이 서울에서 사기를 치고서 해먹을 것이 없어서 울산으로 내려왔다. 얼마나 용한지 점을 보고 오라고 해서 오게 되었다고 했다. 그리고 처음에 올 때 같이 왔던 어린 남자는 그 박수의 신아들이라는 것이었다. 신굿을 하지 않은 것도 거짓말이고 벌써 몇 개월 전에 신굿을 했고 신아버지라는 사람은 나처럼 황해도 굿을 하는 사람이라고 했다. 그래서 나를 잘 안다고 했다. 그래서 신아들이랑 같이 점을 보러 오게 된 것이고 제자인 것을 알아맞힌 것을 알고서 신기하다고 난리가 났다고 했다. 그런데 지금 신아들이랑 신아버지가 같은 신당에서 살고 있다고 했다. 신아들 신당이 다른 지역에 있는데 신아버지랑 같이 지내면서 신아버지 신당에서 점도 보고 손님 상담도 한다고 했다. 그리고 자신의 신명을 모신 신당에는 한 달에 한두 번 간다는 것이었다. 그것은 잘못된 것이다.

신아들을 두었으면 여러 가지 공부를 시키고 신당에 신명을 모셨다면 죽든지 살든지 그 신당에 매달리게 해야 하는데 신아버지와 신아들이 같이 산다는 것은 잘못된 것이다. 신굿을 하기 전에는 같은 신당에 거하면서 이것저것을 가르칠 수 있지만 신굿을 해서 제자로서 자기 신당을 차렸다고 한다면 그곳에 더 신경을 쓰게 해야 하는 것이다. 처음부터 무엇인가 잘못된 것 같은 느낌이 들었다. 그리고 제자냐고 물었을 때 제자라고 했으면 이런저런 조언을 더 해줄 수가 있는데 숨기고 갔으니 그것도 괘씸하고 섭섭한 마음이 들었다. 같은 이북굿을 하다 보면 언제든지 만나게 되어 있는데 그것이 무엇이라고 숨기는지 괘씸하면서 섭섭했다. 처음부터 나와 연결된 단골들로 인해서 나란 사람은 울산에서 사기꾼 무당이라는 소문이 나게 되었고 우습게도 명예훼손으로 고소를 하는 등 시끄러워지게 되는 시작이 되었다.

신의 공수를 거역하지 마라-1

나 스스로가 굿을 할 때 내린 공수대로 하지 않아 크게 낭패를 보고 피해를 본 일이 있다. 앞서 말한 것과 같이 난 신굿을 될 수 있으면 하지 않는 편이고 또 해달라고 하는 사람들도 거의 없는 편이다. 그런 굿은 나하고는 거리가 먼 것 같다. 그런데 내가 특별한 연유로 해서 신굿을 해준 적이 있다. 제자생활 전부터 알고 지내던 형님이 있었다. 그 형님의 조카가 신으로 인해서 크게 어려움을 당하고 있어 신굿을 해주게 되었다. 그 조카는 신으로 인해 정신적으로, 육체적으로 크게 피해를 보았고 결국은 몸을 지탱할 수 없을 정도가 되어 나에게 왔다.

한 사람을 살리고 보자는 심정으로 신굿을 해주게 되었고 그 조카는 가진 것이 없어 멀다면 멀고 가깝다면 가까운 친척에게 도움을 받아 신굿 비용을 마련했다. 신굿 비용을 먼저 나에게 주기 전에 그 친척과 난 두 번의 전화 통화를 했고 한 번의 만남을 가졌었다. 나를 먼저 테스트해보는 자리였다.

그 친척 여자분도 신을 모시고 있었고 신굿을 할 조카와 자신은 가야 하는 길이 틀리기에 다른 선생을 찾던 중에 아는 형님을 통해서 나와 연결이 된 것이다. 신굿을 하기 전에 두 번째 전화에서 신굿을 할 조카의 문제가 아닌 자기 가정사의 문제를 나에게 물어왔다. 난 전화 통화를 하는 과정에서 문제점을 알려주었고 기도를 많이 하라고 조언을 해주었다.

"모시던 신명 가운데 신장님 한 분을 내친 적이 없나요?"

잠시 말을 잊지 못하던 여자는, "예, 있습니다. 전 남편의 집안으로 해서 천문 글을 하시는 신장 한 분을 모셨다가 재혼을 하면서 내쳤습니다."라고 하는 것이었다.

"빨리 그분을 다시 모시세요. 왜냐면 본인의 자식들이 전남편의 소생들이기에 그 신장님에게는 후손이나 마찬가지입니다."

"예, 맞는 말입니다. 제가 큰 잘못을 했지요. 이 일은 아무도 모르는 일입니다. 선생님 대단하십니다."

사연인즉 전남편과 이혼을 하면서 전남편의 집안으로 해서 오신 신장님 한 분을 내몬 경우였고 그러다 보니 자주 자식들에게서 이상한 증상이 나오고 심각한 경우까지 발생하는 것이었다. 인간의 입장에서는 이혼을 하면 끝이라고 생각하지만 조상에서는, 신에서는 끝이 아니다. 더욱이 자식이 있을 경우엔 그 자식은 두 집안의 핏줄을 가지고서 태어나기에 끝내려고 해도 끊어지지 않는 줄이 있는 것이다. 제자들에게 있어서는 더욱 그러하다.

"예, 그렇다면 그 신장님을 어떻게 모셔야 하나요?"

"어떻게 하긴 어떻게 하나요. 아직도 보살님 신당에 그분이 있습니다. 인간이 그분의 물건을 치운 것이지 그분은 뜨지를 않은 상태입니다. 그러니 보살님이 작정을 하시고서 잘못했다고 비시고 다시 모시세요. 그럼 됩니다."

"그럼, 선생님. 우리 조카의 신굿을 해주고서 저의 일을 해주시면 안 되겠습니까?"

"무엇하러 이중으로 돈을 들이세요. 그러지 마시고 자시에 차분하게 마음을 가지시고 사죄하는 기도를 몇 날만 하세요. 그럼 됩니다."

이런 전화 통화를 하게 되었고 결국은 이틀이 지난 뒤에 남편과 자식들과 여자 보살이 신당으로 찾아왔다. 이런저런 이야기를 했고 조카의 신굿을 떠나서 여자 보살의 지금의 남편 일까지 상담을 하게 되었다. 그러는 과정에 난 마음속으로 '이 사람이 제자가 맞나? 5년을 했다고 하면서 모르는 것이 너무 많다'라고 생각했다.

"신굿이 끝나면 기도를 통해서 천문 신장님을 잘 받아 모시세요. 그리고 제가 보기엔 남편분의 조상이 너무 안 좋습니다. 보살님이 나서서 대접을 한번 하세요. 지금 남편분의 조상이 억울하게, 즉 사고로 가신 양반도 있고 좀 지저분합니다."

"예, 맞습니다."

남편이 말했다. 사고로 가신 조상이 있다는 것이었다. 몇 시간의 상담을 마치고서 그들은 돌아갔고 얼마 안 되어 조카의 신굿을 하며 다시 만나게 되었다. 신굿을 통해서 조카는 완전히 딴사람이 되었고 그동안의 가족들 간의 불신이나 싸움이 많은 부분 잠잠해졌다. 그동안 조카는 신이 온 것으로 해서 이리 가고 저리 가서 이런 것도 해보고 저런 것도 해보고 하는 과정에서 더욱 결과가 좋지 않았기에 조카의 아버지는 아예 딸의 신굿에 오지 않는다고 싸움만 났다고 한다. 그러나 겨우 달래어 참석을 시켰는데 그 아버지가 큰 체험을 하고 딸자식이 제대로 되어가는 모습에 그동안의 모질었던 마음이 눈 녹듯 녹고 결국은 나에게 딸자식의 길을 찾아주어서 고맙다고, 앞으로 잘 부탁한다고까지 말하면서 마음을 풀게 되었다. 결국은 신굿이 끝났고 조카의 신굿 비용을 부담했던 친척 부부는 나에게 시간을 내달라고 하면서 자신들 굿을 의뢰했다. 나에게 모든 것을 일임할 것이니 날짜를 정해서 연락만 달라는 것이었다. 친척의 여자도 보살인지라 제자의 진적이나 마찬가지 형식의 일이 되는 것이고 상당히 까다로운 굿에 해당되었다. 즉 전남편의 조상과 지금 남편의 조상 그리고 여자 보살 쪽으로 해서 3부리 조상을 다 대접하는 굿이었다.

"죄송한데 부부간에 결혼은 하셨나요? 재혼에 있어서 법적으로 서류도 다 처리되었나요? 제가 보기엔 따로따로 인 것 같은데……."

"아닙니다. 재혼을 해서 서류상에도 전부 올라가 있습니다."

"그럼, 제가 틀렸나 보네요. 왜냐면 따로따로 되어 있을 경우에 신중해야 합니다. 3부리 조상을 전부 다 할 수는 없습니다. 인간들이야 마음이 맞아서 살지만 조상으로 보면 남남입니다."

그렇게 말하면서도 왠지 기분에는 호적에 올라간 것 같지가 않다는 느낌이 자꾸 들었다.

"먼저 여자분이 제자이기에 전남편의 조상으로 해서 오시는 신장할아버지 그리고 장군님을 잘 받아 모시는 과정에서 해원이 되지 않은 조상은 원을 풀어 해원을 시켜야 하고 신명을 대접하는 것을 우선적으로 해서 일을 추진해야 합니다. 그러다 보면 지금의 남편 조상 쪽에서는 서운할 수도 있습니다. 그러니 잘 생각하세요"

엄밀히 따지자면 일을 두 번 해야 하는 경우다. 전남편의 조상이나 신명을 받아 모시고 해원을 시킬 조상은 해원을 시키고 지금의 남편 쪽으로 해서 합의를 붙여야 하는 경우이기에 한 번에 그것을 다 처리할 수는 없다. 그리고 지금의 남편도 신줄이 분명했다.

나는 "남편분으로 해서도 신명이 있습니다. 우리네 같은 양반이 있습니다. 그 양반을 잘 받아 합의를 잘해야 합니다."라고 말했다. 그러니 남편이 말하길 "저의 친할머니가 무당이셨습니다. 크게 하시던 분인데 저의 어머님이 그 줄을 잡지 않으려고 지금은 교회를 그렇게 열심히 다닐 수가 없습니다."라고 하는 것이었다.

지금 남편으로 해서 친할머니가 무당이었다고 하니 더욱 일을 두 번에 해야 하는 일이지 잘못하면 크게 탈이 날 일이었다. 신굿이 끝나 다른 가족들은 전부 집으로 돌아갔고 우리 일행은 다음 날 계속해서 일이 있기에 준비에 들어갔다. 다음 날 굿에서 내가 굿을 하면서 공수를 내렸다.

"어제 왔던 그 집 굿은 하지 마라. 인간이 서운할지는 모르지만 굿을 하지 마라. 굿하고서 편안하지가 못하고 큰 탈이 날 것이니 하지 마라."

이런 공수가 나오는 것이었다. 아무래도 신딸의 친척 굿을 신명에서는 하지 말라는 것이었다. 나 또한 그런 공수를 내리고서 마음 한편으로 편안하지가 않았다. 그리고 친척인 여자 보살도 굿을 할 날짜를 연락했는데 이렇다는 답이 없었다. 결국은 3일 만에 연락이 왔다. 몸이 너무 아프고 좋지가 않고 신굿을 보러 갔다가 오는 날부터 남편과 싸움이 나고 온몸이 마비되는 증상이 있다는 것이었다. 아무래도 조상에서, 신명에서, 서로의 집안에서 싸움을 하는 경우에 해당이 되었다. 이런저런 일로 인해서 연락을 하지 못했으나 굿은 정상으로 하고 싶다고, 몸이 아프더라도 해야 할 것 같으니 하자고 말하는 것이었다. 굿을 할 날짜는 2일밖엔 남지 않았는데 준비를 하려고 하면 이래저래 밤을 새워야 하는 형국이었다. 결국 친척 부부가 있는 지방으로 밤에 움직여야만 했다. 그날 밤 12시가 되서어야 그 집에 도착했고 여자 보살의 신당을 들어가보니 이것은 신당의 모습이 아니었다. 남편과 함께 사업을 해서 집은 상당히 부잣집으로 보였지만 신당은 어디 버려도 가져가지 않을 정도로 초라한 것을 떠나서 신을 아는 것인지 의문스러웠다. 더욱 놀란 것은 밑에 지방제자들이 굿을 할 때 굿당에 거는, 조상들을 해원할 때 사용하는 종이로 된 십대왕부터 별의별 것들이 다 걸려 있는 것이었다.

"이런 것들은 신당에 걸어 놓는 것이 아닙니다. 굿을 할 때 조상들을 천도 해원할 때 쓰는 것들인데 이곳에 걸려 있으니 귀들은 계속해서 이곳에 머물 것이고 집안은 시끄러울 것입니다."

"다 태워버려야 합니다. 그리고 목을 매 죽은 조상이 있네요. 신당에 들어가는 방문 입구에 떡하니 걸려 있네요."라고 말하니 "예, 저희 집안으로 해서 있습니다."라고 여자 보살이 말하는 것이었다.

"지금 집 안에 온통 조상인지 귀신인지 모를 정도로 여럿이 있습니다. 그런 느낌이 들지 않았어요?"

"예, 늘 이상한 느낌이 있습니다. 2층으로 올라오는 계단에도 무엇인가 있는 것 같고······."

이번엔 남편이 이야기했다. 그리고 신당에서 잠시 축원을 해보니 정리 정돈도 되어 있지 않지만 신에서 공수를 내리길 지금 모시고 있는 지장보살이나 석가모니 불상에 점안이 되어 있지 않다는 것이었다.

"지장보살과 석가모니 불상에 점안이 되어 있지 않네요. 눈먼 봉사를 모신 것이나 마찬가지네요. 아직은 때가 아닌 것 같으니 밖으로 내모시는 것이 좋을 것 같습니다."

부부는 내 이야기를 듣고서 자신들도 불상을 보고선 놀라는 것이었다. 불교상에서 가져올 때부터 잘못된 것이었다. 그것을 모르고서 그저 모신 것이나 마찬가지였다.

"예, 선생님 말씀처럼 눈먼 봉사네요. 일을 하면서 같이 처리해주시길 부탁드릴게요."

그리고 나서 거실에서 커피를 한 잔씩 했다. 휴식을 취하면서 남편의 일을 이야기했다. 굿을 구경하고 오는 날부터 오늘 아침까지 술을 먹고서 난리가 났다는 것이다.

"본인에게 무당을 하셨던 할머니가 실리셔서 그런 것입니다. 남편분 할머니가 살아생전에 술을 많이 하셨고 성격이 남자 성격이 아니었나요?"

"예, 맞습니다. 완전히 남자에다가 술을 그렇게 좋아했고 저의 어머니를 많이 힘들게 하셨습니다. 그래서 어머님은 지금도 무당이라고 하면 치를 떨고 그것을 계기로 교회를 죽어라고 다니면서 가족들 전체를 교회에 나가게 했습니다. 가족들 중에 저만 나가지 않고 있습니다."

남편은 가끔 할머니가 실린다고 했다. 그렇게 되면 성격이 포악해지고, 난리가 나고, 술만 먹게 되고, 술을 먹으면 인사불성이 되어 무슨 행동을 했는지 모르게 된다고 했다.

"이렇게 된 것 어쩔 수가 없습니다. 전남편 조상들 잘 해원하고 지금 남편 분의 조상 중에 사고로 크게 다쳐서 가신 형님 조상을 잘 풀어드리고 무당을 하셨던 할머니를 잘 모셔드리는 수밖에 없습니다. 신명에서, 조상에서 잘 합의가 들어야 합니다."

"그러는 과정에서 이쪽이나 저쪽이나 서운한 조상이 있을 수도 있습니다. 그러나 두 번을 해야 할 일을 한 번에 하는 것이니 신명 위주로 하고, 억울하게 죽은 조상 위주로 한을 풀어드리는 것으로 하지요."

모든 이야기를 끝내고 난 새벽에서야 그 집을 나왔고 울산으로 올 수가 없었다. 지금이 새벽이니 오늘 저녁에는 굿당에 들어가서 굿을 준비해야 했다. 그러려면 필요한 물건들을 준비해야 하기에 부산으로 곧장 내려갔다. 아침에 부산에서 물건을 준비하고 울산으로 와서 오후에는 굿당으로 들어가야만 했다. 조상을 대접하고 신명을 모셔야 하는 복잡한 일이기에, 앉은 법사를 모셔서 먼저 앉은 경문으로 굿을 시작해야 하기에, 그날 밤부터 굿이 진행이 되어야 하기에 시간이 없었다. 쉽게 말해 번갯불에 콩 구워 먹어야 할 지경으로 급히 진행을 해야 했다. 시간이 없으면 없는 대로 그래도 모든 것이 준비가 되었다. 그날 밤 굿을 할 가족들이 왔다. 조카의 신굿 때처럼 대가족이 왔다. 그런데 굿을 하는 집의 보살의 옷차림이나 여러 가지 모습이 나의 눈에 거슬렸다. 나보다 나이가 어린 사람이라면 당장에라도 욕이 나올 지경의 모습이었다. 화려한 옷을 입은 데다 자기 자신의 신명을 모시는 일이나 마찬가지인데 한복도 없었다. 결국은 조카의 한복을 빌려 입어야 했고, 발목에는 요즘 유행하는 발찌를 하고 있지를 않나 굿상이 차려진 방에 양말도 신지 않은 채 그냥 들어와서 인사를 하지를 않나 가관도 그런 가관이 없었다. 양말이라도 챙겨서 신으라고 하니 그 양말도 비서를 시켜서 가져오게 하고, 대단한 사람들이었다. 지금껏 5년간 신을 모신 보살이라고는 하지만, 신에 대한 이런 것 저런 것을 모르는 것은 어쩔 수가 없지만, 지금의 남편과 사업에만 신경을 썼지 왜 신을 모신 것인지 그 이유를 모를 지경이었다. 결국은 사업을 위해서 신을 이용하는 것이나 마찬가지인 사람이었다.

신의 공수를 거역하지 마라-2

다음 날 이른 아침부터 굿은 시작되었다. 이번은 조상을 대접하는 것도 하는 것이지만 신을 위한 진적 굿이나 마찬가지였다. 먼저 일월을 맞는 것부터 굿을 시작했다. 여자 보살에게 일월을 맞을 신복을 입히고 신을 맞으라 했다. 우리 굿에선 일월을 맞을 때 춤을 추면서 놀다가 어느 순간 동이항아리에 올라오시는 신명을 받아 호명을 한다. 그런데 그 여자 보살은 신의 이름조차도 모르고, 누가 오는지도 몰랐다. 그 여자 보살은 이제 신굿을 한 사람보다도 더 모르는 보살이었다.

일월을 맞는 굿이 끝나고 나서 내가 산천거리를 했다. 그러면서 신에 대한 공수도 내렸지만 남자 대주로 해서 사업 쪽으로 공수가 나왔다. 그러니 남자보다 여자가 더 관심을 가지고 듣고 잘되게 해달라고 비는 것이 아닌가. 사업이 잘되자고 하는 굿인지 신을 위해 대접을 하는 굿인지 도저히 감을 잡지 못하는 것 같았다. 그러면서 계속해서 굿은 진행이 되었고 결국은 오후에 사건은 터지게 되었다. 사건이 터지기 전에 먼저 오늘 굿을 하는 중요한 목적인, 여자 보살에게 있어서 새로 모시는 신명을 잘 받아 놀아드려야 하는 과정이 시작되었다. 그런데 여자 보살은 시원시원하게 노는 것도 아니요, 이렇다 할 공수도 내리지 못하는 것이었다. 그러다가 결국은 자신의 죽은 자식, 몸이 아파서 다섯 살에 죽은 아기가 실려 실컷 울고 하더니 자신의 딸에게 몇 마디 말만 하고 끝내는 것이었다. 그러다가 남편인 대주 쪽으로 해서 무당을 하시던 친할머니를 놀리게 되었다. 그런데 할머니가 실리자 남편에게 성질을 내기 시작했고 술을 달라고 난리가 났다. 나중에 작두도 타야 하는 사람이 술을 달라고 하니 답답한 노릇이었다. 그리고선 대주에게, 즉 남편에게 가서는 욕을 하면서 어머니를 데려오라고 난리를 피우는 것이었다.

"야, 네 어미 어디 갔냐?"

"야, 네 어미 데려와 당장!"

"모가지를 비틀어서라도 당장 내 앞에 데려와!"

이렇게 말하면서 난동을 부리는 것이었다. 아무리 조상이 실리고 신이 실렸다고 해도 대주에게 험하게 그것도 많은 사람들이 보는 가운데 그렇게 험하게 말할 수는 없다. 우리 제자들도 굿을 할 때 공수를 내리지만 성질이 난다고 해서 굿을 하는 집에 함부로 해서는 아니 된다. 특히 욕이나 모욕적인 말투나 무시를 하는 말투를 써서는 아니 된다. 아무리 성질이 난다고 해도 적절하게 누를 것은 누르고서 차분하게 공수를 내려야 하는 것이 제자인데 여자 보살의 경우 내가 보아도 좀 심하다 싶을 정도였다.

그래도 대주가 잘 참고 넘어가는 것이 보였고 다행이라고 생각했다. 그런데 잠시 후 신에서 왜 이 굿을 하지 말하고 했는지 그 답이 나오기 시작했다. 여자 보살은 전남편의 조상에서 오시는 천문신장 할아버지를 받고 그리고 장군을 받아 작두를 타기로 되어 있었다.

작두를 처음 탈 경우에 굿을 주관하는 경관만신이 먼저 타고 그다음에 작두를 타기로 한 제자가 작두를 타는 것이다. 그래서 작두굿을 하기 위해 내가 경관만신인 관계로 청배를 하기 시작했다. 그런데 청배를 하는데 가족들이 아무도 들어오지 않는 것이었다. 오늘 굿을 하는 집의 대주인 남편도 그리고 여자 보살도 들어오지를 않는 것이었다. 청배를 멈추고서 굿을 중단했다. 밖에서 난리가 난 것이다. 대주인 남편이 굿을 하지 않겠다고 밖에서 다른 가족들과 언쟁을 하면서 성질을 내고 있다는 것이었다. 밖으로 나가 보니 대주는 보이지 않았고 여자 보살은 나에게 미안해하면서 지금부터는 대주 쪽 조상을 위해서 굿을 해달라는 것이었다. 대주가 자신이 돈을 들여서 굿을 하는데 자기네 조상은 없고 자신과 상관없는 조상들만을 위해서 굿을 한다고 성질이 났다는 것이었다. 그리고 별비, 즉 굿을 할 때 들어가는 뒷돈 때문에도 성질이 났다는 것이었다.

굿을 하면서 사업이 잘되게 해달라고 별비를 잘 내더니 그것도 탈을 잡기 시작을 했다는 것이었다. 일단 굿은 중단이 되었고, 남편이 있는 곳으로 가보니 얼마 전에 신굿을 한 신딸의 아버지와 비서 한 명이 그리고 내가 굿을 할 때 모시는 선생님이 같이 모여 이야기를 하고 있었다. 가서 달랠 수밖엔 없었다. 굿을 하다가 이렇게 중단을, 중지를 시킬 수는 없는 노릇이었다. 대주를 달래고 달래어 굿은 다시 시작이 되었다. 대주를 달래는 과정에서 부부는 재혼을 하지도 않았고 호적에 올라가지도 않았다는 것이 밝혀졌다. 나에게 거짓말을 한 것이 들통이 났다. 그렇지만 난 모른 척할 수밖에 없었다. 어찌 되었든지 내가 경관무당이고 만신이기에 이 굿을 무사하게 잘 마무리를 짓는 것이 중요했다. 결국은 내가 먼저 작두에 오르고서 오늘 굿을 하는 여자 보살을 작두에 올렸다. 그나마 다행인 것은 여자 보살이 작두를 차분하게 잘 타는 것이었다. 사고나 실수도 없었다. 그런데 그 중요한 작두굿에서 장군님이 실려 내리는 공수 한마디에 난 희비가 교차했고 다른 제가들에게 창피함을 감출 수가 없었다.

"돈 많이 벌게 해주마."

그 말이 작두 위에서 나올 말인지 난 아직도 이해가 되지 않는다. 그 말이 나오는 순간 구경을 하던 다른 제자들이 뒤에서 웃는 모습이 보였고 저것도 제자인지 의아해하는 모습들이었다. 결국은 그 여자 보살이 잘못된 것이 아니라, 나는 구경을 하는 다른 제자들이 '이효남이 돈 때문에 아무런 굿이나 마구 하는구나, 웃기지도 않는다' 그렇게들 말하는 것 같아 창피해서 고개를 들 수가 없었다. 그다음에 내리는 공수들은 아예 내 귀에 들어오지도 않았고 빨리 작두에서 무사하게 내려오기만 바랄 뿐이었다. 작두굿이 끝나고 대감굿도 끝나고 이제 조상굿만 하면 오늘 굿판은 끝이라는 생각만 들었다. 그런데 조상굿을 하기 전에 또 사건이 발생했다. 대주가 무엇 때문인지 또 굿을 하지 않겠다는 것이었다. 대주에게 가보았다. 이번에는 무엇을 가지고서 난리가 났는지 알아야 했다.

"저 여편네 이젠 지긋지긋합니다."

"무슨 말씀이세요?"

"내가 어디까지 참아야 하고 어디까지 해주어야 하는지 이젠 지긋지긋합니다."

대주는 지금까지 참아 왔던 울분을 나에게 터뜨리는 것 같았다.

"내가 5년 전에 신굿까지 해주었습니다. 그리고 오늘도 내 돈으로 굿을 하고요. 그런데 우리 조상은 뭡니까? 이젠 지긋지긋하고 같이 살기가 싫습니다."

대충 그런 이야기였다. 그래도 조상굿은 하고서 굿을 끝내야 하기에 대주를 달래어 조상 상에 촛불만 켜고 절만 하고서 나오라고 사정했다. 대주는 못 이기는 척 나의 말을 따라주었다.

"이번 조상굿은 대주 쪽으로만 하세요. 그리고 대주님만 참석하고 다른 분들은 들어오지 마세요."

대주가 원했기에 난 그렇게 말하고서 굿을 진행시켰다. 굿이 원활하게 흘러가는 것 같기에 난 잠시 담배를 피우려고 다른 방으로 갔다. 담배를 한 대 피우고 있는데 밖에서 큰 소리가 나는 것이었다. 난 설마하니 우리 굿방에서 난리가 난 줄은 몰랐다. 다른 곳에서 싸움이 난 줄 알고 밖으로 나가보니 우리 굿방에서 그런 것이었다. 대주가 밖으로 나와서 큰 소리를 치면서 또 난리를 피우는 것이었다. 참으로 힘이 든 굿판이었다.

"야, 너 뭐야. 씨발년아, 넌 며느리 아니야. 시집 조상굿을 하는데 들어오지도 않고 코빼기도 보이지 않아?"

대주가 부인인 여자 보살에게 욕을 하면서 트집을 잡고 있었다. 좀 전까지만 해도 아무도 못 들어오게 하더니 이제는 며느리가 들어오지도 않는다고 트집을 잡아 고래고래 소리를 지르고 욕을 하면서 굿당을 시끄럽게 하고 있었다. 결국은 나오지 말아야 할 소리까지 나오게 되었다.

"이 굿은 사기야, 이굿은 사기야, 다들 사기꾼이야."

오늘 굿은 사기라고 하면서 부인에게 굿비를 돌려받아 오라고 난동을 부리는 것이었다. 그리고 더욱 가관인 것은 조카의 신굿을 할 때 들었던 돈까지 받아 오라고 소동을 피우는 것이었다. 2개의 굿비를 가져오면 집으로 들어오고 그렇지 않으면 죽을 줄 알라고 소리를 지르는 것이었다. 굿을 하던 제자나 일을 진행하던 사람들이나, 나를 포함한 모든 사람들이 어이가 없었다. 결국은 불똥은 나에게 튀었다.

"이효남 씨, 이 굿은 사기이니깐 굿비 돌려주쇼."

"당장 굿비 돌려주면 가겠다."

"이 굿은 사기다. 도저히 용납을 할 수가 없고 우리 조상을 모독했다."

결국은 모든 것에서 트집을 잡기 시작했다. 별비를 많이 받았다, 없는 조상을 모독했다, 깨끗한 자기 조상을 욕되게 했다, 별의별 트집을 다 잡기 시작하는데 감당을 할 수가 없었다. 대주가 난동을 부리는데 가족들은 아무도 말을 할 수가 없을 정도였다. 평소에도 대주가 술을 먹고서 난동을 부리면 그 정도가 심하다는 것은 들어서 아는 것이었지만 심해도 막무가내로 심했다. 나에게 굿이 잘못되었으니 굿비만 달라고 재촉을 했고 결국은 나중에 결론을 짓기로 하고 새벽 2시가 되어서야 일이 마무리가 되었다. 난 굿이 잘못된 것을 떠나 나 자신이 부족해서 이런 일이 발생했다고 스스로는 감당해도 울산

지역에서 뜻도 모르고 사건의 내용도 모르고 이효남이 사기 굿을 하다가 잘 못되어 뒤집어졌다고 남의 말 하기 좋아하는 제자들 입방아에 오를 것을 생각하니 눈앞이 캄캄해져왔다. 그날 밤은 그냥 굿당에서 잠을 잤다. 새벽 2시에야 일이 끝났는데 몸과 마음이 탈진한 상태인지라 도저히 집으로 올 여력이 없었다. 다음 날 오전에 집으로 왔다. 힘이 하나도 없었다. 신에서 왜 이 일을 하지 말라고 했는지, 그리고 탈이 날 것이니 이번 굿은 하지 말라고 한 뜻을 알 것 같았다. 그러나 이것은 시작에 불과했다. 오후에 대충 정리가 되어 제자들과 차를 한 잔 하고 있었다. 그런데 조카인 신딸에게서 전화가 왔다. 오늘 새벽부터 난리가 났고 지금까지 부부가 싸우고 있으며 결국은 대주가 부인에게 칼을 들이대면서 죽으라고 협박까지 하는데 자신이 그곳에 가야 하는지 말아야 하는지 모르겠다는 것이었다. 잠시 후 부인에게서 또 전화가 왔다. 새벽부터 싸움을 하는 것이 아니라 일방적으로 당하고 있고, 대주가 칼까지 자신 앞에 놓고서 협박을 하고 있다는 것이었고, 이효남이는 왜 집으로 돈을 가지고 오지 않느냐고 난리가 났다는 것이었다. 그러면서 술에 취한 대주를 절대 그곳에 못 가게 할 테니 나도 그 집으로 절대로 지금은 올 생각을 하지 말라고 당부하는 것이었다. 대주가 하는 말이 내가 돈을 가지고서 집으로 찾아오기로 했는데 왜 오지를 않느냐고 부인에게 난동을 부리면서 칼까지 부인 앞에 놓고서 협박을 한다는 것이었다. 사람이란 것이 느낌이 있고 특히 신을 모시고 있는 제자인지라 느낌이 이상했다. 아무래도 당분간은 집을 피해야겠다는 생각이 들었다. 신당으로 들어가서 기도를 했다. 빨리 피신을 하라는 뜻이 나왔다.

"3,4일간 신당을 피해라. 그러면 해결이 될 것이다."

그런 답이 나오자마자 집을 대충 정리하고서 친구가 있는 부산으로 도망가다시피 했다. 부산으로 갈 동안 여자 보살과 대주의 전화와 신딸인 조카의 전화가 연달아 내게 걸려왔다. 부산에 가서 통화를 했다. 그런데 여자 보살이 나와 신딸을 전부 속인 것이 드러났다. 대주를 절대로 울산으로 오지 못하게 하겠다고, 나보고 절대로 자기네 집으로 오지 말라고 당부했던 사람이 대주와 비서들까지 데리고서 우리 집으로 왔고, 집 앞에서 전화를 하는 것이었다. 전화 목소리를 통해서 들려오는 대주 목소리로는 난리도 아닌 것 같았다.

난 전화를 끊고서 어디까지가 이 사람들의 진실이고 어디까지가 거짓인지 궁금했다. 그 뒤로 며칠간 전화를 받지 않았다. 그날부터 우리 신당 앞에는 흥신소 사람들이 와서 스물네 시간 대기를 했고 나의 전화에는 온갖 협박과 욕설이 음성으로 남겨졌다. 죽인다는 소리부터 공권력을 사용하겠다, 자신들한테 잘못 걸렸다, 등등의 욕설과 협박이 3,4일간 계속 대주와 여자 보살의 음성으로 녹음이 되었다. 결국은 당분간 신도들에게도 신당으로 오지 못하게 연락을 취했다. 그러면서 나 자신이 한심스럽기도 하지만 사람들이 해도해도 너무 한다는 생각이 들었고 참으로 사람이 무섭다는 생각만 들었다.

신은 이것을 먼저 알았기에 나에게 공수를 통해서 절대로 이번 일을 하지 말라고 했는데 제자인 나의 욕심이 앞선 것인지 아니면 나의 팔자가 그런 것인지 제자로 하여금 참담한 기분이 들 정도로 만들었다. 결국은 4일이 지난 뒤에 비서를 통해서 연락이 계속적으로 왔다. 여자 보살이 온몸이 아프다는 것이었다. 제발 통화만이라도 해달라는 부탁의 연락이 왔다. 그들에게도 신의 벌전은 있는 것인지 여자 보살이 팔다리에 마비가 오고 딸의 심장이 아파온다는 것이었다. 이 일을 해결할 사람은 나밖에 없으니 도와달라는 것이었다. 제자인 것을 떠나서 돕고 싶은 마음이 전혀 들지 않았다. 제자인 내가 이렇게 당하는데 그렇게 만든 사람들도 당해야 한다는 생각만 들 뿐이었다. 여자 보살의 병세는 점점 악화되어가고 대주는 술을 먹고서 기존에 모시고 있던 신당을 다 박살을 냈다는 것이었다. 그곳에 있는 산신 동상이고 지장보살 동상이고 신당 전체를 다 부수었다는 것이었다. 그렇게 되어 대주 또한 허리가 마비되었다는 것이었다. 우리 신당 앞에 신도 가게가 있다. 그곳에 여자 보살과 보살의 딸 그리고 비서가 찾아와서 나랑 통화하게 해달라고 부탁한다는 것이었다. 제발 사람만 살려달라는 것이었다. 온몸이 마비되어 움직일 수가 없을 정도라는 것이었다. 통화를 했다. 그리고 이틀 뒤에 지방에서 만나기로 했다. 결과는 어떻게 될지 문제가 잘 해결이 될지 아무도 아무것도 모르는 상황이었다. 신의 공수를 거역한 죄를 통해 난 참담한 상황까지 내몰렸지만 그래도 신이 도와서 그런 것인지, 아님 그들이 신의 벌전을 받아 그런 것인지 어떻게든 해결이 날 상황으로 보였다. 하지만 난 이번 일을 계기로 나와 필요 없는 인연들이 하나 둘씩 보이기 시작했다.

신의 공수를 거역하지 마라-3

　이틀 뒤에 여자 보살이 사는 지방으로 가기로 하고 전화를 끊었다. 신도를 통해서 들어보니 흥신소 사람들은 전화 통화가 끝난 뒤에 철수했다고 한다. 대주나 여자 보살은 내가 신당에 있으면서 문을 열어주지 않는 것으로 오해를 했고 신당에 없다는 말을 믿을 수가 없었다는 것이었다. 그래서 사람들을 시켜서 그리고 자신들이 계속해서 신당 앞을 지키고 있었다는 것이었다. 이틀 뒤에 그들을 만나기로 한 지방으로 갔다.
　나와 같이 일을 한 제자들과 신딸도 같이 갔다. 그런데 여자 보살이 자신을 다른 곳에서 먼저 만나자는 것이었다. 자신도 그날부터 계속해서 집에 들어가지 않고 밖에서 생활했고 남편이 무서우니 먼저 우리 일행을 만나 이야기를 끝내고서 남편을 만나러 가자는 것이었다. 지방의 호텔 커피숍에서 만났다. 우리 일행이 그곳 커피숍에서 기다린 지 한 시간이 지나서야 여자 보살이 오는 것이었다. 여자 보살도 많이 시달렸는지 아니면 몸이 아픈 것인지 초췌한 모습이었고 누가 잘못했다 잘했다를 따지지 말고 일을 잘 처리하려면 남편 비위를 맞추어 잘 수습해야 한다는 것이었다. 나에게 부탁한다는 것이었다.
　남편과 대립하지 않고 그저 이번 일이 잘 해결되게끔 도와달라는 것이었다. 내가 지방으로 여자 보살이나 대주를 만나러 온 것은 일을 잘 해결하러 온 것도 있지만 말로써 해결이 되지 않는다면 나 또한 고소를 하든지 고소를

당하든지 법적으로 하자는 생각이었다. 그런데 여자 보살을 만나 그녀의 이
야기를 들어보니, 무조건 자기네 쪽이 잘못했으니 도와달라는 것이었다. 여
자 보살의 이야기를 들으면서 참으로 불쌍하다는 생각이 들었다. 이렇게까지
하면서 무엇 하러 대주와 사는 것인지 이해가 되지 않았다. 전남편에게 매 맞
고 살다가 전남편과 이혼하고서 다른 사람을 만났더니 그 사람은 더 심한 사
람이었던 것이다.

 사람의 사주팔자라는 것이 타고난 것인데 그 사주팔자 중에 나쁜 부분이
있을 경우 그것을 다 바꾸어내지 않으면 결과는 늘 같다. 여자 보살의 사주팔
자에 남편 복이 없고 맞고 사는 사주팔자이다 보니 그 업을 다 소멸하지 않은
상태에서 다른 남편을 만난다고 해도 결과는 더 좋지 않을 뿐이었다. 우리네
인생사 사주팔자도 그런 경우가 많다. 그래서 내가 타고난 사주팔자 중에 나
쁜 업을 다 소멸해야지만 새로운 인생을 살 수 있는 것이다.

 대주가 있는 집으로 갔다. 대주는 거실 의자에 앉아 자신이 어느 나라 왕이
라도 된 듯이 무게를 잡고서 아는 척도 하지 않는 것이었다. 인상만 쓰고 있
었다. 먼저 인사를 하고서 신당이 있는 2층으로 갔다. 신당 방문을 여는 순간
그곳에 있던 모든 사람들은 기절할 뻔했다. 난장판이란 말로 표현이 되지 않
을 정도로 신당 안은 폭탄이 떨어진 전쟁터와 같은 처참한 모습이었다. 산신
동상은 팔이 부러져 있었고 지장보살 동상은 중간 부분이 박살이 나서 속 안
이 다 보일 정도였다. 그러니 다른 물건들은 오죽하겠는가. 방 안은 온통 유
리 파편에 발을 디딜 자리가 없을 정도였다. 한마디로 경악이라는 말이 생각
이 났고 그다음엔 이 벌을 어떻게 받을 것인가 그 생각만 났다. 거실에 앉아
있는 대주란 사람이 사람으로 보이지가 않고 귀신이나 짐승으로 보였다. 모
든 것을 떠나서 내가 달려가서 멱살이라도 잡고 죽이고 싶은 심정이었다. 내
마음도 이런데 신의 마음은 어떨까, 답이 나오지 않을 정도였다. 나와 일행은
다시 거실로 내려왔다. 앞서 여자 보살이 말한 부분도 있어서 차분한 마음을

가지려고 노력했다. 대주와 얘기를 해보니 대주는 이효남이란 제자가 잘못한 것은 없는 줄 안다, 그런데 선생을 잘못 썼다, 그런 선생을 썼다는 데 화가 나서 그 선생에게 직접적으로 사과를 받고 싶다, 라는 식으로 트집을 잡기 시작했다. 계속해서 말이 반복되고 서로가 타협점을 찾을 수 없을 것 같았다. 다른 사람을 떠나서 나 자신이 그 굿판의 경관제자이기에 내가 결말을 지어야 했다. 대주에게 이것저것 따지고 가리지 않고 무릎을 꿇었다. 그저 용서만 해달라고 빌었다.

이 모든 일에 이효남이란 사람의 잘못이 크니, 무조건 이효남이란 사람 살려주는 셈 치고 용서해달라고 빌었다. 그러길 20여 분. 대주의 마음이 많이 풀리는 것 같았다. 큰 것을 위해서, 원만한 해결을 위해서 자존심이고 뭐고 나를 버려야 하는 순간이었다. 그렇게 하니 대주의 마음이 풀렸고 모든 것을 없던 일로 하게 되었다.

아직 끝이 난 것은 아니다. 여자 보살의 신당을 다시 정리해주고 마무리를 해야 했다. 그래야 모든 것이 다 끝나고 이 일에서 내가 해방이 될 수 있는 것이다. 돌아오는 길에 마음이 착잡했다. 제자생활 중에 남에게 무릎을 꿇어본 적이 없는 사람이었는데 굿이 잘못되어 이렇게까지 해야 하나, 라는 생각에 울고라도 싶은 심정이었다. 여자 보살에게서 문자가 왔다. '너무 고맙습니다. 그리고 오늘 일로 마음에 상처가 없었으면 합니다'라는 문자였다. 아무런 생각도 하고 싶지가 않았다. 같이 간 일행들도 없었던 일로 생각하라고 했고 잘했다는 말로 날 위로했다. 모든 것은 다 신의 공수를 거역한 나의 잘못인 것으로 생각하고 싶었다. 이틀 뒤에 난 다른 제자와 그리고 신굿을 한 신딸과 함께 그들이 살고 있는 지방으로 다시 갔다. 그들, 즉 여자 보살의 신당을 다시 꾸며주기 위해서 가는 것이다. 가는 도중에 나는 인연이란 것도 다 신의 뜻이 있어야 하고 우리네 인정보다도 더 중요한 것은 신의 인연이라는 것을 철저하게 깨닫게 되었다. 나중에 다시 지면을 통해서 밝히겠지만 신의 제자의 길에 있어서 아무리 같이 오랜 시간을 보냈다고 해도 신의 인연이 끝나면 인간의 인연도 당연히 끝난다는 것을 깨닫게 되었다. 신에서 바라고 원하지 않는 인연은 반드시 그 끝이 보인다는 것을 알게 되었다.

아무튼 인연이란 것에 대해 이런저런 생각을 하면서, 아무리 인간세상에서 형과 동생 사이로, 형제 같은 제자 사이로 지냈다고 해도 신명에서 '아니다' 라고 정해졌다면 그땐 서로가 다른 길을 걷는 것이 좋다는 생각이 강하게 들었다. 그렇지 않고 인간의 정에 의해서 그 인연을 계속 유지한다면 나중에 심적으로, 정신적으로 큰 상처만 남게 된다.

여자 보살과 대주가 살고 있는 지방으로 왔다. 다시는 오고 싶지 않은 곳이지만 그래도 일을 마무리 지어야 하기에 왔다. 그곳에 가니 다른 이들도 와 있었다. 그날 굿에 왔던 몇몇 사람도 보였다. 무엇을 하러 왔는지 무엇이 볼 것이 있어서 왔는지……. 신당을 정리하고 축원을 하고 그리고 이런저런 공수를 내리고 하다 보니 시간은 어느덧 밤이 되었다. 저녁을 대접하겠다고 했지만 그냥 와버렸다. 그들과 함께 밥을 먹다가는 체하지 않으면 다행이란 생각이 들었고 이틀 뒤면 무당에게 있어서, 모든 제자에게 있어서 가장 중요하다고 하는 칠석날인데 삼계탕에 닭백숙을 주문해놓았다는 것이었다. 그들이 모르는 것이 많다고는 생각했지만 그래도 5년간 제자를 했다고 하는 사람이, 보살이 어떻게 칠석날을 앞두고 비린 음식을 대접한다고 하는 것인지 답이 나오지 않았다.

제자에게는 일반인들과 다르게 스스로 금해야 하는 것들이 많다. 평소에는 그 음식을 먹는다고 해도 어느 시기 어느 때가 되면 금욕적인 생활을 해야 하기도 한다.

"내일모레면 칠석날인데 어찌 닭 같은 비린 음식을 먹을 수가 있겠습니까? 그냥 대접받은 것으로 하겠습니다."

돌아오는 길에 마음은 피곤해도 그래도 모든 일이 원만하게 해결이 된 것 같아 다행이란 생각이 들었다. 그러나 그 일로 인해서 난 한 달이 넘게 일이 없었고 손님이 없었다. 원인은 굿을 한다고 했지만 굿이 완전하게 끝이 나지 않은 상태여서 그 집 조상들이 허공에 떠 있기 때문이었다. 누가 잘못을 했든 간에 내가 경관제자이다 보니 모든 화살은 내게 돌아오는 것 같았다.

우리네 제자들 모두가 그러한 것은 아니지만 나 같은 경우엔 유달리 인간으로 인한 동토와 탈이 심하다. 다른 제자들처럼 나무가 잘못 들어서 나는 목신 동토에, 돌이 들어서 나는 석신 동법에, 초상을 치르거나 초상집에 갔다 온 것으로 인한 상문 동법에, 벽을 고쳐서 나는 동법들까지, 이런저런 동법이나 동토가 많지만, 나는 다른 것에는 그렇게 큰 탈을 보이지 않아도 인간으로 인한 동법은 참으로 오래가고 심한 편이다. 인간으로 해서 나 자신이 상처를 받으면 신명에서도 등을 돌리는 것인지 아니면 상처를 받는 것인지 그 탈이 오래간다. 이번에도 그런 경우에 해당이 되었다. 또 다른 하나는 그 집 조상에 의한 탈도 있었다.

결국 다시 한 번 용궁에 있는 선황을 찾아 그 집 조상을 풀었다. 일이야 어찌 되었든지 모든 것을 제자의 탈로, 제자의 잘못으로 인정하고 그 집 조상을 다시 한 번 풀었다. 그리고 나서야 나의 막혀 있는 듯한 숨통도 트였고 신명과의 교류도 다시 원활하게 되는 것을 느꼈다. 흔히 굿을 하고서 제자나 굿을 한 집이 시원하게 풀리지 않고 막히는 경우가 있다. 그럴 땐 마지막으로 일을 한 집의 조상을 다시 한 번 점검하는 것이 상당히 중요한 해결점이다. 그 집 조상이 해원이 되지 못하고 허공에 떠 있는 것으로 보인다면 즉시 선황으로 가든지 아니면 산을 가든지 용궁을 가든지 해서 풀어야 한다. 그래야 제자는 다시 신명의 일을 할 수 있다. 난 이 일을 계기로 다시 한 번 신명 공수의 무서움을 느꼈다. 신명에서 하지 말라는 일은 하지 말아야 한다. 그러나 제자들이 욕심에 의해서 그 일을 한다면 반드시 그에 해당하는 벌전이 나온다는 것을 뼈저리게 느끼게 된다. 제자가 믿을 것이야 신명밖에 더 있는가. 그러나 나도 인간인지라 신명보다는 사람에게 먼저 마음을 주고 신경을 쓰게 된다. 그러나 그런 것들이 곧 얼마 지나지 않아 부질없는 일이라는 것을 알게 된다.

그로부터 8개월 뒤에 그 여자의 친딸이 나를 찾아왔다.

나는 엄마와 김 이사는 어떻게 하고 딸이 찾아왔는지 그것이 놀랍고 궁금했다. 그 딸은 재혼한 엄마의 남편인 김 이사를 아버지라 부르지 않고 김 이사로 호칭했다. 딸이 나를 찾아온 사연인즉 굿을 하면서 내가 내린 공수가 모든 것이 정확하게 다 맞았고, 가정부 또한 조심하라 했는데 그 부부는 가정부를 통해서 무슨 일을 진행하다 크게 사기를 당했다고 했다. 그리고 지금 현재 엄마와 김 이사는 구치소에 수감이 된 지 몇 개월이 되었다고 했다. 방송 뉴스에 그리고 인터넷에 크게 기사가 나왔다고 하면서 나더러 보지 못했냐고 도리어 그 딸은 나에게 물었다. 나와 굿으로 인한 문제가 다 정리되고 얼마 지나지 않아 사업상 공사를 진행하던 중 법적인 문제로 잘못되어 부부가 둘 다 구치소에 수감되었다고 했다.

그리고 더욱 놀랄 일은 내가 굿을 하면서 보살에게 내린 공수였다.

남자가 신체적인 불구가 있고 그것 때문에 정신적으로 문제가 많이 발생한다고 하니 굿을 하는 보살이 맞다고 한 적이 있었다. 그 신체적인 불구란 놀랍게도 김 이사란 남자가 여자의 성기와 남자의 성기를 다 가지고 태어난 사람이었던 것이다. 그 사실은 김 이사의 가족과 그리고 보살만이 알고 있는 사실이었다. 그러다 구치소에 수감되면서 신체검사를 받는 도중에 그것이 발견되어 홀로 독방에서 지낸다는 것이었다. 신명에서 다음 굿은 하지 말라고 했던 이유가 명확해진 것이다.

그런 신체적 불구는 하늘에서 천벌을 내려 가지게 된다고 생각한다. 그런 천벌을 받아 태어난 사람을 잘되라고 굿을 했으니 도리어 내가 고통을 받은 것이다.

보살의 딸 또한 사업적인 목적, 금전적인 목적으로 그런 남자와 재혼한 엄마를 원망하면서 인연을 끊었다고 나에게 말했다. 엄마가 무섭하도 했다.

'신의 공수를 함부로 거역하지 마라.' 이 일은 제자인 나에게 이 말을 가슴 깊이 각인시키는 계기가 되었다.

30만 원 아끼려다 날린 가게

   30만 원 아끼려다 2억이나 넘는 가게 망하고 심지어 여섯 번이나 얼굴을 성형했지만 예전의 얼굴로 돌아오지 못한 사람의 사연이 있다. 그땐 나 또한 무당이 무엇인지, 제자가 무엇인지 모르고 그저 밥이나 굶지 않고 살기 위해 몸부림을 치던 시절이었다. 누군가의 소개로 새로 된 제자가 용하다는 소리를 듣고서 30대 초반 젊은 여자가 상담을 하러 왔다. 지금 생각하면 신의 가물, 신의 기운이 좀 강한 편인 사람이었다.
   자기주장이나 자기 고집이 워낙에 센 편이었고, 웬만해선 남의 말을 듣지 않는, 어찌 보면 애동제자들은 상대도 하지 못할 정도로 기운이 센 젊은 여자였던 것으로 기억된다. 젊은 여자는 남편과 함께 미시촌을 운영하는 여자였다. 아가씨들보다는 나이가 많고 그렇다고 아주 많이 나이 든 여자들은 아닌, 20대 후반에서 30대 중반까지의 여자들을 두고서 룸살롱을 운영하는 여자였다. 상담을 하고선 무엇이 마음에 들었는지 아니면 자기 자신의 삼재의 나쁜 운 때문인지 나에게 고사를 지내게 되었다. 그때 고사 비용이 100만 원이었던 것으로 기억난다. 그 당시 100만 원이면 나에겐 상당히 큰돈이었다. 고사를 지내고 이런저런 인연이 되어서 남편도 나랑 동갑인지라 부부가 함께 우리 신당에 출입하게 되었다. 가정사나 가게 문제 등등을 나랑 상의도 하고 기도도 하고 단골과 같은 인연이 되었다. 그런 인연으로 해서 난 한 달에 한 번 정도 단골이거니 생각하며 금전을 받지 않고 룸살롱인 가게에 가서 부정을 풀어주기도 했다.

  술집이다 보니 이런저런 손님이 올 것이고, 그 손님들 중에는 초상을 치른 사람도 있을 것이고 초상집에 갔다가 온 사람도 있을 것이고, 아가씨들 중에는 임신을 한 사람도 있을 것이고 임신을 했다가 아기를 낙태한 사람도 있을 것이었다. 지금도 그렇지만 가게에 상문, 즉 초상을 치르거나 초상집에 갔다 오거나 손님이라도 상갓집에 갔다 올 경우에 상문 부정으로 인해서 장사가 잘되지 않는 경우가 많다. 술집에서 일하는 아가씨가 임신을 했거나 임신을 했다가 낙태를 했을 경우 가게 장사가 되지 않거나 장사가 된다고 해도 힘든 손님, 즉 술을 먹고서 싸움을 일으키거나 술값을 주지 않는 등 시끄러운 일이 많이 발생한다. 그래서 룸살롱이나 단란주점처럼 가게에 아가씨를 두고서 장사를 하는 집들은 항상 무당들이랑 연결이 되어 있고 봄, 여름, 가을, 겨울 철철이 고사를 지내면서 가게에 끼어든 부정을 치곤 한다. 아니면 한 달에 한 번 정도 단골무당을 불러다가 가게 부정을 없애곤 한다. 나도 그런 경우와 마찬가지였다.

  2,3번 정도 가게에 가서 부정을 처리하고 부적을 통해서 부정을 처리해주기도 했다. 그러던 어느 날 가게를 하는 여자 사장에게서 전화가 왔다. 남편, 즉 남자 사장 집으로 해서 초상이 났다는 것이다. 남편의 큰아버님과 작은아버님이 택시를 운전하다가 두 분이 동시에 돌아가시게 된 것이라고 했다.

  큰아버님은 택시 운전기사로 운전을 했고 작은아버지는 운전석 옆자리에 앉아서 같이 가다가 어느 건물 담을 박았는데 그 자리에서 즉사했다는 것이었다. 그런데 큰아버님과 작은아버님의 상주들, 즉 자식들이 전부 다들 미국에 살고 있기에 어쩔 수 없이 남편이 상주가 아닌 상주가 되어 모든 것을 처리해야 한다는 연락이 왔다. 어쩔 수 없는 일이기에 그리하도록 했다. 3,4일이 지나서 초상을 잘 끝냈다고 전화가 왔고 난 당분간은 몸조심하라고 권고 했다. 보름이 지나서 남자가 찾아왔다. 초상을 치르고서 처음 만나는 것이었다. 그런데 남자 뒤로 해서 젊은 여자귀신이 따라오는 것이 보였다. 아무래도 초상을 치르면서 산에서 따라붙은 젊은 여자귀신인 것으로 보였다. 난 남자에게 그런 말은 하지 않고 제대로 가게에서 부정을 풀 것을 권했다.

"이번엔 직접 초상을 치렀으니 상문 부정을 제대로 풀었으면 합니다."

"초상을 치르고 와도 별다른 이상은 없는 것 같은데요."

"술장사를 하는데 아무래도 탈이 나면 나지 그냥 지나치지는 않습니다."라고 난 말했다. 순간 무엇인가 떠오르는 것이 있었다.

"혹시 평상시에 손님이 없거나 손님 테이블에 잘 들어가지 못하던 아가씨가 요즘 들어서 하루에도 몇 번씩 2차를 나가는 일이 없습니까?"

남자는 잠시 생각을 하더니, "요즘 있습니다. 평소에 인기가 없던 아가씨인데 갑자기 요즘 손님이 많아져서 하루에도 2차를 몇 번씩 가는 아가씨가 있습니다."라고 말하는 것이었다.

"그게 아마 사장님이 초상을 치르고 온 시기와 맞는 것 같은데요."

남자는 생각을 하며 날짜를 계산하는 것 같았다.

"예, 맞습니다. 한 보름 전부터 그렇게 된 것 같습니다."

"사장님이 초상을 치르고 산에서 내려올 때 젊은 여자 귀가 따라온 것 같습니다. 잠시 잠깐 손님이 많고 2차도 많이 나가겠지만 나중엔 큰 피해를 주고서 나갑니다. 아무래도 그 아가씨에게 젊은 여귀가 붙은 것 같습니다."

남자는 놀란 듯 아무런 말을 하지 않았다.

"그 아가씨가 가게에 오면 몸이 많이 아플 것입니다. 그러다가 손님 테이블에 들어가면서 몸이 아프지 않아 술을 많이 마시고 2차를 자주 나갈 것입니다. 그러다가 다음 날 가게에 들어오면 또 몸이 아프고 같은 일이 반복될 것입니다. 그 아가씨랑 한 번은 같이 신당에 오셔야겠네요. 그리고 속히 가게에 낀 상문 부정을 푸셨으면 합니다."

"예, 아내랑 상의해보겠습니다."

그렇게 말하고서 남자 사장은 신당을 나갔다. 이번에는 가게에 낀 상문 부정을 제대로 몫을 잡아서 하자고 했고 금액은 30만 원 정도가 든다고 했다. 2,3일 뒤에 남자 사장에게서 연락이 왔다. 가게에 있는 아가씨랑 신당에 온다는 것이었다. 잠시 후 룸살롱 남자 사장과 그곳에서 일하는 아가씨가 같이 왔다.

"가게에만 들어가면 속이 울렁거리면서 머리가 아플 것입니다. 그러다 손님 테이블에만 들어가면 다른 사람이 보기가 창피할 정도로 술을 많이 먹고 2차도 자주 나갈 것입니다."

아가씨는 창피한 듯 잠시 머뭇거리더니, "예, 맞습니다. 2차를 너무 자주 나가니 다른 아가씨들에게 창피할 정도입니다."라고 말했다.

"그 시기를 잘 생각해보세요. 아마도 사장님네가 초상을 치르고 온 날부터 그럴 것입니다."

"예, 맞습니다. 그날부터 손님 테이블에만 들어가면 무조건 2차를 나갑니다."

난 같이 온 남자 사장에게 급한 것 같으니 상문 부정을 풀라고 재촉했다.

"지금 보아서는 좋은 것 같지만 나중엔 크게 피해를 봅니다. 그리고 아가씨는 지금 잠시 여귀에 휩쓸려 수시로 2차를 나가지만 얼마 지나지 않아 큰 피해를 봅니다. 빨리 처리하셨으면 합니다."

답답한 노릇이었다. 난 여귀가 보였지만, 그리고 실제로 가게에서 일어나는 일들을 이야기했지만 남자 사장은 상문 부정을 풀겠다는 말을 하지 않았다. 저녁에 남자 사장에게서 전화가 왔다.

"부정을 풀자고 하니 아내가 지금은 장사가 잘되고 있으니 다음에 풀자고 합니다. 그리고 금액 30만 원이 좀 비싸다고 합니다. 어쩔 수가 없네요."

그렇게 말하는 것이었다. 어쩔 수가 없는 노릇이다. 본인들이 장사가 잘되고 있어서 상문 부정을 풀지 않겠다고 하니, 즉 상문이 끼었는지 안 끼었는지 모를 정도로 장사가 잘되니 그것에 대한 필요성을 느끼지 못하는 것 같았고, 계속해서 몇 달을 공짜로 부정을 풀어주었더니 그것도 버릇이 들었는지 가격이 비싸다는 것이었다. 나도 그럼 알아서들 하라고 말했고 그냥 무시하고 말았다. 그러나 얼마 지나지 않아서 전화가 왔다.

"남편이 교통사고가 나서 병원에 입원했습니다."

나도 황당해서 내 귀를 의심했다. 여자가 원망의 소리를 내뱉었다.

"신당에 초를 켜라고 해서 초까지 켰는데 왜 교통사고가 났는지 모르겠습니다."

미칠 노릇이다. 신당에 초만 켠다고 해서 모든 것이 다 해결되고 좋아지는 것은 아니다. 그런저런 것을 설명할 필요도 없었다. 그 집은 상문으로 인해서 크게 당한 것이나 마찬가지였다. 남편이 가게 웨이터랑 오후 4시경에 자가용을 가지고서 다른 지역의 공장 쪽으로 전단지를 돌리러 가던 중 반대편에서 오는, 레미콘 차와 정면충돌을 한 것이다. 옆 좌석에 앉았던 웨이터는 아무렇지도 않고 사장만 정면충돌을 한 것이다. 반대편에서 레미콘 차가 오는 것을 웨이터가 보고서 남자 사장에게 주의를 주었는데 그 상황에서 그것을 듣지 못했다는 것이다. 레미콘 차가 자가용과 충돌하면서도 운전석만 정면으로 박은 것이었다. 웨이터는 아무렇지도 않게 차에서 나왔다고 한다. 결국은 남자 사장은 큰 병원으로 옮겨 6개월에 걸쳐 수술만 열 번을 넘게 받았다고 한다. 몸으로 해서 네 번을 받았고 얼굴만 여섯 번 성형했지만 예전의 얼굴은 없어지고 얼굴의 형태가 일그러져버렸다. 그것뿐만이 아니다. 가게는 가게대로 장사가 되지 않고 사장이 없으니 운영이 되지 않아 월세를 6개월째 지불하지 못해 가게 보증금이 바닥난 상태까지 가게 되었고 결국은 아무것도 건지지 못하고 가게를 처리해야만 했다. 안타깝지만 30만 원을 아끼려다가 귀신의 장난에 빠져 장사 잘된다고 무시하더니 결국은 너무나 크게 다치고 큰 가게까지 넘겨주게 되었다. 얼마 후 밤에 남자 사장이 퇴원을 했다고 인사를 왔다. 난 얼굴을 쳐다볼 수가 없었다. 괜히 내가 미안했다. 남자 사장의 얼굴은 무어라고 표현할 수 없을 정도로 일그러져 있었고 폐인과도 같은 모습이었다. 예전의 당당하고 잘생긴 모습은 간데없고 초라한 행색의 남자만 내 앞에 앉아 있었다.

"이 선생님 많이 원망했습니다. 신당에 초도 켰는데 사고를 당해 원망을 좀 했습니다. 그런데 퇴원하기 2일 전에 갑자기 생각이 나더군요. 이 선생님이 상문을 풀라고 제게 말했던 것이 기억이 나더군요. 상문을 풀지 않으면 아마도 큰일이 날 것이니 꼭 풀라고 하셨던 말씀이 생각이 났습니다."

난 아무런 말도 하지 않고 듣고만 있었다.

"그런 생각을 하니 제 잘못이 많았다는 생각이 들더군요. 그리고 이 선생님에게 서운하고 원망하는 마음이 없어졌습니다. 그래서 이렇게 인사를 왔습니다."

"예, 감사합니다. 저도 너무 미안했습니다. 사고를 막아주지 못해서 너무나 죄송했습니다."

서로가 서로에게 무슨 말이 더 필요할까. 아무런 말도 할 수 없었다.

"그럼, 그 아가씨는 어떻게 되었나요?"

"그 아가씨도 제가 듣기론 무슨 일이 잘못되어서 어디 시골로 돈 때문에 팔려 간 것으로 들었습니다. 다들 안타까운 일이지요."

잠시 신당에 들렀다 나가는 남자 사장의 모습을 보면서 불쌍한 생각만 들고 어리석다는 생각만 들었다. 귀신은 귀신이고 부정은 부정인데 귀신이 도와주어보았자 한계가 있다. 귀신은 악한 존재다. 반드시 사람에게 피해를 준다. 부정은 부정이다. 잘될 수가 없는 것인데 사람들은 눈앞의 것에 현혹되어 잠깐의 실수로 너무 큰 것들을 잃어버린다. 지금도 그 사람들을 생각하면 귀신이 얼마나 무서운 존재인지, 그리고 부정이 얼마나 무서운 존재이고 무시를 해서는 안 되는 존재인지 생각하게 된다.

형부의 아내로 사는 여자-1

부부가 신도로서 같이 신당을 다니던 부부가 있었다. 그 부부가 어느 날 같은 동네에 사는 아줌마들 몇 명을 한꺼번에 데리고 온 적이 있다. 난 지금도 그렇지만 한꺼번에 많은 손님을 보지 않는다. 지금도 하루에 3,4명 정도만 본다. 다른 유명한 제자들처럼 하루에 10명씩 20명씩 볼 수 있는 능력도 되지 않지만 영으로 해서 보는 신점은 한계가 있고 한계는 제자 자신의 몸의 한계이고 머리의 한계이기 때문이다. 여러 사람을 계속해서 보다 보면 머리가 맑지 않고 무거워지면서 아파오기에 난 지금도 손님을 볼 경우 3명이 같이 오면 2명 이상은 보아주지를 않는다. 다른 한 명은 다음 날에 아님 나중에 다시 오라고 한다. 그날도 4명 정도의 아줌마부대가 온 것이다. 난 2명은 지금 보고 나머지 2명은 나중에 보라고 권했다. 그리했더니 4명의 아줌마들은 서로 상의해서 2명의 아줌마가 먼저 보기로 결정이 되었다. 그런데 가정 먼저 보아야 할 아줌마가 다음에 본다는 것이었다.

"아줌마가 가장 먼저 보아야 하는데 무슨 소리예요?"

상담을 하러 온 아줌마들 중에 가장 화려하게 치장을 한 아줌마에게 말했다.

"아줌마가 가장 급한 것 같습니다."

"어머, 아닌데…… 별로 급한 것이 없는데…….'

자신은 급하지 않다고 나중에 본다는 것이었다. 그러나 그 여자의 경우 젊어서 죽은 조상이 같이 따라왔기에, 조상이거나 귀신의 존재가 데려온 경우였기에 가장 먼저 보아야 한다고 판단했다.

"아줌마 가까운 조상 중에 젊어서 죽은 여자 조상이 있지요?"

같이 온 아줌마들은 서로의 사정을 너무나 잘 아는 사이들이었다. 한 동네에서 20년 이상 살면서 친분을 가지고 있던 사이들인지라 서로가 서로에 대해서 너무나 잘 아는 사람들이었다. 내가 말을 건 여자보다는 옆에서 듣고 있던 아줌마들이 더 놀라는 것이었다.

"왜 말이 없어요? 있어요? 없어요? 지금 이곳에 아줌마랑 같이 왔는데……."

그렇게 말하자 다들 놀라면서 이런저런 소리를 하는 것이었다. 순간 그 여자 조상인지 귀신인지 모르는 존재가 나의 몸속으로 치고 들어오는 것이었다.

"어휴, 난 꽃이 싫어. 그 꽃 좀 버렸으면 좋겠는데 왜 숨겨 놓고서 지랄이야……."

내 몸속에 들어온 존재가 이렇게 말하는 것이었다. 사연인즉 내가 말을 건 아줌마에게 언니가 있었는데 언니가 젊어서 죽었다는 것이었다.

"언니가 죽었는데, 왜 꽃이 싫다고 하세요?"

"모르겠는데요. 꽃이랑 연관이 된 일이 없어요. 그리고 살아 있을 때는 언니가 꽃을 좋아했는데요."

"아닙니다. 꽃과 관련된 일이 있으니 잘 알아보세요."

"언니가 참으로 억울하게 죽었나 봅니다. 젊어서 죽었으니 억울한 것은 억울한 것인데 왜 동생에게 따라다니냐……?"라고 나는 작은 소리로 언니 조상에게 물었다. 그랬더니 병원에서 죽었다는 소리를 했다. 병도 고치지 못하고 병원에 갇힌 채로 죽었다는 것이었다.

"언니가 병원에 갇힌 채로 죽었구먼. 그러니 억울해 따라다니는구먼."

그렇게 말하니 같이 온 아줌마들부터 상담을 하는 여자도 얼굴 표정이 싸

늘해지는 것이었다.

"왜 병원에 가둬놓았어요?"

내가 그렇게 말했다. 그 말이 끝나는 순간 내 입에선 다른 말이 연속해서 나오는 것이었다.

"나, 정신병자가 아니었다. 왜 정신병자로 몰아서 죽였니…… 난 그냥 마음이 약하고 사랑하는 사람이랑 헤어져서 여린 마음에 숨죽여 살았던 것인데…… 왜 나를 정신병자로 몰아 정신병원에 가두고서 죽인 것이니……."

그 말이 끝나자마자 아줌마들은 경악하는 것이었다. 그러자 여자는 울기 시작을 했다.

"언니 미안해…… 미안해……."

언니가 임신을 하고 사랑하는 사람과 잠시 다툼이 있어서 이별이 있었던 것이다. 그러는 과정에서 임신으로 인한 충격도 있고 여린 마음이었던 언니는 마음을 잡지 못하고 울기만 하고 엉뚱한 생각만 하기에 정신병원으로 보냈다는 것이다. 그러다가 차도가 있으면 다시 나왔다가 또 병원으로 갔다가 그렇게 반복하다가 죽었다는 것이었다.

"언니분 빨리 해원을 하세요."

그렇게 말을 해주었다. 잠시 후 마음을 진정시킨 여자는 자기 딸의 사주를 말하면서 점을 보아달라는 것이었다.

나는 "이 아가씬 신 받을 사주 아니야. 지금 신 받아야 한다는 소리가 자꾸 나오는 것 같은데 신이 아니고 언니 조상이 자꾸 실리는 것 같아요. 자칫 잘못하면 진짜 정신병자 나오겠네."라고 말했다. 그러자 여자가 말했다.

"어느 순간부터 이상한 헛소리를 하고 울기만 하고 밖에 나가지도 않고 방 안에서 꼼짝을 하지 않아요."

정신적으로 문제가 있는 초기 증상인 것 같았다.

"친구 엄마가 무속인입니다. 그런데 그 보살이 신을 받아야 한다고 애를 자주 불렀고 그 법당에 자주 들락날락하면서 점점 더 이상해지는 것 같습니다."

　정신적으로 이상이 있는 딸의 친구 엄마가 무속인이었고, 친구가 강제적으로 자기 엄마에게 끌고 가서 점을 보게 했고, 무조건 신을 받아야 한다고 하면서 협박 비슷하게 한 경우였다. 그 친구만 만나면 점점 더 이상하게 변하고 이제는 아예 친구고 뭐고 밖에 나가지도 않는다는 것이었다. 그러면서 매일 집 안에서 울기만 한다는 것이었다. 이런저런 사연들을 이야기하고 있을 때 같이 왔던 일행 중의 아줌마 한 명이 말하는 것이었다.

　"좀 전에 꽃 이야기……. 전에 딸이 종이로 만든 꽃을 가지고 왔다면서, 그 무속인이 주면서 잘 가지고 있으라고 했다는 그 꽃 말하는 것 아니야?"

　그렇게 말하는 것이었다.

　"무슨 꽃이 있나 보네요?"

　같이 온 아줌마가 그렇게 말하니 여자는 그제야 꽃 생각이 나는 것이었다.

　"아…… 예, 친구 엄마인 그 무속인이 종이로 만든 꽃을 주었습니다. 그 종이꽃이 네 이모라고 하면서, 이모를 그 꽃으로 생각하라고 하면서, 이모가 와서 늘 옆에서 도와준다면서…… 꽃을 지금도 옷장에 보관하고 있습니다. 그런 꽃이 있습니다."

　이제야 답이 나오는 것 같았다. 처음부터 "꽃이 싫다."라고 말하던 이모가 왜 꽃을 치우라고 하는지 그 답이 나오는 것 같았다.

　"딸은 우리처럼 제자가 될 아이가 아닙니다. 그리고 신이 오더라도 제정신인 신이 오지…… 이모가 정신병원에서 죽었는데 그런 이모가 무슨 신이 되어서 오겠어요."

　신이 온 것이 아니라 죽은 이모의 원혼이 자꾸 조카에게 보이는 것이었고 그것을 신으로 모셔야 한다고 주장하는 친구와 친구 엄마 무속인 때문에 딸은 충격을 받아 정신을 놓고 있는 지경이었다.

　"그런데 왜? 이모가 조카에게 그럴까요?"라고 나는 물었다. 여자는 그 말에

207

아무 말도 하지 않았다.

"아저씨 나이 좀 말해보세요."

아저씨와 여자의 나이 차이가 많이 났다.

"나이 차이가 많이 나네요."

아무런 말들이 없었다. 아저씨는 사업을 하다가 실패하고 지금은 버스회사 운전기사로 근무한다고 했다. 그러나 버스 운전기사 마누라인 그 여자의 행색이, 옷이나 화장이나 여러 가지가 운전기사 마누라의 모습이 아니었다.

"본인은 운전기사 마누라로 그냥 살 사람이 아닌 것 같습니다. 미용이나 패션이나 아니면 예술 쪽으로 일했어야 했습니다. 그러지 못할 경우에 잘못하면 술집으로 빠지는 경우가 많습니다."

"예, 제가 예전에 패션 쪽으로 공부를 하다가 그만두었습니다."

"지금이라도 시작을 하세요."

"아니, 이 나이에 욕심은 있지만, 어떻게 하겠어요?"

"아닙니다. 일을 하지 않으면 몸이 아픕니다. 지금도 여러 군데 다 아픕니다. 그러니 일을 하세요. 그래야 아픈 곳이 없어집니다."

집 안에서 살림만 하고 있는데 몸이 여러 군데가 아프다는 것이었다. 밖에서 일을 할 사주를 타고난 사람들은 집 안에서 살림만 할 수 없다. 살림만 할 경우 사주에 눌리는 경우가 되기에 특별한 병명이 없이 수시로 아프게 되어 있다. 그래서 운동이라도 다니든지 등산이라도 다니면서 몸을 놀려야 하는 것이다.

"저, 제가 만나는 남자친구가 있는데요."

"남자친구요? 전 그런 점은 보지 않습니다."

난 아예 불륜 점은 보지 않는다고 못을 박아버렸다.

나는 "지금 따님이 정신병자가 되느냐, 마느냐, 하는 경우인데 다른 남자를 물어보고 싶으세요?"라고 따져 물었다. 상담을 하다 보면 정신을 못 차리는 사람들이 많이 있다.

"아니요. 헤어지고 싶은데 헤어지지를 않아서요."

"헤어지고 싶긴요. 그 사람 연락을 기다리고 있는 입장인데요."

"아직 결정이 나지 않아서 이러지도 저러지도 못하고 있거든요."

사연을 들어보고서 말했다.

"그 남자 부인이 절대 이혼해주지 않습니다. 정 없이도 계속 살려고 하는 사람들입니다. 그 남자분 마누라가 어떤 사람인데 이혼을 해주겠어요. 그리고 남자분도 학교 선생이라면서 참 한심스럽네요. 젊은 처녀랑 바람이 난 것도 아니고 유부녀랑 바람이 나요?"

"어머, 바람난 것 아니에요. 우리 심각한 사이는 아닙니다."

그 여자는 정색을 하면서 말하는 것이었다.

"그저 가끔 만나서 춤이나 같이 추는 사이입니다."

"같이 춤추는 것이 바람이지 뭡니까? 그리고 부인하고 이혼까지 한다는 사람이 바람이지 뭐예요."

그렇게 말하면서 난 속으로 욕을 해주고 싶은 것을 참고 있었다.

"본인 할머니 한 분이 이렇게 말하네요. 네가 시작한 일이고 네가 네 삶을 택했다. 그래서 지금 남편도 만난 것이니 네 생활에 책임을 져라."라고 말하네요.

"이 할머니 누군지는 모르겠는데 바람피우는 것을 용납하지 않는 것 같은데요."

말에 못을 박았다. 그러자 여자는 얼굴이 새파래지면서 아무런 말이 없는 것이었다.

"다른 것은 전 모르겠고요. 언니분 잘 해원해서 따님 온전한 정신이 돌아오게끔 하세요."

난 "남편분이 이러한 일을 알고 있으면 상의를 하세요."라고 조언을 해주었다.

"저도 하고 싶지요. 그런데 이 문제로 지금껏 여러 번 일을 했는데 차도가 없어서 말을 듣지 않을 것 같습니다."

그렇게 상담을 마치고서 다들 집으로 보냈다. 그런데 마음 한구석이 개운치가 않은 것이었다. 무엇인지 매듭을 풀지 못한 느낌이 드는 것이었다. 그날 저녁에 신도에게서 전화가 왔다.

"선생님, 저도 놀랐어요."

낮에 아줌마들을 데리고 왔던 신도였다.

그 신도는 그 동네에 이사를 온 지 얼마 되지 않아 여러 가지 사정을 잘 모르는 사람이었다.

"낮에 상담을 한 집요."

"어느 집이요?"

"있잖아요. 딸아이 정신 나간 애네요."

"아…… 예, 왜요? 일한데요?"

"아니 일이 문제가 아니고요. 글쎄 딸이 친딸이 아니라 언니 딸이라고 하네요."

"아, 그래요. 그래서 언니가 자꾸 애한테 달라붙는 것이군요. 그럼 동생분이 착한 양반이네요. 죽은 언니 딸인 조카까지 데려다 자기 딸처럼 키우고요."

"선생님, 그게 아니래요. 지금 같이 사는 남편이 형부라고 하네요. 그러니깐 형부랑 같이 사는 거래요."

사연인즉 언니에게 임신을 시킨 사람도 지금 같이 사는 형부였고 언니를 힘들게 해 정신적으로까지 어렵게 한 사람도 지금의 형부였다. 그런데 언니가 죽으면서 낳은 딸도 형부의 딸인 것이다. 언니가 죽자 형부는 어린 아기를 혼자서 길러야 하는 지경이 되었고 죽은 언니의 동생이 불쌍한 생각에서였는지 아니면 형부를 좋아했던 것인지 자신은 평생 결혼하지 않고 조카를 딸처럼 기르겠다고 하며 지금껏 그렇게 형부랑 같이 살고 있다는 것이었다. 남들이 보면 부부였다. 그리고 딸자식이었다. 그러나 엄밀히 따지면 형부와 처제 사이요, 딸과는 조카 사이인 것이다. 딸도 자신이 조카라는 것은 알고 있다는 것이다. 그러다 상담을 할 때 할머니 한 분이 나오셔서 하신 말씀이 생각이 났다.

"네가 선택한 네 인생이다. 네가 선택한 인생 책임을 지고 가라."는 말뜻을 알 것 같았다. 조상에서는 형부와 처제가 같이 부부처럼 사는 것을 원하지 않는 것이다. 그러나 처제가 그것을 택해 사는 것이니 그런 삶을 택한 책임을 지고 가라는 것이었다. 형부라고 마음이 편했겠나. 지금껏 살면서, 남들에게 욕먹어가면서, 흉잡혀가면서 상처를 많이 받았을 것 같았다. 자신이 선택한 삶이고 인생이니, 다른 남자를 마음에 두는 것이 바람, 불륜이니 그런 것을 아예 하지 말라는 뜻이었다.

형부의 아내로 사는 여자-2

　형부의 아내로 사는 처제인 여자를 상담하고 나서는 나도 시간이 지나면서 그런 사연을 듣게 되었다. 그러던 어느 날 신도인 단골에게서 전화가 왔다. 처제인 그 여자와 딸 그리고 상담할 때 같이 왔던 아줌마들이 같이 오고 싶다는 것이었다. 나는 오라고 했고 그들은 그날 오후에 나의 신당을 찾아왔다. 첫눈에 보기에도 딸인 조카는 정신이 나간 사람처럼 보였다. 이런저런 말을 하는 동안 조카인 딸은 그저 눈물만 흘리는 것이었다. 마음속에 응어리진 것이 많은 것이 확실했다. 사람이 마음속에 응어리진 것을 풀지 못하면 정신적으로 충격이 오고 결국은 정신적으로도 문제가 생기는 것이다. 딸은 말을 못하는 것이 분명히 있었다.
　딸과 나와 둘이만 있는 자리라면 말을 꺼냈을 텐데 사람들이 많이 있는지라 난 말을 하지 못하고 있었다. 형부랑 같이 사는 처제는 형부인 남편에게도 말했고 친정 가족들에게도 말했다는 것이다. 그런데 친정 식구들은 굿에 대해서 부정적으로 말한다는 것이었다. 지금껏 친정 언니를 위해서 여러 번 절에서 천도재를 지냈다는 것이었다. 결국 조카는, 친정어머니의 입장에서 본다면 외손녀는, 자기 딸에 의해서 정신적으로 문제가 있는 것이 아니고 다른 것에 원인이 있다는 입장이었고 친정 오빠는 돈이 없다고 이젠 지친다고 말한다는 것이었다. 그리고 형부인 남편은 확실하게 고칠 수만 있다면 굿을 하겠다는 뜻을 밝혔다고 했다. 그런데 문제는 금전적으로 많이 어려운 상황이라는 것이었다.

나는 "굳이 굿을 하고 싶다면 같이 온 저 친구분이 해주었으면 하네요."라고 거실 끝에 앉아 있는 아줌마를 가리키며 말했다. 그 아줌마는 놀라면서

"제가 돈이 어디에 있어요. 그런 큰돈이 없는데요."라고 말했다.

"아줌마, 지금 두 군데에서 4천만 원 정도 못 받고 있는 돈이 있지요?"

아줌마랑 같이 온 친구들은 놀라면서 있다고 하는 것이었다.

"그 돈 받게끔 해주신다고 하네요. 굿을 할 친구에게 돈을 빌려 주세요. 그럼 4천만 원 보름 안으로 받게끔, 들어오게끔 한다고 하네요."

"어머나 그렇게만 된다면 얼마나 좋겠어요. 확실하다면 돈을 마련할게요."

사람이란 것이 아무리 친구라고 해도, 어려운 친구라도 굿비를 빌려 주라고 할 땐 없다고 하더니 자신이 받을 돈을 신명에서 도와 받게끔 해준다고 하니 없다고 하던 돈을 빌려 준다는 것이었다. 세상사가 그런 것이고 아무리 친한 친구 사이라도 그런 것인가 보다. 사회생활을 하다 보면 이런 인연 저런 인연들을 많이 만난다. 우리나라 사람들처럼 빨리 쉽게 친해지는 사람들도 드물다. 나 또한 친구들을 빨리 사귀는 편이다. 오늘 처음 만났다고 해도 다음에 다시 만나 술 한잔하면 벌써 친구가 되어 있다. 그러다 보면 실망도 많이 하게 되고 반드시 상처를 받는 일이 생기는 것은 당연한 일이다. 너무 쉽게 알고 너무 쉽게 친해지다 보면 그 사람에 대해서 판단력이 흐려지는 것이고 그러한 것으로 인해서 금전적으로 정신적으로 많은 피해를 보는 것이다. 요즘 살아가면서 진실한 친구가 한 명만 있어도 세상 살맛이 난다고 하고 인생 성공했다는 농담도 한다. 그만큼 순수한 친구 관계가 없다고 보면 된다. 그런 인연도 다 복을 타고 나는 것인가 보다. 나는 인복을 타고나지 못하다 보니 늘 상처만 받는다. 하기야 내 잘못도 많을 것이다.

"그런데 굿을 하면 확실하게 나을 수가 있나요?"

굿을 해야 하는 집 여자가 말하는 것이었다. 의심이 되고 의문이 드는 것은 당연하다. 그러나 내가 경험한 바로는 굿 중에 가장 쉽고 성불을 빨리 보는 굿이 병굿이다. 병굿 중에서도 정신병자 굿이 가장 효험이 빠르고 성불을 쉽게 본다. 언젠가 〈뉴욕 타임스〉에 이런 기사가 나왔다. 현재 정신병을 앓고 있는 사람들 중에 90%를 고칠 수 있는 사람들이 한국의 강신무라고. 그만큼 외국에서도 인정하는 것이 우리나라 무당들의 정신병자 병굿이다. 그 이유는 간단하다. 정신병자는 귀신에게 홀린 사람을 말한다. 그 귀신을 찾아내서 원하는 바를 들어주든지 아니면 찔러내버리고 다시는 못 오게 하면 되는 것이다. 그러나 한 가지 주의할 점은 10년 이상이 된 정신병자는 고쳐서는 안 된다는 것이다. 고칠 수는 있다고 해도 정신병자로 지낸 시간 동안 그것에 익숙하게 길들여졌기에 귀신을 쫓아낼 경우 그 사람이 우울증에 걸리든지 아니면 누군가가 다시 들어올 것이라는 불안감에 자살을 하는 경우가 있어 10년 이상이 된 정신병자들은 굿을 하지 않는다.

정신병자 굿이나, 암환자 굿이나, 중풍환자 굿이나 병굿은 대부분 큰 효험을 본다. 왜냐면 정신병자 굿은 누구의 작용인지만 정확하게 알고 귀의 작용만 없애면 되는 것이고 암환자나 중풍환자는 대부분 유전이다. 우리는 그것을 '조상병'이라고 하고 의학에선 '유전병'이라고 한다. 그 말이 그 말인데 서로가 다르게 부르는 것뿐이다. 이 조상병으로 인해서 반드시 3대에 걸쳐 암환자가 나오든지 중풍환자가 나오는 내력이 있다. 그럼 위에 죽은 조상 중에, 가까운 조상 중에 암으로 가신 조상이든지 중풍으로 가신 조상이 있다면 그분을 집중적으로 군웅거리로 풀어내면서 해원을 시킬 경우 반드시 환자는, 굿을 한 집은 효험을 본다.

내가 지난 책에서 밝힌 것과 같이 높은 분이 자신의 선거를 위해서 굿을 한 적이 있다. 그런데 그분의 형님은 누워서 일어나지도 못하고 업고 다녀야 하고 입에서 침까지 흘리는 중풍환자였고 어머님은 암 말기 환자였다고 했다. 그러나 굿을 한 지 몇 개월이 지난 지금 그 형님은 하루에도 등산을 몇 번씩 하고 지금은 차까지 운전하겠다고 욕심을 낸다고 했다. 그리고 암으로 고생을 하던 어머니는 지금은 더 생생해져서 며느리나 손자며느리보다도 사우나나 찜질방을 더 잘 다니고 그곳에 가면 지치지도 않을 만큼 며느리나 손자며느리보다 더 활동력이 왕성해졌다. 병굿 그리고 정신병자 굿은 나에게 있어서 특기인지는 모르지만 많은 사람들이 효험을 보아 왔다.

"해봅시다. 딸애를 힘들게 하는 조상을 알았으니 그 조상만 잘 대접하고 풀어주면 됩니다."

그렇게 말해도 여자는 마음이 불안한 것 같았다. 그럴 수밖에 없는 것이 절에서 천도재를 여러 번 했지만 효과는 보지 못한 상태이고 돈은 돈대로 없어서 빌려서 해야 하는 굿인지라 부담이 되고 걱정이 되는 것이다.

"제가 굿을 하고서 딸애가 차도가 없으면 굿비를 돌려준다는 각서를 써 드리지요."

그렇게 말하니 나의 신당에 다니는 신도와 아줌마들은 놀라고 걱정하는 것이었다.

"선생님, 그렇게까지 할 필요가 있으세요. 혹시라도 잘못되면……."

"병굿은 자신이 있어서 그럽니다. 그리고 원인이 누구인지 알고 있어 효과가 있을 것이라 확신하기에 그런 조건을 내거는 것입니다."

결국은 각서를 써 주고 굿을 하기로 했지만 일단은 남편인 형부에게 먼저 말을 해야만 했다. 그런 일이 있고 나서 다음 날 연락이 왔다. 굿 날짜를 잡자는 것이었다.

"병굿은 돈만 마련이 되면 하는 것이지 굿 날짜를 따로 잡지 않습니다."

그렇다. 병으로 인해서 하는 굿은 촌각을 다투는 일들이 종종 있기에 좋은 날을 가려서 굿을 하지는 않고 금전만 마련되면 바로 한다. 좋은 날을 가리다가 사람이 먼저 가는 경우도 있기에 시각을, 촌각을 다투는 굿이 병굿인 셈이다.

215

"그럼 각서는 언제 써 주나요?"

"굿하는 날 아침에 드릴게요. 그리고 굿을 할 것이면 굿 준비를 해야 하니 굿할 돈을 먼저 입금해 주세요."

그렇게 해서 굿을 하게 되었다. 굿을 하는 날 아침에 남편인 형부와 딸인 조카 그리고 부인인 처제 그리고 나의 신당까지 왔던 친구들이 같이들 굿을 구경하러 왔다. 난 각서를 써 주었다. 그러면서 형부인 남편의 얼굴을 보았다. 완전히 혼자서 중으로 살아야 하는 사람이었다. 중팔자로 혼자서 종교에 귀의해서 살아야 할 사람이 부부의 인연을 맺어서 살려고 하니 이런저런 험한 일을 많이 당하는 것이었다. 굿은 시작이 되었고 굿을 하는 과정에서 난 아버지에게 공수를 내렸다.

"본인은, 사장님은 중팔자로 태어났습니다. 그런 양반이 가정을 이루고 사니 이런 꼴 저런 꼴 험한 일을 많이 당하는 것입니다. 그리고 조상 중에 절에 들어가 중으로 있다가 죽은 양반이 있습니다. 아시나요?"

"예, 있습니다."

가까운 조상 중에도 중이 있었고, 지금 살아 있는 사람들 중에도 절에 들어가서 머리를 깎은 사람이 있다는 것이었다. 다른 굿을 하면서 할머니가 몸에 실렸다. 남자네 집안으로 조상인 할머니였다.

"남자 사장님은 잠시 귀 막으랍니다."

그렇게 말이 나오는 것이었다. 남자 사장님이 들어서는 되지 않을 말인 것 같았다. 나도 대충 무슨 말이 나올 줄은 알았지만 이곳에서, 남편이 있는 곳에서 그 말이 나올 줄은 몰랐다. 여자에게 공수가 내려졌다.

"잘 들으시라고 하십니다. 나중에 이 소리 저 소리 하지 말라고 하십니다."

다들 긴장하는 모습이 역력했다. 혹시나 남편이 들으면 좋지 않을 말이 나올까 나에게 말하지 말라고 손짓까지 하는 친구들도 있었다. 그러나 신의 공수를, 조상의 공수를 눈치를 보면서 말하는 데가 어디에 있나.

"오늘 손녀딸 애기는 고쳐준다. 그러나 명심해라. 이 애기가 또 정신적으로 문제가 되면 그때는 너 때문이다."라고 말하는 것이었다.

"네가 네 인생을 택한 것이다. 그러니 네가 책임지고 살아야 한다. 누가 떠밀어서 이렇게 살라고 하지 않았다. 남들이 알면 창피하고 들으면 흉보는 일이다. 네가 만든 것이다. 그러니 네가 책임을 지고서 살아야 한다."

"남의 탓 하지 마라. 그리고 바람피우지 마라. 다시 한 번 바람피우면 그땐 어쩔 수가 없다. 다시 손녀딸이 정신적으로 더 심하게 된다. 책임을 지겠느냐?"라고 말하는 것이었다. 여자는 그저 남편인 형부에게 들킬까 봐 그냥 기어 들어가는 목소리로 대답하는 것이었다. 그러나 형부는 이미 처제인 아내가 바람을 피운다는 것을 알고 있는 눈치였고 젊은 나이에 형부에게 와서 사는 것이 불쌍한지 이해하고 참는 것 같았다. 계속해서 굿은 진행이 되었고 군웅거리에서 피로써 정신적으로 문제가 있는 딸애를 고치는 굿을 했다. 피로 범벅이 된 딸에게 말했다.

"이제 살겠느냐?"

"이제는 살 것 같아요. 너무 속이 시원해요."

"다시 또 방 안에 처박혀서 울고 그러겠느냐?"

딸애는 "아니요. 이젠 그러지 않을 거예요."라고 말하면서 우는 것이었다.

그곳에서 굿을 구경하던 사람들은 다들 울었다. 계속해서 돼지피를 딸아이에게 먹여가면서 언니의 넋을 달래기도 하고 혼내기도 하고 딸아이에게서 나오게끔 굿을 진행했다. 그런데 처제인 여자가 조카가 피로 범벅이 되어 울부짖는 모습을 못 보겠던지 그만하라고 소리를 지르는 것이었다.

"이년이 요망한 년이구나. 누구는 이러고 싶어서 그러는 줄 알아. 이 아이 살리려면 조용히 입 다물고 있어."

나는 그렇게 소리를 질렀다.

"이 아이 가슴에 멍이 졌구나. 다 지금의 네 엄마 때문이구나."

그렇게 말하면서 나도 울기 시작했다.

나는 "딸아이에게 무슨 잘못이 있다고…… 이 어린 것에게 험한 말을 했느냐?"라고 처제에게 따져 물었다. 처제나 다른 사람들은 무슨 소리인 줄 모르는 것 같았다.

"너 때문에 내가 이렇게 산다. 너 때문에 내 인생이 이렇게 되었다. 이런 말을 수시로 이 아이에게 하지 않았느냐?"라고 다시 처제에게 물었다. 그러자 처제는 그냥 울기만 했다. 조카인 딸에게 처제인 엄마는 늘 이런 식으로 말한 것이다.

"너 때문에, 너 불쌍해서 난 결혼도 하지 못하고 이렇게 살았다."

"내 인생 이렇게 된 것은 다 너 때문이다."

이렇게 조카인 딸에게 어릴 적부터 세뇌를 시키듯 말한 것이고 그런 말을 들어오면서 딸아이는 마음속에 상처를 받아 멍이 들고 응어리가 진 것이었다. 그러던 와중에 무속인인 친구의 엄마를 통해서 죽은 엄마가 너를 무당으로 만들려고 왔다는 소리까지 들었으니 조카인 딸은 슬펐고, 자신은 남들에게 피해를 주는 존재라는 강박관념이 들었고, 그러다 보니 정신적으로 이상이 온 것이었다. 결국은 굿을 무사하게 다 끝냈다. 조카인 딸은 굿을 하러 올 때와는 판이하게 다른 모습이 되었다. 사람을 피하고 눈을 마주치는 것도 피하던 아이가 같이 온 일행들에게 이제는 살 것 같다고 말하면서 얼굴에 미소까지 짓는 것이었다. 하루 종일 굿에 참석했던 아버지는 결국은 각서를 나에게 주었다. 이런 것을 받을 필요가 없다는 것이었고 너무나 수고를 했기에 다시 딸이 아프다고 하더라도 탈을 잡지 않겠다는 것이었다. 그리고 같이 온 일행들에게도 다시는 이 굿에 대해서 이렇다 저렇다 말하지 말라고 엄포를 놓는 것이었다. 사람의 마음은 통하는 것이다. 내가 조카를 고치겠다는 일념으로 굿을 하니 신명에서 돕고, 조상에서 도와 결국에는 사람의 마음을 변화시켜 각서까지 필요 없다고, 더 이상의 굿은 없다고 말하게 한 것이다. 자신도 지금껏 여러 번 굿에, 절에서 하는 천도재에 참석했지만 이렇게 감동을 주는 굿을 처음 보았으며 후회도 없고, 한도 없다고 하면서 열심히 살겠다고 말하는 것이었다. 그렇게 해서 굿은 무사하게 끝났고 조카인 딸은 집으로 돌아갈 때 웃으면서 인사를 하고 갈 정도로 호전을 보였다.

난 복 없는 무당

〈왕꽃선녀〉

　몇 년 전에 끝난 드라마가 있다. 부부간의 문제를 다룬 드라마다. 불륜의 내용도 있었고 가족간의 사랑의 내용도 있었고 친구간의 우정도 그린, 그런 재미있게 본 드라마다. 그 드라마의 내용이 중요한 것이 아니고 그 드라마를 자주 보게 된 연유는 나와 인연이, 친분이 있는 탤런트가 오랜만에 방송 드라마에 나왔기 때문이었다. 방송으로는 3년 정도가 된 것 같다. 드라마에 나오지 않기에 방송 쪽 일을 하지 않는 것으로 생각하고 있다가 무심코 본 드라마에서 인연이 있고 친분이 있는 탤런트를 오랜만에 보았으니 반가운 마음이 들었고, 한편으로는 아쉬움과 어리석다는, 그리고 안쓰럽다는 마음도 들었다. 3년의 시간이 흐른 것 같다. 3년 전 나에게 상담을 하러 온 남자가 있다. 밤이 늦은 시간인지라 잠시 운동을 갔다가 왔더니 거실에 모르는 남자 2명이 앉아 나를 기다리고 있었다.

　급히 시간을 내어 상담을 하러 온 것이다. 거실에 앉아 이런저런 이야기를 하게 되었다. 그런데 남자는 방송국에서 일한다고 했다. 나는 '카메라나 프로듀서 일을 하는가 보다'라고 생각했다. 그런데 그 사람은 연기자라고 했다.

　'그럼 재연 배우인가 보다.' 난 탤런트나 연기자가 아닌, 재연 배우로서 단역를 연기하는 사람인가 생각했다. 그런데 그 연기자는 아침 드라마에서 주인공으로 나오는 사람이었다.

나는 "죄송합니다. 제가 아침 드라마도 보지 않지만 방송 드라마를 잘 보지 않기 때문에 몰라보았습니다. 죄송합니다."라고 말하면서 젊은 연기자가 마음이 상하지나 않았을지 조심스레 사과했다. 신당에서 상담을 하게 되었다. 같이 따라온 사람은 친척 형님이면서 매니저 일을 도와주고 있는 사람이었다. 무당집에 점을 보러 오게 된 것은 많은 연기자들이나 가수들이, 유명인들이 무당집의 굿을 통해서 많은 효험을 보고 있다는 것을 예전부터 알고 있었고 자기 자신도 그런 연을 맺고자 해서 왔다고 했다. 그리고 지금 일일연속극 출연 섭외가 와서 준비를 하고 있다는 것이었다. 그 드라마가 무당을 무속인으로 그리고 점쟁이로 비하해서 한 많고 탈 많은 사람들로, 과거에 연연해하면서 현실을 직시하지 못하는 사람들로, 아무튼 어느 부분은 무당들을 제대로 알지 못하고 좋지 않게 해석한 〈왕꽃선녀〉라는 드라마다.

"이 드라마 준비 과정에서 탈이 납니다. 주인공 누군가가 다리를 다쳐서 잠시 연기가 되겠네요."

"음……. 그리고 남자 주인공이 확실하지 않습니다. 2,3명이 나오는데 어느 사람을 남자 주인공으로 부각시킬지 아직 정해지지 않았습니다."

"본인이 이 드라마에 출연은 하지만 아직은 드라마가 언제 시작할지는…… 제 느낌으로는 작업이 좀 늦어질 것입니다."

탤런트는 아직 남자 주인공이 누구인지 정확하지가 않다고 했다. 아니, 출연할 배우는 정해졌는데 누가 어느 역할을 할지 그리고 어느 정도 부각이 되는지 아무것도 정해지지 않았다고 했다. 그리고 작가는 〈인어 아가씨〉로 인기가 급상승한 한 작가였다.

"이 작가분 끝까지 이 작품을 끝내지 못합니다. 제가 보기엔 사정이 생깁니다. 몸이 아프든지."

"글쎄요. 작품의 성공 여부는 인어 아가씨보다는 못합니다. 제가 말씀 드릴 수 있는 것은 작품의 시청률이 중요한 것이 아니라 제게 찾아온 본인이 중요합니다. 시청률이 낮다고 해도 사람이, 즉 연기자가 뜰 수도 있고 시청률은 높으나 연기자가 뜨지 못하는 경우도 있지 않겠어요."

나는 "제게 중요한 문제는 본인입니다. 본인만 뜨게 하고 성공하게 하면 되는 것입니다."라고 상담했고 조만간 신명을 대접하고 조상을 대접하는 굿을 하겠다고 약속했다. 무작정 돈을 주고 한다고 해서 굿이 되는 것은 아니다. 굿이란 것을 하려면 먼저 하고자 하는 사람의 사주를 알아서 생기복덕을 가려야 한다. 생기복덕을 가리는 것이 상당한 부분 중요하다.

그것으로 인해서 굿을 해서 덕을 보았다, 보지 못했다 등등의 말이 나올 수 있을 정도로 중요하다. 생기복덕을 따지다 보면 신이 하강하는 날, 하강하지 못하는 날, 조상이 하강하는 날, 하강하지 못하는 날 등등으로 구분해 제대로 해야 덕과 효험을 볼 수 있다. 생기복덕이 좋지 않은 날 굿을 하게 되면 굿을 하는 무당도 힘들지만 결국은 굿을 한 집도 덕을, 효험을 크게 보지 못한다.

요즘은 그저 대충 맞는다고 하면 굿을 하는 경우가 많다. 세세한 생기복덕을 가족 전체를 두고 다 따지게 되면 무당은 1년에 한 번 정도나 굿을 할 수 있을까, 그렇게 모든 것을 다 완벽하게 맞추어서 하는 경우는 많지 않다. 그래서 무당집에 오게 되어 굿을 하는 데 좋은 달이 있다. 재수굿이란 것은 얼밀히 따지면 정월달인 1월, 3월 상달, 10월 상달에 하는 것이 가장 좋다. 그리고 음력으로 12월에는 병굿을 제외한 굿은 하지 않는 경우가 있고 특히 신을 모시고자 하는 제자의 신굿은 12월에는 하지 않는 것이 좋다. 그러나 병굿인 경우 사람의 목숨을 담보로 해서 하는 굿인지라 대체적으로 생기복덕을 따지지 않고 급히 한다. 병굿이란 것은 자칫 시간을 허비하거나 놓칠 경우엔 사람의 목숨이 다할 수가 있기에 날짜를, 생기복덕을 따지지 않는다. 단, 효험이 있을지 없을지 먼저 확인하는 경우도 있다. 쉽게 이야기하면 병굿을 하려고 하는 집이 있으면 먼저 신당에서 조라술을 담근다. 그 조라술이 잘 익으면 병굿을 해 큰 효험을 볼 수가 있다는 뜻이다. 아니면 먼저 대수대명을 하는 방법도 있다. 아픈 사람의 속옷과 머리카락, 손톱, 발톱으로 해서 대수대명을 하는 경우가 있다. 그렇게 해서 아픈 이가 차도가 있고 갑자기 퇴원하는 경우도 있다. 그럴 경우에 제자가 굿을 해도 큰 덕을 본다는 뜻이기에 나중에 탈이 없다. 다른 굿은 몰라도 병굿인 경우엔 반드시 생기복덕의 확인 절차를 거치는 것이 좋다. 그래야 나중에 잘되었다, 아니 되었다, 사기다, 아니다 그런 소리들이 나오지 않는 것이다.

좋은 날을 잡아 굿당에 들어섰다. 탤런트 굿을 하기로 한 것이다. 다른 곳에서 온 아줌마들도 있었고 다른 여자 제자들도 있었다. 내가 다니던 굿당에서 이미 나는 상당히 유명한 무당으로 소문이 나 있던 상태였다. 굿당에서 굿을 하는데 사람들이 탤런트를 알아보았다. 어느 드라마에 나오고 이름이 무엇인지 다들, 특히 아줌마들은 잘 알았다. 나야 아침 드라마를 보지도 않고 관심도 없었으니 몰랐지만 굿을 하는 탤런트는 그래도 많은 이들이 알아보는 사람이었다. 굿은 순조롭게 잘 진행이 되었고 굿을 한 집, 탤런트의 엄마나 탤런트인 본인도 만족했다. 며칠 지나서 탤런트가 찾아왔다. 굿을 하든지 치성, 고사를 하든지 간에 우리에게는 삼일정성, 또는 오일정성, 칠일정성이란 것이 있다. 나 같은 경우엔 신당에 공양미를 지어서 올린다. 그리고 옥수를 발원해 굿을 한 집과 함께 좋은 덕이 있고 잘되게 해달라고 빈다. 그래야 모든 것이 마무리가 되는 것이다. 탤런트가 오일정성을 드리러 신당에 왔다. 좋은 소식을 가지고 왔다.

"선생님, 앙드레 김 패션쇼에 출연하게 되었습니다."

너무나 반가운 소식이었다. 굿을 하고서 다음 날인가 본인에게 직접 패션 디자이너 앙드레 김이 만나고 싶다고 연락을 해왔고, 자신의 패션쇼에 출연해주었으면 한다고 했다는 것이다. 그러곤 만나서 출연 결정을 했다고 했다.

"너무나 잘된 일입니다. 축하합니다. 그리고 앙드레 김 그 양반 패션쇼에는 유명한 연예인들만 출연하는데 정말로 신명이 돕고 조상이 도왔네요."
"아무나 그 양반 패션쇼에 출연을 하나요. 정말로 잘된 일입니다."
그렇다. 연예인으로 있으니 그가 더 잘 알겠지만 모델들이고 연기자고 앙드레 김 패션쇼에는 아무나 함부로 세우지도 않고 출연하고 싶다고 해서 출연할 수 있는 것이 아니라고 했다.
나는 "이제부터 시작입니다. 잘되어서 유명하고 훌륭한 연기자가 되시기 바랍니다. 그래서 나도 유명세를 치르는 무당이 좀 되어봅시다."라고 말하면서 웃었다.
그리고 다른 사연인즉 나의 말대로 〈왕꽃선녀〉 드라마가 촬영에 차질이 생겼다고 했다. 여자 주인공인 탤런트가 발목 인대가 끊어졌는지 늘어났는지 발목 부상으로 인해서 한 달 가까이 촬영이 연기되었다고 했다. 나의 공수대로 모든 것이 맞아들어가는 것 같았다. 나 또한 무당이 유명한 탤런트 한 명쯤 단골로, 신도로 있으면 손해날 것은 없겠다는 생각에 기대에 부풀었다. 그러고서 한 달 뒤 다시 탤런트가 찾아왔다. 광고 섭외가 들어왔는데 어찌할까? 상의를 하러 온 것이었다.
"증권광고가 들어왔습니다. TV 광고인데 어떻게 해야 할지 모르겠습니다."
"무슨 소리를 하세요. 당장 계약하세요. TV 광고에 주인공으로 나가는 경우 잘만 되면 인지도가 높아지는 경우가 많은데 무엇을 망설이세요."
사연인즉 탤런트가 광고 섭외가 들어온 것을 망설이고 있는 이유는 예전에 다른 광고를 했을 땐 한 번에 많은 돈을 받았는데 이번 증권광고는 금액이 몇 백만 원 단위로 많이 적어졌기 때문이라는 것이었다. 나중을 보면 싼 배우로 인식이 될까 봐 망설이고 있는 것이었다. 그러나 나는 지금은 많은 사람들에게 자기 자신을 알리는 것이 중요하지 출연료가 중요한 것이 아니라고 생각했다. 그러나 결국 탤런트는 내 말을 듣지 않고 광고 출연을 하지 않았다. 얼마 동안 연락이 없었다. 나 또한 일산으로 이사를 하게 되어 정신이 없었다. 그러던 어느 날 연락이 왔다. 일산으로 오고 있다는 것이었다. 두 달 정도 연락이 없고 신당에 오지도 않기에 난 그 사람을 위한 불을 껐다. 그런데 불을 끈 지 10분도 되지 않아서 전화가 온 것이다. 일산으로 온 탤런트는 많이 지친 것 같았다. 사연인즉 〈왕꽃선녀〉 드라마는 촬영이 시작되었는데 자신의 배역이 애매모호하다는 것이었다. 아직은 누가 남자 주인공으로 부각될지 모르는 상황이라고 했다. 난 이것저것 생각하지도 않고 말했다.

"굿을 한 번 더 하세요."

"굿을 하고서 곧장 유명한 디자이너의 패션쇼에 출연했습니다. 그리고 광고 섭외가 들어왔습니다. 그런데 금전적인 면 때문에 본인은 광고에 출연하지 않았습니다. 돈만 생각했다면 로또복권이나 사지 왜 연기자를 하나요?"

"어떤 면에서 보면 본인은 신의 뜻에 따르지 않은 것이나 마찬가지입니다. 그러니 지금 안정이 되지 않을 수밖에 없습니다."

"그리고 굿이란 것도 속도가 붙었을 때 지속적으로 하는 것입니다. 한 번으로 끝이라면 누구나 다 굿으로 해서 큰 효험을 보지요. 각자가 다 다릅니다."

"본인은 연기자를 하니 잘 알겠지요. 얼마나 많은 연기자들이 1년에 몇 번씩 굿을 하는지."

탤런트는 잘 안다고 했다. 그러나 지금 당장 굿을 할 돈이 없다고 했다. 돈이 없는 사람을 굿을 하라고 강제적으로 몰고 갈 수는 없었다. 그러나 탤런트를 하는 젊은 사람의 마음가짐이 잘못되어 있었다. 왜냐면 돈이 없다는 사람이 자가용은 벌써 외제차로 바꾼 상태였다. 외제차를 살 돈은 있고 신명을 위해서, 조상을 위해서 대접을 한 번 더 할 돈은 없다는 것이었다. 사업을 하는 사업가나 정치를 하는 사람들, 그리고 예술인, 연기자, 운동선수들은 지속적으로 무당들과 일을 한다. 왜? 하면 원하는 것에 대한 효험이 있기에 그것을 알고서들 한다. 그래서 사업가들은 1년에 두 번 정도 굿을 한다. 그런데 난 그 탤런트의 말을 들으면서 속으로 생각했다.

'너 텄다.'

　자기 자신을 위해서, 자신을 보이기 위해서 꾸미는 것은 어떻게서든지 한다. 그러나 자기 자신을 도와주는, 운을 가져다주는 신명이나 조상을 대접하는 것은 상당히 아까워한다. 어떤 점에서 보면 효험을 본 사람들이 더 무섭다. 우리는 어려워서 그 어려운 고비를 넘기게 해달라고 신명에게, 조상에게 굿을 통해서 빈다. 그럼 덕을 보고 효험을 본다. 그러면 끝이라고 생각한다. 그러나 그것이 끝이 아니다. 덕을 보고 효험을 보았으면 감사의 예가 있어야 한다. 그러나 많은 사람들이 그 감사의 예를 모른다. 그냥 돈을 들여 굿을 해서 효험을 보았으니 당연한 것으로만 알지 그 뒤의 절차를 모른다. 무당집에 무조건 돈 가져다가 바치라는 것이 아니다. 어려워서 굿을 해서, 굿을 통해서 어려운 고비를 넘겼으면 더 큰 것을 위해서, 더 잘되기 위해서 지속적으로 노력과 예를 바쳐야 한다. 그러나 그런 것이 없고 효험만 보면 끝이 되다 보니 나중에 어려워지면 그땐 다른 무당집을 찾아가게 된다. 그러다 보면 악순환이 계속된다.

　한번 연을 맺어서 효험을 보고 덕을 보았으면 그 무당집과 좋은 연을 맺어 지속적으로 관계를 유지하는 것이 중요하다. 그래야 크게 손해를 볼 것도 막아주고 보호를 해준다. 내가 마음속에서 탤런트를 보고 '너 텄다'라고 생각했으니 무슨 미련이 있고 무슨 효험이 있고 덕이 있겠는가. 내 말대로 그 드라마는 큰 인기를 누리지 못했고, 작가는 중간에 몸이 좋지 않아서 다른 작가로 바뀌게 되었고, 정작 나랑 인연을 맺었다 끝까지 좋게 가지 못한 탤런트는 그 드라마에서 얼굴은 많이 나오지만 대사 없는 연기자로 화면에 비춰지다가 결국은 '야옹'이란 단어 한마디만 말하고선 끝을 맺었다.

진정한 영혼 치유사가 되기 바라며-1

벌써 시간이 많이 지난 것 같다. 생각해보니 햇수로 벌써 3,4년 전의 일이다. 내가 여러 번 글에서 밝힌 바와 같이 나는 인터넷 홈페이지를 없애버렸다. 없앤 이유는 어느 날 신명에서 갑자기 '인터넷 홈페이지를 통해서 사기꾼이 되지 마라'라는 뜻이 내려졌기 때문이고, 이런저런 연유로 홈페이지를 무작정 닫은 것이나 마찬가지다. 인터넷을 보면 참으로 많은 제자들의 홈페이지가 있다. 특징은 너도나도 굿에서나 점사에서나 대가들이라고 주장하는 것이다. 그리고 '다들 택함을 받은 제자들이란 자부심, 더 나아가서는 나란 제자가 아니면 되지 않는다'는 자존심과 자만심으로 가득 찬 것이 지금 제자들의 홈페이지의 특징들이다.

보다 보면 정말로 대단한 제자들도 많다. 보고 배울 것도 많고 나 자신도 알아야 할 것을 알려주는 등 크게 도움이 되는 홈페이지도 많다. 그러나 대부분은 자기광고다. 요즘 세상이 그러하니 자기광고란 것은 어느 곳에서나 필요한 것이며 필수적인 것은 사실이다. 그러나 자기광고의 문제점은 과대광고가 많다는 것이다. 굿에서나 점사 상담에 있어서 자신이 최고이고 절대 강자라는 것을 너무나 심하게 표현한다. 그러나 굿을 하는 사진이나 동영상을 보면 일반인들은 모르겠지만 같은 제자의 길을 걷는 입장에서는 '헛웃음'만 나오는 경우가 많다.

굿의 본서는 알고나 하는 것인지, 신령님의 옷은 제대로 입고서 굿을 하는 것인지, 그리고 자신이 하는 굿이 어디 굿인지도 모르고서 무작정 남들 보기에 좋으라고 여기저기서 오만 가지를 다 섞어서 하는 굿을 최고의 굿처럼 둔갑시켜 일반인을 현혹하는 제자들의 홈페이지가 많다. 그러다 보니 나도 그런 제자의 홈페이지처럼 보이지 않게 하려는 것인지, 아니면 나도 사기꾼처럼 홈페이지를 통해서 내가 최고다, 라고 떠드는 모습이 신명에서 보기 싫은 것인지 인터넷 홈페이지를 무작정 내리라고 하셨다. 그런 것이 벌써 1년이 넘었다. 그러나 가끔은 지금도 홈페이지를 다시 올릴까 싶은 생각도 있다. 하지만 그것은 잠시 잠깐 지나는 생각이고 모든 것이 귀찮다.

홈페이지에 신경을 쓰면서 시간을 보낼 자신도 없고 홈페이지를 통해서 사람들에게 시달리기도 싫다. 어차피 가야 하는 제자의 길이, 무당의 길이 눈물의 길이라는 것은 너무 잘 안다. 하지만 지금껏 오랜 시간은 아니라고 하지만 남들에 비해서 신명 때문에 울고 인간 때문에 울었다. 이제는 그런 눈물이, 울음이 너무나 싫다. 앞으로도 계속해서 울고 가야 하는 길인지는 알지만 어느 순간 눈물이란 것 자체가 싫었다. 그래서 난 굿을 할 때 울지 않으려고 참 많이 노력하는 사람이다. 굿을 하면서 설움에 받쳐 울다 보면 내 설움에 더욱 울게 되는 내 모습이 너무 싫다. 나 때문에 우는 것이라고 하면 그것이야 누가 뭐라 하겠냐마는, 신 때문에 울고 더 나아가서는 인간의 배신 때문에 울다 보면 이젠 지긋지긋하다는 생각이 많이 들어 어떤 때는 인간을 떠나고 싶을 때가 많다. 참 많이도 울었다. 어느 날인가 누군가가 나에게 이런 말을 했다.

"자다가 잠꼬대하면서 울던데요."

얼마나 눈물의 길이면 잠꼬대를 하면서도 울었을까. 그렇게 눈물의 길이 이 길인데 무엇이 아쉬워서 인터넷 홈페이지를 다시 열겠는가. 그러나 가끔은 보고 배워야 하기에 근황들을 알아야 하기에, 무당들의 홈페이지가 있는 사이트를 찾아간다. 어느 날 사이트를 방문했는데 참으로 눈에 익은 사람의 홈페이지가 보였다. 누군지는 정확하게 생각이 나지 않지만 어디선가 본 것 같은 제자의 홈페이지였다. 그곳 홈페이지의 커다란 제목 문구는 '영혼 치유사'였다. 많은 이들의 영과 혼을 치유해주는 것이 이 제자의 소임인지 문구가 참으로 아름답게 느껴졌고 어디선가 본 것 같은 제자의 이미지였기에 친근감은 더 들었다. 홈페이지를 설레는 마음으로 들어가보았다. 한 곳 한 곳을 보면서 나는 놀라지 않을 수 없었다. 결국은 사진을 올려놓은 갤러리에 들어가자 가슴이 뛰고 숨이 막히는 것 같았다. 갤러리 사진에 다른 사람도 아니고 나에게 와서 참으로 많은 도움을 주고 열심히 일했던 내 신도의 얼굴이 있었다.

'도대체 이 사람이 여기에 왜 나왔나?'라는 생각에 그 홈페이지 주인인 제자의 얼굴을 자세히 보았다. 나는 더 경악했다. 내 살들이 덜덜 떨고 있는 것 같았다. 그 주인공은, 영혼 치유사라고 하는 그 제자는 나에게는 영혼 치유사가 아닌 내 영혼을 갈기갈기 찢어놓았던 제자였다. 그런 제자의 홈페이지 갤러리 사진에 왜 내 신당에 드나들던 단골이, 신도가 있는지 그것이 더 궁금하면서도 한편으로는 1년 전에 그 신도의 인등불을 끄라고 하셨던 신명의 뜻을 이제야 알 것 같았다. 나를 '신아버지'라고 부르던 그 영혼 치유사인 그 제자가 나의 신도를 어떻게든 자기네 신당으로 데리고 간 것이다. 그것을 신명에서는 먼저 아시고 인등을 끄라고 하셨던 것이다. 세상이 무섭고 사람이 무서워지는 것을 느꼈다.

몇 년 전 영혼 치유사란 제자는 나에게 점을 보러 왔다. 난 점은 볼 것도 없이 거실에 앉아서 차나 한 잔 마시고 가라고 하면서 차를 대접했다.

"여기에 들어오실 때 할머니 한 분이 같이 따라 드는 것을 보니 같은 제자인 것 같은데 차나 한 잔 하시고 가세요"

"어떻게 아셨어요? 예, 이런저런 것 좀 알려고 왔습니다."

229

차를 마시면서 이야기를 하게 되었다. 나에게 오기 전에 황해도 이북굿으로 유명하다는 제자들에겐 다 갔다가 온 사람이었다. 인간문화재부터 지금은 죽고 없는 박수에게까지 갔었고 이곳저곳 다니지 않은 곳이 없을 정도로 많이 다닌 사람이었다. 그러면서 나에게 이 사람은 어떤지 저 사람은 어떤지 물어보는 것이었다.

나는 "난 이곳에서 나에 대해서만 말합니다. 그 사람들에 대해서는 굿에 대해서만 알지 그 사람들 개인은 모릅니다. 그런 것을 알아도 말할 수가 없고 알지도 못합니다."라고 일언지하에 잘라 말했다. 난 상담도 하고 싶지 않았다. 그저 차나 한 잔 마시고서 보내려고 했는데 나에게 점을 보고 싶다는 것이었다. 결국은 점을 보게 되었는데 이 제자는 한양 굿으로 한 번 신굿을 한 제자였다. 그런데 굿이 양에 차지 않았고 그래서 이 제자 저 제자 유명하다는 제자들은 다 찾아다니면서 그곳에서 같이 생활까지도 했던 제자였다. 그러니 다른 제자들과 접촉이 그다지 많지 않은 나로서는 나보다도 더 황해도 이북 굿판을 잘 아는 제자를 만나게 된 것이나 마찬가지였다.

그들을 찾아다닌 것은 자신의 신굿을 하고 싶어서였다고 한다. 신굿을 한 번 했지만 작두를 타는 굿을 하고 싶어 이북굿판에서 유명하다는 제자들은 다 찾아다닌 제자였다. 그러다 결국은 나에게까지 온 것이다.

"나보다 더 잘하는 사람들을 많이 아네요. 그곳에서 굿을 하시지 왜 나에게까지 왔나요?"

"같은 이북굿이라고 해도 제 눈에 차지 않아서요. 굿을 하는 데 몇 번 따라다녔는데 이름, 명성에 비해서 보여주는 것들이 너무 아니었습니다. 그래서 이 선생님을 찾아왔습니다."

"제 굿은 그분들에 비해서 약합니다. 본인 마음에 들지 않을 것입니다."

나는 그 제자랑 인연을 맺고 싶지가 않아서 그렇게 말했다. 그러나 그 제자는 나의 굿을 꼭 한번 보고 싶다고 사정했고 어쩔 수 없이 난 내 굿판에 한 번

오라고 했다. 결국은 내 굿판에 찾아왔다. 굿을 보고선 다음 날 나를 찾아왔다.

"선생님에게 제 작두굿을 해달라고 부탁하러 왔습니다."

난 그렇게 할 수 없다고 말을 잘랐다. 전날 굿판에서도 신의 선생이 인연을 맺지 말았으면 하고 말한지라 서로가 좋은 인연은 아닌 것 같아서 나는 굿을 할 수 없다고 했다. 그런데 그 제자는 내 굿판에 세 번씩이나 계속해서 찾아오는 것이었다. 네 번째까지 굿판에 찾아오기에 이것도 인연인가 보다, 라는 생각에 어쩔 수 없는 마음으로 작두굿을 해주기로 했다. 내 굿이 아니면 자기 눈에 차는 굿이 없다고 하는데 어찌하겠는가. 네 번씩이나 찾아오니 나로서도 해주어야겠다는 생각을 했고 그 굿을 해줄 시기에 나중에 그 제자에게 가버린 신도가 우리 집에서 나의 일을 도와주고 있었다.

결국은 날을 잡아서 산을 돌며 남해바다에 가고 싶다고 해 남해바다를 갔다. 작두굿을 하는 날 작두까지 무사하게 다 태워주고 신굿은 끝이 났다. 서울 한남동으로 해서 신당까지 다시 정리를 해주었다. 그러면서 신아버지와 신딸의 관계까지 되었지만 내 마음엔 늘 불안하고 조심스런 것이 있었다. 그것은 그 신딸과 내가 원진살을 가지고 있기 때문이었다. 아니나 다를까 그 신딸은 다른 제자들과 친해지지 못하고 늘 트러블이 많이 생겼다.

난 이 사람 편을 들 수도 없고 저 사람 편을 들 수도 없었다. 그러던 어느 날 신딸의 좋지 못한 점들을 발견했다. 술자리에서였다. 그 신딸의 남편과 나와 나를 도와주고 있는 단골과 함께 횟집에서 대접을 한다고 해 회를 먹으로 갔는데 신딸은 술만 들어갔다 하면 주사가 있다고 했다. 앞 사람이고 옆 사람이고 무조건 머리든 어디든지 폭력을 행하는 못된 버릇이 있었다.

그날도 남편과 트러블이 생기더니 결국은 내 옆에 있는 내 단골의 머리를 가게에 앉아 있는 다른 사람들에게 다 들릴 정도로 세게 때리는 것이었다. 난 아무런 말도 나오지 않았다. 어이가 없었다. 두 번째 때리려고 할 때 다행히 단골이 피했지만 좋지 못한 행실이었고 그날 그 자리에서 참아준 단골이 너무나 고마웠다. 그러더니 결국은 남편이 술병을 바닥에 던지면서 깨고 난리도 아닌 상황이 되었다. 신아버지를 대접한다고 간 술자리에서 이런 경험을 하긴 난생처음이었다.

 술을 마실 때 기분이 좋아서 마시는 경우도 있고 서글퍼서 그리고 외로워서 마시는 경우도 있지만, 나 같은 경우 기분이 좋지 않을 때는 술을 마시지 않는다. 기분이 좋지 않은 상태에서 술을 마시게 되면 술은 독이 되는 것으로 나는 알고 있다. 그러기에 난 지금껏 술을 마시면서 남들에게 피해를 준 적도 없지만 싸움을 일으킨 적도 없는 사람이다. 그저 조용히 와서 조용히 마시고 가는 것이 내 술버릇이다. 그런데 그런 모습을 보았으니 난 실망이 컸다. 그리고 다시는 그 사람들과 술을 마시고 싶지 않다는 생각이 들었다. 그날 돌아오는 길에 나는 내 단골에게 고맙다고 했다.

 "어찌 되었든지 맞았는데 참아주어서 고맙다. 다 나를 생각해서 참아준 것으로 안다. 너무 고맙게 생각한다. 그 사람들에 대해서 다시 한 번 생각해보아야겠다."라고 말할 정도였다. 다음 날 우리 신당으로 그 제자가 찾아왔다. 무조건 잘못했다는 것이었다. 다음부터는 그런 실수를 하지 않겠다고 비는 것이었다. 그래서 나는 없던 일로 하자고 했고 남편에게 무조건 잘하라고 부탁했다. 평소에 남편이 아내에게, 아내가 남편에게 불만이 많은 가정이었고 정식적인 부부가 아니었다. 그 제자와 남편 사이에도 원진살이 끼어 있으니 둘 사이가 원만하지 못한 것은 사실이었다. 그래서 그 제자도 늘 남편과 헤어지고 싶다고 말했다. 그 남편이 돈 때문에 자신에게 붙어 있는 것 같고 자신도 이젠 그 남편에게 휘둘리면서 살고 싶지가 않다고 했다.

 나는 "본인이 제자로서 안정이 되고 성장을 하려면 아마 그 사람과 인연을 끊어야 할 것입니다. 그런데 본인이 그 사람을 끊지 못합니다. 웬만한 마음다짐이 없이는 끊을 수가 없을 것입니다."라고 말해주곤 했다. 내가 신명을 모시고 있는 집에서는 나와 나를 도와주는 단골과 둘이서만 생활했다. 남자 둘만이 생활하고 있으니 반찬이 없을 것이라면서 그 제자는 반찬을 여러 가지 해 온 적이 있다.

"남편 것은 남겨 놓고 왔나요?"

"아니요. 이게 전부예요. 아버지랑 누구 씨만 먹을 것만 해 가지고 왔어요."

나는 "남편이 알면 서운할 텐데요. 본인에게 서운하다가 결국에는 화살이 나에게 돌아올 텐데……. 그러니 본인이 알아서 남편에게 잘하세요. 나중에 뒤탈이 나지 않게 잘하세요."라고 말했다. 그러나 결국은 반찬 문제로 인해서 부부는 크게 싸움을 했다고 나중에 들었다. 반찬 만드는 것을 뻔히 남편이 보았는데 남편 것은 없고 신아버지에게 전부 가져갔으니 당연히 싸움의 시초가 되었다. 결국은 바람난 것이 아니냐는 말까지 오갔다는 것이다. 제자들은 신아버지와 신딸의 관계에서, 신어머니와 신아들의 관계에서, 신아버지와 신아들의 관계에서 신어머니와 신딸의 관계에서, 그리고 신동기들 관계에서 옳게 행동해야만 한다. 잘못된 행동이나 말 한마디로 해서 크게 상처를 받고 오해를 살 수 있다. 잘못된 말과 행동으로 나중에 크게 상처를 받는 경우를 너무나 많이 보았다. 이성으로 생각하지 말고 그저 내 부모, 형제, 자식으로만 생각하면 아무런 탈이 없을 것을, 이래저래 좋지 않은 행동들로 인해서 남들에게 그리고 본인들 스스로에게 큰 상처를 입히고 헤어지는 원인이 되는 것이다.

작두굿을 하고서 신아버지와 신딸의 관계가 된 지 3개월이 되는 시기에 싸움이 나기 시작했다. 신딸이 나에게 원망을 하는 것이었다.

"왜 신아버지는 나를 다른 사람들처럼 좋아하지 않으세요. 왜 나만 미워하세요."

신딸이 밤에 술을 먹고서 나에게 전화를 해왔다. 어이가 없었다.

"왜 내가 본인을 미워한다고 생각하세요?"

"제게는 이런저런 이야기를 다른 제자들에게 하는 것처럼 하지 않고 따돌리는 것 같아서 저를 미워한다는 생각이 드네요."

"이런저런 이야기를 본인에게 모두 할 수는 없습니다. 그러기에는 우리는 같이 지낸 시간이 짧습니다. 다른 제자들은 나와 함께한 지 벌써 3,4년이 되는 사람들입니다. 나의 사생활이나 내 가족사도 전부를 아는 사람들입니다. 그렇게 되기까지는 그 사람들도 그만한 시간이 걸렸어요."

나는 계속해서 말했다. 나보다 한참이나 나이가 많은 사람이 어린아이와 같은 생각과 행동을 하니 짜증이 날 수밖에 없었다.

"시간이 약입니다. 시간이 지나야 서로가 서로에 대해서 이런저런 이야기를 사심 없이 할 수 있습니다. 그 시간이란 것을 갑자기 당기고 줄이고 할 수는 없습니다. 그러니 내가 본인을 따돌리는 것이 아니라 본인에게 할 이야기가 있고 본인에게 하지 못할 이야기가 있는 것입니다. 그러니 오해는 하지 마시고 마음을 푸시기 바랍니다."

그렇게 말하고선 전화를 끊어버렸다. 아무리 철이 없고 아무리 이제야 제자가 된 사람이라곤 하지만 살아온 나이가 있고 세월이 있는데 몰라도 한참 모른다는 생각이 들었다. 지난 3개월간에도 이런저런 상황들이 많았다. 다른 제자들의 흉을 나에게 보지 않나, 서로가 화합이 되거나 융합이 되지 않았다. 나는 제자를 낼 경우에 그 제자들을 내 굿판에 다 부른다. 다 부르게 되면 경비가 그만큼 들고 나가는 돈이 그만큼 많아지지만 그래도 굿을 한 번이라도 더 보고 빨리 배우라는 의미에서 굿판에 꼭 부른다. 자신들이 일이 있어서 오지 못할 경우도 있지만 대부분은 전부 참석을 시키기 때문에 어떤 때는 굿비가 경비로 지출이 다 되는 경우도 생겼다. 그러나 나도 어렵게 굿을 배운 사람이고 누가 굿을 알려주고 가르쳐주는 것도 아니기에 굿은 굿판에서 눈치껏 배워야 한다. 그런 것을 너무나 잘 알기에 내 제자들을 내 굿판에 어느 누구 할 것 없이 다 모이게 한다. 그러다 보니, 지금껏 남들에게 퍼주다 보니 모아 놓은 것이 없는지도 모른다. 나중이 되면 다들 알겠지 하는 생각에 그랬지만 지금 와서 생각하면 다 헛수고라는 마음만 든다. 내 굿판에 참석해서 굿도 배우고 인건비도 받아 가면 생활에 도움이 많이 되고 제자의 길에 조금이라도 도움이 되리라는 생각에 지금껏 그래 왔다. 그러나 나중엔 한마디 말도 없이 그냥 떠나는 것이 제자들이고 사람들이었다. 그런데 그때도 굿판에 신딸까지 3명을 다 참석시키면 8명에서 9명이 모여서 굿을 하게 되는 것이다. 그럼 굿판은 사람들로 꽉 차지만 난 그만큼 인건비에 경비를 지출해야만 했다. 그런데 신딸과 다른 제자들이 서로가 마음이 맞지 않는다고 하니 이 사람이 오면 저 사람이 오지 않고 저 사람이 오면 이 사람이 오지 않고, 그렇게 나를 속상하게 했다. 나이가 든 사람은 나이가 든 사람대로 참아야 하고 나이가 어린 사람은 나이가 어린 사람대로 조금씩 양보하고 참으면 되는데 제자들이란 것이 개성이 강하다 보니 그러지 못했다. 그렇게 불안한 시간들, 그리고 화합이 되지 않는 시간들을 보내던 어느 날 신딸과 내가 헤어지는 계기가 되는 사건이 터지게 되었다.

진정한 영혼 치유사가 되기 바라며-2

신딸과 아가씨 그리고 애인인 장교가 나에게 상담을 하고서 간 지 몇 날이 지났는데도 연락들이 없었다. 아가씨와 장교 애인이 나에게 연락을 할 일은 없었지만 신딸인 사람도 나에게 며칠 동안 연락이 없는 것이었다. 그러던 어느 날 신딸에게서 전화가 왔다. 나를 만나러 혼자서 온다는 것이었다. 그런데 전화 너머로 들린 신딸의 목소리는 평소와는 사뭇 달랐다. 신딸은 집으로 오더니 나의 신당에 인사도 하지 않고서 거실 의자에 앉는 것이었다.

나는 "며칠 동안 연락도 없었어요. 바빴어요?"라고 물었다. 그랬더니 신딸은 나의 물음엔 답도 하지 않고서 단단히 화가 난 얼굴로 갑자기 거실에 있는 테이블을 손으로 내리치면서 나에게 따지는 것이었다.

신딸은 "어쩜 점사가 그렇게 다를 수 있어요?"라고 다짜고짜 말하는 것이었다. 난 순간적으로 신딸의 점사와 내 점사가 서로 틀린 데 대해 말하는 줄 알았다.

"아니 신명마다 점사가 서로 다를 수 있지. 내 신명이 다르고 본인의 신명이 다르듯이 점사가 다르게 나올 수 있지. 그것 가지고서 지금 어디서 테이블을 치면서 큰 소리를 내는 것이냐?"

나 또한 화가 나서 성질을 냈다.

신딸은 "아니요. 신명이 틀린 것이 아니라 신아버지 점사가 아가씨 혼자 왔을 때랑 남자친구와 왔을 때랑 왜 틀리냐는 것입니다."라고 신경질적으로 말하는 것이었다. 난 순간적으로 말문이 막혔다. 한마디로 어안이 벙벙한 상태가 되었다.

"내가 그날 여기 왔다가 돌아가면서 얼마나 그 애들한테 당한 줄 아세요. 내가 무슨 말을 하지 못할 정도로 창피했어요."

그러면서 점점 더 기세등등하게 나에게 화를 내는 것이었다.

"그래 내가 무슨 말을 했길래 내 점사가 틀리게 나왔다고 하느냐?"라고 나도 따지고 들었다.

신딸은 "그날 처음에 아가씨가 왔을 때 남자 애인에게 신장님이 보인다고 했잖아요. 신장님이 보이면 제자가 되어야 하는 것 아니에요? 그리고 남자 애인이 왔을 때도 신장님이 보인다고 하셨는데 그것은 어떻게 설명하실 건가요?"라고 따지듯 물어오는 것이었다.

"아니 무슨 신장님이 보인다고 했어. 내가 언제 신장님이 보인다고 했어?"

사람을 미치게 만들었다. 하지도 않은 말을 했다고 나한테 삿대질을 해가면서 화를 내며 따지는 것이었다. 어이가 없었다. 나는 신장님이 있다는 말을 하지 않았다. 신딸은 그 말을 분명히 들었고 아가씨도 들었다는 것이었다. 그리고 신장님이 있는데 제자의 길을 피할 수 있냐고 신딸에게 따졌다는 것이었다. 속이 터질 지경이었다. 하지도 않은 말을 했다고 따지는데 사람이 열통이 터질 정도였다.

"신장님이 있다고 하지 않았고 신장대가 보인다고 했지요."라고 옆에서 싸우는 것을 지켜보고 있던 단골이 말하는 것이었다. 그때서야 나는 생각이 났다.

나는 "아니 신장대랑 신장님이랑도 구분을 못해? 내가 언제 신장님이 있다고 했냐. 아가씨가 남자애 이름을 말해서 신장대가 보인다고 했고 그리고 신장대가 보이는 것으로 보아서 그 집안에 법사가 있는 것 같다고 했지."라고 화를 내면서 말했다. 단골이 옆에 없었으면 계속 크게 따지면서 싸움이 날 뻔했다. 그러면서 신딸은 다른 문제를 또 따지고 드는 것이었다.

"그럼 업대신을 모시라고 한 것은 무슨 말이에요?"

"업대신…… 업대신이 뭐야?"

내가 모르는 단어까지 만들어서 화를 내는 것이었다.

내가 "난 업대신이란 단어가 뭔지도 모르고 그런 신명은 들어보지도 못했는데 무슨 업대신이 있다고 했겠냐?"라고 말하니 신딸은 분명히 말했다고 펄펄 뛰면서 계속해서 나에게 따지고 드는 것이었다. 가만히 생각해보니 이것도 무슨 단어를 잘못 해석한 것이 분명했다. 생각이 났다.

"업으로 해서 대신 모실 수도 있다고 이야기했지. 그것을 업대신으로 들은 것이 분명하네."

그렇게 말하자 신딸은 말을 멈추고 조용해지는 것이었다.

"내가 언제 업대신이 있다고 했어. 업으로 해서 대신 모실 수도 있다고 했지. 없는 말 만들어서 사람 열통 나게 하네."

옆에서 듣고 있던 단골이 그제야 업으로 해서 대신 모실 수도 있다고 하면서 항아리며 단지 이야기를 했다고 추가로 설명했다. 그러니까 신딸은 조용해지는 것이었다. 신딸도 이 문제로 그 아가씨에게 심한 추궁을 당한 것 같았다. 그러다 보니 정신없이 며칠을 보내곤 나에게 따지려고 벼르고 온 것이었다.

"기가 차서 말이 나오지가 않네. 내가 말할 땐 뭘 들었어."

"아버지가 말할 땐 정신이 없어서 다른 것에 신경 쓰다가 중간 중간 들은 말만 기억이 나서 내가 그 아가씨에게 말을 못하고 추궁만 당했네요. 난 그 아가씨가 말하길래 그렇게 말한 줄로만 알았어요."

그때부터 나도 욕이 나오기 시작했다. 그랬더니 한 가지를 더 따지고 드는 것이었다.

신딸은 "그럼 남자네 부모님이 아프지 않을 것이라고 말해서, 전화를 하라고 해서 바로 나가서 전화를 하니 부모님 두 분이 다 아프다고 난리가 났다던

데. 아버지는 아프지 않을 것이라고 했고 그 사람 부모님은 심하게 아픈 상황이니 점사가 틀렸다고 난리가 났어요. 그럼 그것은 어떻게 내린 점사인데요?"라고 하면서 지지 않으려고 대드는 형국이 되었다.

"여보세요. 그날 내가 남자에게 부모님에게 자주 전화를 하냐, 라고 했더니 남자가 자주 못 한다고 했어. 그래서 내가 부모님 두 분이 전부 아픈 것 같으니 빨리 연락을 해보라고 했어. 그래야 아픈지 아프지 않은지 확인이 되니 빨리 전화를 해보라고 한 것이야. 난 아프다고 했어. 그럼 그 애들은 아프지도 않다고 했는데 왜 전화를 한 거냐?"

내가 이것저것을 상황적으로 풀어서 따지니 그때서야 신딸은 이해를 했고, 자기 자신이 그때 다른 생각을 하느라고 내 이야기를 듣지 못한 것이 잘못이었고, 그 아가씨 말만 듣고 믿었던 것이 잘못이었다고 하는 것이었다. 난 신딸의 얼굴이랑 목소리조차도 듣기 싫었다.

"이것 보세요. 무당이란 사람이, 그리고 제자란 사람이 어린 년한테 말로 당해? 그러고서 신아버지한테 와서 소리 질러가면서 테이블 탁자 내리쳐가면서 따져?"

이렇게 말하니 신딸은 아무런 말도 못하고 고개만 숙이고 있는 것이었다.

"나 무당생활 얼마 되지 않았지만 이런 경우는 처음이야."

"아무래도 본인하고 나는 인연이 끝난 것 같으니 더 이상 말하지 맙시다."

그렇게 계속해서 이야기하니 신딸은 사정하는 것이었다. 자신이 잘못했다고 하면서 그 아가씨를 불러다가 따지겠다고 하는 것이었다.

"됐다고 봅니다. 아가씨를 불러다가 따지든지 말든지 난 상관없는 일이고 당장 내 집에서 나가."

"한마디 더 할까요. 그 아가씨란 년 할 게 없어서 꽃뱀이나 하냐, 유부남 등쳐먹고 사는 년이 어디 순진한 남자 꼬셔서 돈 안 들이고 제 굿을 하려고 하다가 내가 남자에게 돈 대지 말라고 하니 심통이 나서 지금 말도 안 되는 지랄을 하는 거야. 내가 그런 거 모를 것 같아. 무당이란 사람이 그렇게 상황 파악이 되지 않아?"

"그리고 당신도 어찌해서 굿을 한 번 하려고 했는데 내가 여자 돈 남자 돈 따지고 드니 굿이 되지 않을 것 같아 그날 정신이 없었던 것이고."

그렇게 말하니 신딸은 아무 말을 하지 못했다.

"그리고 본인하고 아가씨하고만 말했지?"

"예."

"그럼 남자 장교한테 연락해봐. 그 사람은 미치지 않은 것 같으니까."

그렇게 말하고 난 내 방으로 들어가버렸다. 신딸은 잠시 후 집으로 돌아간 것 같았다. 난 도저히 마음이 진정이 되지 않아 성질이 날 정도였다. 단골이 없었다면 모든 것이 다 나로 인해서 깨진 것으로 오해를 당할 뻔했다. 다음 날 전화가 왔다. 신딸이 남자 애인과 전화 통화를 해보니 내 말이 다 맞다는 것이었다. 그런 말을 듣고 신딸은 자신이 아가씨에게 당한 것이 분명하다는 확신을 가지게 되었고 남자 장교는 꼭 나를 만나서 상의할 것이 있다고 집으로 오고 싶다는 것이었다.

신딸을 보아서는 전혀 상대를 하고 싶지 않았지만 그래도 남자 장교는 사리 판단을 정확하게 하는 사람 같아서 다시 만나기로 했다. 그날 밤에 장교와 신딸이 같이 왔다. 장교는 자기네 집안 문제가 아니라 아가씨와 둘만의 문제로 상의를 하고자 왔다는 것이었다.

"그날 이후로 만나주지를 않습니다. 연락을 해도 연락이 되지 않고 집으로 가도 만나주지를 않습니다."

"그 아가씨 무엇 하는 아가씨인 줄 아세요?"

모르는 눈치인 것 같았다.

"그럼 어떻게 만났어요?"

"인터넷 채팅으로 만났습니다."

"만난 지 얼마나 되었는데요?"

"이제 3개월이 되어갑니다."

어이가 없었다.

"참으로 어이가 없네요. 인터넷 채팅으로 만난 지 3개월밖에 되지 않은 사람이 결혼할 사이라고 떠들고 다니나요?"

"그리고 그 아가씨가 무엇을 하는 사람인지도 모르고, 그리고 더 중요한 것은 그 아가씨는 지금 의상공부를 하고서 조만간에 유학을 가려고 하는 사람인데 그것은 아세요?"

남자는 전혀 모르는 상황인 것 같았다. 순진하게 그냥 그 아가씨가 말하는 대로 다 믿었던 것 같았다.

"내 입으로는 그 아가씨가 무슨 일을 하는 사람인지 말을 못하겠으니 신딸이 알아서 말하세요. 그리고 그 아가씨 돈 싸 들고 와도 굿해주지 마세요. 나중에 큰 탈 납니다."

신딸에게 그렇게 말해주었다.

"남자분, 내가 보았을 땐 인연 아니에요. 여기서 끝내요. 안 그러면 그 아가씨로 인해서 큰일 납니다. 내가 보았을 때 본인은 평생 군인을 직업으로 가질 사람인데 그 아가씨로 인해서 크게 오점을 남길 수도 있으니 여기서 그냥 끝내는 것이 좋을 거예요."

이렇게 말했다. 그러나 남자는 포기하지 못하는 것 같았다. 난 내가 해줄 말은 다 해주었으니 무슨 책임질 일이야 없겠지만 남자가 불쌍하게 느껴졌다.

쉽게 말해서 좋은 인연을 만나야 하는데 악한 인연을 만난 것이나 마찬가지였다. 남자는 나에게 다시 연락하겠다고 하고선 고개를 숙인 채 돌아가는 것이었다. 며칠이 지난 뒤에 들리는 말로는 그 아가씨가 남자 부대로 연락을 해서 남자에게 돈을 달라고 협박했다는 것이었다. 돈을 주지 않을 경우에 윗상관에게까지 연락해 군대 생활을 못하게끔 하겠다는 것이었고, 남자 장교의 군대 상관까지 사귀고 있다는 것이었다.

남자도 그때서야 내 말을 인정하고서 다시 연락을 해왔다. 어떻게 대처를 해야 할지 나에게 상담하러 전화를 건 것이었다. 모든 것이 수습이 된 뒤에 신딸에게 이렇게 말했다.

"그 아가씨 하나로 인해서 별의별 일이 다 있었다. 만약에 그 아가씨 굿을 했다고 하면, 무엇 하나라도 잘못되었다고 한다면 본인이나 나나 크게 낭패를 볼 뻔했다. 사람과 상대를 할 땐 특히 점사 상담을 할 땐 무슨 말을 했는지 무엇 때문에 굿을 하는지 명확하게 알아야 해. 그래야 뒤탈이 없어."라고 말해주었지만 이미 나의 마음에선 신딸에 대한 모든 것이 떠난 상태였다.

결국 이런 마음을 가지고 있으니 사건은 또 터지게 되었다. 그 사건이란 내가 상황이 좀 어려워지면서 비롯되었다. 일도 없었고 손님도 없었다. 그러다 보니 금전적으로 어려움을 겪게 되었다. 그런 상황을 아는지 신딸은 자기 신굿을 할 때 돈도 적게 받았고 자신에게 여유가 좀 있으니 200만 원이란 돈을 빌려 주겠다는 것이었다. 그래서 나는 기도도 가야 하고 써야 할 곳이 있던 차에 두어 달만 차용하기로 하고 돈을 빌렸다. 그 돈으로 해서 태백산에 기도를 가게 되었다. 일행은 4명이었다. 태백산 천제단에서 기도를 했다. 겨울인지라 바람이 심하게 불었지만 그래도 더운 것보다는 추운 것이 좋았던 것 같다. 추우면 아무래도 긴장이 되어 기도가 더 잘되는 경우가 있다. 난 천제단과 떨어진 장소에서 기도를 했다. 신딸과 거리상으로 보면 30미터 정도 떨어진 곳이었다. 2박3일간의 기도를 마치고서 돌아왔다. 그때 사건이 터졌다. 밤에 신딸에게서 전화가 왔다.

"아버지 너무 서운합니다."

"아니, 무슨 말이야. 그리고 잠자는 시간에 전화를 해서 뭐 하자는 것이야."

"지금 밤이고 낮이고 따질 상황이 아닙니다. 그리고 아버지네는 밤도깨비잖아요."

"지금 무슨 소리를 하자는 거야?"

"왜요, 무슨 말인들 못하겠어요. 이미 찍힌 상태에서."

어이가 없었다. 밤에 전화를 해서는 신아버지인 나에게 너희들 밤도깨비라고 말하지 않나 찍힌 상태라고 말하지 않나 반은 미친 사람처럼 보였다.

"나 태백산에서 기도할 때 아버지가 무슨 기도를 했는지 다 들었어요."

이것은 또 무슨 소리인가 하는 생각이 들었다.

"그래, 무슨 기도를 했는데."

"신딸 잘못 받아서 지금 고생하는 것 같으니 용서해달라고 기도했잖아요."

참으로 어이가 없었다. 그리고 자신과 내가 30미터 넘게 떨어져서 기도를 했는데 그 기도 소리를 어떻게 듣는단 말인가?

"본인하고 내가 얼마나 떨어져서 기도를 했는데 내 기도소리를 들었다고 해? 그리고 내가 본인에 대해서 기도한 정확한 내용은 이래. 신에서 제게 신딸은 두지 말라고 하셨는데 신의 뜻을 거부하고 인간으로서의 인연을 따랐습니다. 만약에 신딸을 둔 것이 저에게 큰 죄라면 그 죄를 용서해달라고 빌었어. 어떻게 말을 그렇게 해석할 수가 있지?"

"다 필요 없어. 내 돈이나 가지고 와."

빌려 준 돈 200만 원을 당장에 가지고 오라는 것이었다. 두 달의 여유를 준다고 하고선 당장에 돈을 달라는 것이었다. 그러면 자신은 나가겠다는 것이었다. 결국은 두 달 뒤에 돈을 주기로 하고 차용증을 써 주었다. 그 차용증을 운전하는 동생이 가져다주었다. 그랬더니 그 차용증을 받으면서 하는 말이, 그대로 전달하라고 강조까지 하면서 한 말이 이랬다.

"이효남이한테 정확하게 전달하세요. 만약에 돈 갚는 날짜가 하루라도 늦을 경우엔 인터넷에 다 폭로한다고 전하세요."

인터넷에 무엇을 폭로한다는 것인지 말이 나오지가 않았다. 결국은 두 달 안에 돈을 갚았다. 그렇게 해서 신딸과 나는 인연이 끝난 줄 알았다. 그런데 몇 달이 지나고 나서 신딸로부터 신의 동기들에게 전화가 온다는 것이었다. 신아버지와 있을 때는 그렇게 앙숙이었던 동기들에게 전화를 해서는 신아버지와 다시 연결을 하고 싶다느니 아버지랑 통화를 하고 싶다느니 그런 말을 한다는 것이었다. 나에게도 전화가 두세 번 정도 왔다. 나는 아예 전화를 받지 않았다. 그리고 시간이 지난 뒤에 우리 집에 드나들던 단골까지 이렇게 저렇게 연결해 그쪽 신당으로 불러들였다. 술집에 나가는 아가씨들을 통해 연을 만들어서 우리 단골을 데리고 간 것이다. 내가 일본으로 갔다가 이런저런 일 때문에 서울을 떠나서 울산으로 와서 제자생활을 하고 있을 때 나와 같이 굿을 하는 일행을 굿당에서 만난 모양이었다. 나와 같이 울산에서 굿을 하고서 올라간 일행이 바로 다음 날 인천의 다른 굿당에서 그 신딸을 오랜만에 만난 것이었다.

신딸은 "안녕하세요."라고 나와 같이 일하는 일행에게 먼저 와서 인사를 했다고 한다.

"어머 안녕하세요. 오랜만이네요."

"예, 잘 지내지요. 그런데 요즘 이효남 씨랑 연락이 되세요?"

"아니요, 그 양반 일본에 들어간 것만 알지 이렇다 저렇다는 것은 모르겠는데요."

무당들 입이란 것이, 제자들 입이란 것이 항상 조심해야 하기에 나와 어제 같이 일을 하고도 아예 모른 척했다고 한다.

"그럼 다른 선생님도 모르세요?"

"그럼요, 내가 모르는데 다른 선생님이라고 알겠어요?"

"이효남 씨요, 일본에서 우리나라 못 들어와요."

"아니, 왜요?"

"우리나라에 들어오자마자 영창에 들어갈걸요. 여기서 사기를 쳐서 일본으로 들어갔잖아요. 그래서 여기서 사기를 당한 사람들이 기소중지를 내렸잖아요. 그러니 못 들어오지요."

우리 일행 제자는 어이가 없다고 생각했다고 한다. 어제도 울산에서 같이 굿을 하고 왔는데 무슨 헛소리를 하는지 어이가 없었다고 한다.

"그러고요, 일본에서 지금 호스티스네 집에서 그 호스티스 수발 받으면서 얻어먹고 산다고 하네요."

"아니 본인은 어떻게 이효남 씨에 대해서 그렇게 잘 아세요?"

"이효남 씨네 신당에 다니다가 우리네로 온 신도가 있어요. 그 신도가 수소문을 했더니 지금 일본에서 그러고 있다네요."

신딸은 이런 헛소문을 내면서 다니고 있었다. 그것도 나에게 신굿을 한 신딸이 그렇게 소문을 내고 있다고 했다.

'영혼 치유사'란 홈페이지는 내가 그 말을 듣기 벌써 1년 전부터 있었다. 아직도 영혼 치유사가 완전하게 되지 않은 것인지, 아니면 영혼을 말살시키는 제자인지 구분이 가지 않는다. 홈페이지를 운영할 정도가 되면 어느 정도는 입조심도 해야 하고 자기 홈페이지에 대한 책임도 져야 한다. 말로만 그리고 광고로만 떠들 것이 아니라 진정성이 있어야 한다. 홈페이지를 글로써 말로써 사진으로써 치장은 할 수 있다. 그러나 남을 죽여가면서 치유사란 이름을 함부로 쓸 수는 없는 일이다. 제자는 모든 것에 책임을 질 줄 알아야 한다. 홈페이지의 큰 타이틀이 '영혼 치유사'라고 한다면 사람들의 마음을, 어려움을 치유해야 하는 것이지 죽여서는 아니 되는 것이다.

비구니가 된 목사 부인

어느 날 오후 모자를 푹 눌러쓴 여자 한 명이 상담을 하러 들어왔다. 나 같은 사람은 미리 연락을 하지 않은 사람은 잘 보지 않는 경향이 있다. 예약을 꼭 해야만 상담을 하는 것이 아니라, 미리 연락을 하고 예약을 해놓으면 나 스스로 마음의 준비를 하고서 기다리기에 편안한 가운데 상담을 하지만 지나는 길에 또는 누구 소개로 갑자기 올 경우 그러지 못해 대부분 보지 않는다. 마음의 준비란 것이 참으로 중요하고 그리고 사람에 대한 강박관념이 있기에 갑자기 문을 열고서 들어오는 사람들은 보지 않고서 그냥 보내는 경우가 많다. 점사를 보던 중 강도 비슷한 것을 당한 적이 있고부터 사람에 대한 무서움이, 사람에 대한 강박관념이 더해만 간다. 그날도 이미 예약된 손님을 보고 있던 중이었다. 모자를 눌러쓴 여자는 거실로 들어서면서 "상담료가 얼마예요?"라고 물었다.

"예, 10만 원인데요."

난 그 여자 손님을 상담하기가 싫었다. 그래서 평상시보다 큰 금액을 여자에게 말했다.

"뭐가 그리 비싸나요? 다른 곳은 2,3만 원이면 보던데요."

여자는 내 상담료에 놀라는 것 같았다.

"그럼 그곳에 가서 보세요. 전 이렇게 받습니다."

나는 이렇게 말했다. 그렇게 냉정하게 말하면 나갈 것 같은 생각이 들었다. 여자는 알았다고 하면서 나가는 것이었다. 나가는 여자의 모습에서 거만함이나 오만함이 느껴지는 분위기가 있었고 한편으로는 서글픈 생각도 들었다.

"비구니 팔자인데."

난 그렇게 말을 흘려버리곤 다시 다른 손님을 보고 있었다. 한 시간 정도 지났을까, 조금 전 모자를 눌러썼던 여자가 다시 찾아왔다.

"아니, 왜 다시 오셨어요. 다른 곳을 가보지 않았나요?"

"한번 보고 싶어서요. 다른 곳에서도 보고 왔어요. 그런데 영 마음이 개운치가 않아서요."

우리 집에서 나가 다른 곳을 벌써 한 시간 사이에 두 군데나 들렀다가 그래도 마음이 자꾸 우리 신당으로 쏠려서 다시 오게 되었다고 했다. 어찌 되었든지 상담은 해주어야 했다. 이번에도 그냥 보낼 수는 없는 노릇이었다. 여자는 모자를 쓴 채 자리에 앉아 상담료 10만 원을 냈다. 난 5만 원을 돌려주었다. 여자는 의아해했지만 서로가 아무런 말도 하지 않고 그냥 아무 일도 아닌 듯하게 되었다.

"허공에 도장이 하나 보이는데 이혼하려고 마음으로 준비를 하고 있나요?"

여자는 놀라움에 눈이 커졌다.

"예, 지금 제가 이혼을 하고 싶어서 준비를 할까, 아님 그냥 이대로 살아야 할까 답답해서 왔습니다."

"그냥 부부간에 궁합을 이루고서 잘 살면 좋지요. 무슨 사유입니까?"

난 될 수만 있으면 불륜으로 맺어진 경우가 아니고 정상적인 부부들인 경우 잘 살거나 백년해로를 했으면 하는 바람이다. 부부간에 살다 보면 이런 문제 저런 문제가 발생하지만 서로 다른 사람 둘이 합쳐서 사는데 문젯거리가 없겠는가. 그냥 서로가 서로를 존중하고 사랑하고 이해하면서 편안하게 살기를 바란다. 그것이 신명의 뜻도 된다.

"이런 지경까지 가게 된 원인이 있을 것입니다. 우선은 본인의 사주팔자를 알아야 합니다."

"본인은 우리네와 같은 사주는 아니더라도 비구니, 즉 중이 되라는 팔자입니다. 그런 사람이 일반적인 사람으로 살아가려고 하니 참으로 힘이 들 것입니다. 그러니 부부간에 문제도 생기고 금전적인 면에서도 문제가 생기는 것입니다. 그런 사주를 바꾸는 것이 우선입니다."

그렇게 이야기하면서 내가 무심코 내뱉은 말이 있다.

"남편이 혹여라도 손찌검을 하나요?"

여자는 놀라면서 한숨을 쉬었다. 여자는 자기 이야기를 했다. 여자는 일산에서 그래도 크게 성장을 한 교회 목사의 사모님이었다. 내가 더 놀랄 지경이었다.

"아니, 목사 사모가 무슨 일이 있어서 무당집에 점을 보러 오나요?"

"전 이미 교회에 대해 회의를 느낀 지 오래되었습니다. 교회는 이미 썩을 대로 썩어서 종교의 가치를 상실한 지 오래되었습니다."

그런 점은 나랑 생각이 같은지라 반가운 마음이 들었다.

"아니, 그럼 교회의 목사 사모가 왜 이혼을 생각하나요?"

"오죽했으면 이혼을 하려고 할까요. 그것 때문에 상담을 하려고 왔습니다."

사연인즉 조금 전 내가 무심코 내뱉은 말처럼 목사가 7년째 가정폭력을 행사한다는 것이었다. 지금은 사모인 자신에게 폭력을 행사하는 것도 모자라서 애들에게까지 폭력을 행사한다는 것이었다. 폭력도 모자라서 같은 교회의 여자 전도사와 바람이 났는데 아예 사모에게 여자 전도사가 좋다는 말까지 했다는 것이었다.

"저런 개새끼! 당장 이혼하세요! 가정폭력은 병입니다. 절대로 못 고칩니다. 무엇을 생각하세요, 당장 이혼하세요."

이런 경우가 있나. 목사가 사모랑 자식들에게까지 폭력을 행사하는 것도 모자라서 바람까지, 그것도 같은 교회 전도사랑 바람을 피우는 세상이 되었다. 하나님은 있는지, 예수님은 있는지, 있다면 어디서 무엇을 하는지 저런 놈 천국인지 지옥으로 데려가지 않고 무엇을 하는지, 난 게거품을 물며 이혼을 하라고 외쳤다. 난 여자에게, 목사 사모에게 사모로서의 직분보다는 본인의 인생이 중요하다고 말했다.

"본인의 인생을 찾으세요. 나중을 생각하세요. 엄마도 애들도 맞고 삽니다. 그럼 애들이 나중에 엄마가 잘했다고 할까요? 아닙니다. 엄마 인생에 대한 반감을 살 수도 있습니다. 그러니 본인의 인생을 찾았으면 합니다."

이렇게 말하니 여자는 지금껏 이 문제로 인해서 무당집, 점집, 철학관을 100군데를 찾아갔다고 했다. 나에게 온 것이 100번째라고 했다. 그러면서 모든 곳, 나를 뺀 99군데에서는 참고 살라고 했지 이혼을 하라고 한 곳은 나밖엔 없다고 했다. 이혼이야 서로가 다들 말리는 상황이지만 현실을 무시할 수는 없다. 매 맞고 어떻게 사나. 목사를 그리고 사모를 굿을 해서 다른 사람으로 바꿀 수도 없는 노릇이고 이혼을 해서 새 인생을 찾는 수밖엔 답이 없어 보였다. 사모는 다른 질문을 또 했다.

"이혼을 하고서 나아갈 길을 상의하고 싶습니다."

나는 "제가 처음에 이야기했듯이 본인의 팔자가 비구니 팔자입니다. 그러니 잘 생각하세요."라고 말했다.

"제가 지금 3년째 절에서 공부를 하고 있습니다. 비구니승이 되려고 준비하고 있습니다. 일요일엔 교회에 가서 사모로서의 역할을 하고 3년째 다른 지역의 절에 가서 선 공부 그리고 승려가 되기 위한 공부를 하고 있습니다."

어이가 없는 현실이다. 목사의 사모가 일요일엔 교회에서 봉사하고 평일엔 아무도 모르게 절에서 승려가 되기 위한 공부를 하고 있다면 놀라지 않을 사람은 없다.

나는 "잘하고 있네요. 본인의 길을 알고서 나아가는 것이니 무어라 하겠어요. 그저 도 닦는다 생각하고서 열심히 공부해 큰 스님이 되세요."라고 말은 했지만 요즘 세태에 한숨이 나왔다. 어쩔 수가 없어서 교회에 나가는 것이지만 교회가 이미 사적인 집단에 사업체가 된 지 너무나 오래되었다. 신도들을 위한 교회가 아니라 신도 위에 군림하는 교회가 되었고 돈만 따지는 교회가 되었다. 교회 건물을 매매하는 공고를 보면 신도 수가 얼마나 되고 권리금이 얼마나 되고…… 한심한 노릇이 아닐 수 없다. 전에 한번은 교회 목사가 상담을 하러 온 적이 있다. 신도가 없다는 것이었다. 즉 신도가 없으니 교회를 유지하기가 재정적으로 문제가 많다는 것이다. 내 대답은 간단했다.

"목사님, 그렇다고 해서 무당이 교회에 가서 고사를 지내줄 수는 없지 않느냐?"

그 여자분에게, 비구니가 되려고 공부하고 있는 목사 사모인 여자에게 자식을 위해서, 두 아들을 위해서 일심정성으로 부처님전에 많이 빌라고 했다. 그래야 나중에 아이들도 엄마를 이해하고 잘했다는 소리가 나오지, 그렇지 않으면 아이들에게 원망을 들을 수도 있다고 했다. 내 팔자를 바꾸는 것도 중요하지만 아이들 인생도 무시할 수는 없는 부분이니까. 그러니 아이들을 위해서 장기기도를 올리라고 부탁했다. 그러고 나서 얼마 지나지 않아 목사 사모에게서 전화가 한 통 왔다. 이혼을 했다는 것이었다. 그리고 자신은 절로 들어가기로 마음을 굳혔다는 것이었다. 비구니로, 여승으로 살면서 불교에 대한 교리를 공부해서 가르치고 싶다는 것이었다. 그런 소원이, 그런 바람이 꼭 이루어지기 바란다고 나는 말했고, 나중에 기회가 되면 꼭 한번 다시 만나고 싶다고 여자는 말했다. 지금쯤 열심히 기도하면서 공부하고 있는지 모르겠다. 인간의 삶을 위해서 종교는 필요하다. 그런데 그런 종교가 인간의 삶을 구속하고 인간의 삶에 굴레나 수갑과 같이 되어서는 종교로서 가치가 없다. 그리고 수행자, 즉 성직자는 더욱더 깨끗하게 신에게 가까이 가야 한다. 그런 성직자들이 신을 빙자해서 불륜과 간통과 돈을 요구하고 가족파괴의 주범이 되어가고 있다. 교회의 목사뿐만이 아니라 중들도 그렇고 우리네 무당들도 그런 경우가 흔하다. 그것은 신을 모시는 사람들이 신을 두려워하거나 무서워하지 않기에 그런 것이다. 성직자가, 제자가 인간사 세상사에서 얻을 것이 있고 취할 것이 따로 있다. 평범한 사람들과 똑같은 행동과 생각을 한다면 그것은 이미 종교가 아니고 성직자가 아닌 것이다.

"하나님, 부처님 그리고 무당이 모시는 신령님들 정신 차리세요. 방관만 하지 마세요. 성직자들이 잘못되어가는 데는 어찌 보면 하나님, 부처님, 예수님 그리고 신령님들에게도 책임이 있습니다. 벌전을 내리세요. 벌을 내리세요. 잘못하는 성직자에겐 더 큰 벌을 과감하게 내리세요. 나중에 죽어서 심판한다 하지 마시고 지금 현실에서 벌을 내리세요. 그래야 성직자로서의 본분을 다할 수 있습니다."

4장

— 하늘 무당이 돼라

하나님, 나의 하나님

태백산에서 150일 기도를 끝내고 나는 잠시 서울 강남 역삼동의 원룸에서 다시 제자의 생활을 시작했다. 예전과는 다르게 굿을 하는 무당이 아닌, 도법, 불법을 통한 제자의 길을 걷게 되었다. 그러나 안정적인 생활은 잠시 잠깐이었고, 또 다른 방황이 시작되었다. '이제야 세 가지 중에서 한 가지가 되었다' 라는 꿈을 꾼 뒤 난 나머지 두 가지를 찾기 위한 방황, 고행을 시작한 것이다. 마음에서의 방황, 고행으로 인해 제자의 생활은 다시 갈급하게 되었고 다시 산을 찾을 수밖에 없는 상황이 만들어지게 되었다.

다시 산으로 기도를 가게 되었고 태백산, 설악산, 소백산, 가야산 해인사를 거쳐 지리산을 마지막으로 1천 일이 넘도록 나 자신과의 본격적인 싸움인 기도를 하게 되었다. 또다시 집 없는 무당이 되어 신당의 짐과 물건들은 이삿짐보관소에 맡기고 아무런 기약 없는 기도생활을 다시 시작하게 되었다. 제자가 산에 올라 기도를 하려고 해도 금전적인 여건이 받쳐주어야 한다. 지금 생각해보면 이런저런 고비는 있었지만 나의 신명에서 모든 것을 마련해주었다. 제자가 기도에 몸을 던졌을 때 신명에서는 모든 여건을 마련해준다고 나는 확신한다.

내 경험을 보더라도 금전 몇 푼 가지고서는 천 일 이상 기도터를 돌며, 산을 돌며 기도할 수는 없다. 그러나 의지할 곳이 신명밖에 없고 있을 곳이 산과 기도터밖에 없는 제자에게 신명은 알아서 적절하게 금전적인 여건을 마련해주셨다.

어느 제자들에게 100일 기도, 또는 49일 기도, 21일 기도를 권하기도 한다. 그러나 대부분의 제자들은 그 기도시간 동안의 금전적인 걱정, 가정사 걱정 등으로 기도를 하지 못한다. 생각해보면 아직 제자가 발등에 불이 떨어지지 않았기에, 현실의 삶이 어렵다고는 하지만 결코 어렵지 않기에 그런 걱정들을 떠안고 있는 것이다. 그것은 핑곗거리에 불과하다고 생각한다. 진짜 갈 곳이 없고, 의지할 곳이 없고, 앞뒤 아무것도 보이지 않는 상황이 되면 어쩔 것인가? 모신 신명의 탓만 하고서 제자생활을 접을 것인가? 제자생활을 접는다고 해서 그 모셨던 신명이 쉽게 말해 뜨는 것은 아니다.

무당생활을 10년 또는 20년, 더 길게는 30년을 하다가 어느 순간 종교적으로 개종해 자신의 신당 및 모든 것을 불태우는 것을 본 적도 있다. 그런다고 모셨던 그 신이 떴다고 말할 수는 없다.

제자 자신에게 더 험한 일을 당하게 하든지, 아니면 제자의 후손을 인연법에 의해 반드시 또 다른 모습으로 제자로 만들게 되어 있다. 무당들이 모시는 신명은 대부분 조상의 줄에서 도(道)를 닦고 온다고 한다. 그러나 그 도라는 것을 완벽하게 닦고 터득해 오는 것이 아니다. 서로간에 공생관계, 상생관계가 되어 조상줄로 온 신명은 제자를 돕고, 제자에게는 모신 신명이 더 큰 도법, 다 터득하고 닦지 못한 부분을 같이 닦아주어야 할 의무가 있는 것이다. 제자와 제자가 모신 신명은 큰 것을 향해 서로가 함께 길을 가는 공생관계, 상생관계인 것이다. 내가 경험한 바로는 제자가 모신 신명이 최고가 아니다. 제자가 잘못했을 경우 제자가 모신 신명은 더 크고 높은 신명에게 혼나고 벌을 받는다. 택함을 받은 제자가 제대로 하지 못할 경우에 제자가 모신 신명은 더 크고 높은 신에 의해 벌전을 받아 또 다른 구천을 떠돌게 되어 있다.

그래서 제자는 신명에 의해서 금전을 벌고 명예가 나고 모든 것을 이루었다고 해도 자만해서는 아니 된다. 비록 신명의 도움으로 나 자신이 크게 성장했다고 해도 신명은 신명 자신들의 업을 닦아주지 않는 제자를 어느 순간 반드시 혼내게 되어 있다. 신을 모시는 무당제자들은 이 부분을 명확하게 알아야 한다. 그래서 제자 자신을 위해서 제자가 모신 신명, 제자에게 오신 신명의 업을 닦는 작업을 반드시 해야 한다.

그 작업이란 것이 기도밖에 없는 것이다. 무엇을 이루게 해달라는 기도가 아니라 제자 자신과 자신에게 온 신명의 업을 닦아달라는 기도를 해야 하는 것이다.

태백산에서 기도를 끝낸 뒤 설악산으로 향했고, 설악산에서의 인연이 끝난 뒤 다시 소백산으로 들어가게 되었다. 소백산에서의 기도생활 기간 동안 나의 제자생활에 있어서 중요한 부분이 되는 꿈을 꾸게 되었다. 소백산에 기도를 하러 온 지 한 달 정도의 시간이 지나고 나는 꿈을 꾸게 되었다. 꿈속에서 누군가의 모습은 보이지 않는데 선명한 목소리가 내 귀에 들렸다.

"≪구약성경≫과 ≪천부경≫, ≪묘법연화경≫을 한곳에 놓아라. 그럼 한 분이 앉을 것이다."

꿈을 통해서 모습은 보이지 않으나 음성으로 ≪구약성경≫, ≪천부경≫, ≪묘법연화경≫을 한곳에 올리라는 답을 받았고 그러면 한 분이 그곳에 앉는다고 했다. 나는 이것을 신당에 ≪구약성경≫, ≪천부경≫, ≪묘법연화경≫을 같이 올리라는 뜻으로 해석했다. 그럼 한 분이 그곳에 앉는다. 그 한 분은 바로 하나님이란 존재인 것이다. ≪구약성경≫은 하나님이 이스라엘 백성에게 내린 기록이라 볼 수 있고, ≪천부경≫ 또한 환인, 환웅, 단군 등을 통한 하늘님이 우리나라 한민족에게 내린 기록이라 볼 수 있고, ≪묘법연화경≫은 그 자체가 하늘, 우주대법신을 의미하기에 큰 의미로 하나님을 뜻하는 것이다. ≪구약성경≫, ≪천부경≫, ≪묘법연화경≫ 이 세 권의 공통점은 하늘님, 즉 하나님을 뜻한다는 것이다. 한 분이 그곳에 앉는다는 것은 하나님이 그곳에 거하신다는 것으로 해석하면 된다.

그 꿈을 꾼 뒤 나 자신은 그 꿈이 무슨 뜻인지 그리고 나에게 무엇을 원하는 것인지 알 수는 있었지만 나 자신이 그만한 그릇이 되지 못하기에 그저 꿈으로만 생각하게 되었다. 그저 기도 과정에 나오는 꿈, 어떤 종교, 어느 종교를 막론하고 그 끝에는 하늘님, 하나님이 있기에 그저 그렇게 평범한 꿈으로 생각했고 그 꿈을 잊으려 했다. 그러나 수많은 과정을 겪으면서 정확하게 2년 뒤에 나는 신당의 가장자리에 한 분이 원하시던 ≪구약성경≫, ≪천부경≫, ≪묘법연화경≫ 세 권을 올리게 되었고 그것으로 인해서 나의 제자의 삶은 지금껏 누릴 수 없었던 안정을 찾게 되었다.

소백산에서의 인연이 끝난 뒤 나는 충청도의 천둥산이란 곳에 잠시 머물다 예전에 기도를 했던 가야산 해인사 말사인 홍제암에 다시 들어가게 되었다. 기도가 언제 끝날지, 아니 언제쯤이면 다시 신당을 모시게 될지 기약도 할 수 없는 시간이었다. 돌아갈 집이 있다는 것과 돌아갈 집이 없다는 것은 생각의 차이가 있겠지만 그것 또한 하나의 고통이다.

돌아갈 집이 있는 상태에서 기도를 하는 것과 돌아갈 집이 없는 상태에서 무작정 신의 가호 가피를 기다리면서 기도한다는 것은 상당한 차이가 있다. 어느 날, 산신각에서 기도를 하던 중 이런 답이 나오는 것이었다.

"네가 산에 올라 기도를 시작한 지 일주일 후면 1천 일이 된다."

산신각에서 기도하는데 이런 답이 나오는 것이었다. 내가 머무는 방으로 돌아와 달력으로 날짜를 확인해보았다. 신기하고 놀랍게도 일주일 후면 정확하게 기도한 지 천 일이 되는 날이었다. 나는 모르고 있었지만 신에서는 내 기도를 알고 있었고, 보고 있었고, 확인하고 있었다는 사실에 나는 놀라움과 기쁨이 교차하게 되었다. 그리고 1천 일이 지나면 무엇인가 나타날 것 같은, 바라는 것이 성사될 것 같은 기분이 들었다. 그래서 1천 일에서 남은 시간을 더욱 기도에 매진하게 되었다.

기도를 시작한 지 1천 일이 되는 날. 산신각으로 들어선 나는 더욱 조심스럽고 경건한 마음으로 예를 갖추고 기도를 하게 되었다. 오늘 이 기도가 끝나면 반드시 무엇인가가 이루어진다, 라는 소망을 가지고 기도에 들어갔다.

"너는 중이 될 놈이 아니다. 너는 하늘에서 정한 무당이다. 무당의 길을 걸어라."

기도를 하던 중 깜짝 놀랐다. 다시 한 번 확인했다.

"너는 하늘에서 찍은 무당이다……."

"무당의 길을 거부하지 말고 무당의 길을 가라……."

"무당다운 무당이 되어라……."

"하늘에서 원하는 무당이 되어라……."

"하늘을 섬기는 무당이 되어라……."

"하나님을 모시는 무당이 되어라……."

계속해서 그런 음성만 들리는 것이었다.

어이가 없었다. 어떤 것을 이루는 줄 알았다. 급한 문제가 해결이 될 줄 알았다. 아니면 어떤 도법, 도술을 받는 줄 알았다……. 그러나 다시 무당을 하라는 답을 받으니 눈에서 눈물이 나왔다. 그 자리에 가만히 앉아 있었다. 망치로 머리를 맞은 듯 멍한 느낌이 강하게 들었다. 움직일 수가 없었다. 잠시 후 정신을 가다듬고 물었다.

"그럼 지금 어떻게 해야 합니까?"

"지리산으로 가라."

산신각에서의 1천 일째 되는 기도의 답은 무당을 하라는 소리였고, 또다시 지리산으로 가라는 소리였다.

방으로 돌아온 나는 어이가 없었다. 기대가 크면 실망도 크다더니 지금껏 기도를 했는데 또 지리산으로 기도를 가라고 하신다. 답은 없었다. 이리 머리를 굴리고 저리 굴린다고 해도 내가 이 상황을 벗어날 방법은 없었다. 지리산으로 가라는 답을 받고 며칠 뒤에 나는 제자생활을 하는 동안 처음으로 지리산으로 들어가게 되었다. 지리산은 나에게 있어서 크게 자리를 차지한 산은 아니다. 그 말은 크게 인연이 있는 산은 아니었다는 말이다. 제자생활 10년이 넘도록 한두 번 그냥 기도를 하기 위해 하루 이틀 정도 찾은 산이었지 태백산이나 다른 산처럼 장기적으로 있으면서 인연을 맺은 산은 아니었다. 나의 느낌으로 지리산은 여신의 기운이 강한 산인지라, 강한 음의 기운, 그리고 습한 기운이 강한 곳인지라 제자인 내가 꺼린 산이기도 하다. 아무튼 지리산의 한 기도터에 또 자리를 잡게 되었다.

지리산으로 들어오기 전에 해인사에서 꿈을 꾸게 되었다. 나는 지금도 그러하지만 내 신명의 꿈을 연예인의 모습으로 자주 꾼다. 자주 등장하는 인물이 영화배우 정우성, 강동원이다. 지리산으로 들어오기 전 정우성이 꿈에 나왔다. 꿈에 나온 정우성 씨는 나에게 "두 달만 있으면 우리 결혼해서 같이 살자."라고 말했다. 꿈에서도 나는 두 달 동안 기다리지 못한다고 지금 당장 결혼하자고 했다. 그러나 정우성 씨는 꿈에서 "아니다. 두 달은 참아야 한다. 두 달 뒤에 결혼해 같이 살자."라고 말하는 것이었다. 그런 꿈을 꾸고 난 뒤에 나는 지리산으로 들어오게 되었다. 꿈에 정우성 씨가 보인 것은 신명으로 보면 되는데, 결혼해 같이 살자는 뜻의 해석을 그때는 하지 못했다. 단지 나의 신명줄의 어느 남신령이 두 달 뒤에 나에게 접신한다는 것으로 간단하게 생각했다. 지리산에서의 기도생활 또한 외로움의 연속이었고, 보이지 않는 신과의 싸움이었고, 돌이켜 보면 나 자신의 업장과의 싸움이었다.

기도의 처음은 금전적인 고통으로 인해서 시작이 되었지만 시간이 지나면서 금전적인 고통이 아닌 신과의 싸움이 되었다. 웬만한 신적 존재들은 기도를 통해서 해원 해탈을 시켜야 한다. 그것을 나는 신과의 싸움이라 표현하는 것이다.

신과의 싸움이 끝나면 그다음은 나 자신의 업장과의 싸움이다. 전생의 업장부터 시작해 지금을 살면서, 현생을 살면서 지은 죄를 닦아야 하는 것이다. 그래야 나 자신과 또 다른 나를 찾을 수 있는 것이다. 또 다른 나 자신이란 우리가 말하는 신적 존재다. 또 다른 나를 찾아야 신과 나는 하나가 되는 것이다. 그래야 하늘이 원하는 진짜 무당다운 무당이 되는 것이다.

나는 산기도를 통해서 신을 받고자 하는 것도 아니었고, 단지 나 자신이 제자답게 살기 위해서 기도를 했던 것이다. 제자답게 사는 삶이란 나의 신명이 누구이고, 내가 어떤 신을 모셔야 하고, 내가 어떤 기도를 해야 하고, 누구를 찾아야 하고, 나의 주인이자 또 다른 나를 찾는 기도를 하는 삶이라 생각한다. 그런 것이 마음으로 정립이, 정리 정돈이 체계적으로 되지 못하면 무당의 삶은 고통스럽고 번민이 많고 고뇌가 클 것이고 모든 일이 불안정해 흔들림이 많을 것이라 나는 생각한다. 단지 무당제자를 하면서 돈을 많이 벌고, 모으고, 큰 신당을 짓고, 기도당을 짓고…… 그렇게 되면 좋지만 그것이 전부는 아니라 생각한다. 신과 나는 하나가 되어야 한다. 내가 신이고 신이 내가 되어야 하는 것이다.

내가 신적 존재가 된다는 것이 아니다. 내가 신과 하나가 되어야 완전한 관계가 된다는 것이다. 그 신을 찾는 것, 그것이 또 다른 나를 찾는 것이다. 제자가 자신과 또 다른 나를 찾는다는 것은 완성, 완전체가 되는 것이고, 삶에서 흔들림이 없는 것이고, 그래야 중생을 조금이라도 구제할 수 있는 것이다.

자신을 찾지 못한 상태에서 중생를 구제한다는 것은 엄연한 자만이고 죄다. 철학자가 말한 것처럼 '너 자신을 알라'라는 말은 어느 누구에게나 중요한 말이지만 특히 제자들에게는 가장 중요한 말이 될 수 있다. 자신을 모르면 자신이 모시는 신이 어떤 신인지, 그냥 그저 대충 알게 되는 것이다. 나란 제자는 예전에 '세 가지 중에 한 개가 되었다'라는 꿈을 통해서 또 다른 방황을 시작했다고 했다. 그 방황의 끝은 천 일 동안의 기도가 끝나고 지리산에 들어서서 하늘이 원하는 무당제자가 되기 위해 기도를 하고 그리고 세상으로 다시 돌아와 무당을 하면서 한참의 시간이 지나 완성되었다. 크게 보자면 기독교 10년, 불법 10년, 무당의 길 14년 만에, 작게 보자면 4년 만에 세 가지를 합치게 되었다.

그것은 도법, 불법, 신법을 합치는 무당이 되라는 것이었다.

우리의 끝은 하늘이다. 그 하늘을 제대로 알기 위해 종교가 있고 믿음이 있는 것이다. 그 종교, 그 믿음의 길에 도법도 있는 것이고, 불법도 있는 것이고, 신법도 있는 것이다. 제자는 그 모든 것을 하나로 합쳐서 하늘을 향해야 하는 것이다. 제자들은 쉽게 말해 자신이 모신 신이 도법 도술을 부리는 신이어서, 불법의 줄을 잡은 신이어서, 신법의 줄을 잡은 신이어서 모든 것을 다 하신다고 생각한다. 그러나 그것은 착각이다. 도법 도술을 잡은 신도 있다. 불법의 줄을 잡은 신도 있다. 신법의 줄을 잡은 신도 분명히 있다. 그러나 그러한 신을 합치고 완성, 완전한 존재로 만드는 것은 우리네 제자가 해야 한다. 그러한 신적 존재들, 우리가 신당에 모신 신이란 존재들은 완전한 존재들이 아니다.

어느 부분에서 부족한 것이 있기에 제자를 통해서, 앞서 말했지만 채우기 위해서, 이루기 위해서, 영원하고 완전한 것을 얻고 터득하기 위해서 오신 것이다. 제자는 그것을 기도를 통해서 이루어야 한다. 그래야만 뒤탈이 없다. 뒤탈이라는 것은 이른바 무당은 5대에 걸쳐서 내린다고 하고 중은 3대에 걸쳐서 내린다고 하는 그 말이다.

나 자신이 무당제자가 되고, 중이 되었다고 한다면 나만 중요한 것이 아니라 내 후손도 중요한 것이다. 내가 제대로 닦지 못하면, 모든 것을 이루어내지 못하면 내 후손도 나와 같은 고통을 당해야 하는 것이다. 이것을 이루어내야만 없어도 행복한 것이고, 이제 죽어도 여한이 없다, 라는 소리를 할 수 있는 것이다.

무당의 길이 시작되다

지리산에서의 기도가 한 달 정도 되었을 때 한 통의 전화를 받게 되었다.

내가 기도를 하고 있는 기도터의 주인 보살은 타 지역에서 신당을 차리고서 무당의 길을 가고 있는 사람이었다. 그런데 그 주인 보살이 얼마 전 기도터에 잠시 왔다 간 적이 있는데 그때 함께 왔었던 남자 제자가 있었다. 그 남자 제자에게서 나한테 전화가 온 것이다.

사연인즉 지난번 기도터에 왔다가 내가 기도터에서 장기기도를 하고 있는 것을 알게 되었고 내가 어떤 무당인지, 누구인지 그전부터 알고 있었다고 한다. 태백산에서도 그랬고, 설악산에서도 그랬고, 소백산에서도 그랬고 내가 다니면서 장기기도를 한 곳은 많은 제자들이 기도를 오는 곳이다.

3일 기도, 7일 기도, 또는 21일 기도, 100일 넘게 기도를 하는 제자들로 항상 붐비는 곳이었다. 그런데 그 기도터에 오는 제자들은 대부분 나란 존재를 알고 있었다.

'황해도 굿을 하는 유명한 무당', '아무나 가지지 못한 재주를 가진 무당', '명예와 재물을 다 가진 무당', '아무나 상대하지 않는 무당', '비싼 무당', '현금 3천만 원에서 5천만 원을 가지지 않으면 만나지도 못하는 무당'.

나의 의사나 현실과는 상관없이 나에 대한 소문이 무속세계에서는 이렇게 났다.

자신들이 부러워하는 대단한 무당인 내가 기도터에 들어와서 왜 100일 또는 더 길게 기도를 하는지 이해하지 못하겠다는 제자들이 대부분이었다.

그리고 나는 그런 제자들을 향해서 무당생활을 접는다고 늘 말했다.

남들이 가지지 못하고, 배우려고 해도 못 배우는 재주를 가진 나였지만, 정상을 한 번 밟아본 무당으로서 그 정상에 오르고 보니 아무것도 없고 결국은 허망함뿐이었기에 나는 그 길을 접는다고 늘 말했다.

그리고 하늘의 도법, 부처님 불법제자로 살 것이라 말했다.

다른 제자들은 절대 이해할 수 없는 일이지만 나는 무속세계, 그리고 신들의 세계에 대한 환멸, 배신을 너무나 강하게 느끼고 있었기에 그 길을 과감하게 버릴 수 있었던 것이다. 기도터에 있는 나에게 전화를 한 남자 제자는 내가 누군지 알기에 나에게 굿을 의뢰하려고 했다.

"선생님께서 기도터에서 기도를 하고 있는 중인 줄 알지만 제가 큰 굿을 냈습니다, 그런데 이 굿은 아무나 소화할 수 있는 굿이 아니고 선생님만이 소화하실 수 있다고 생각해 전화를 드렸습니다."

"죄송하지만 저는 지금 무당의 길을 가지 않습니다, 그리고 지금은 기도 중이라 굿을 할 수가 없습니다."

"제발 부탁드립니다, 굿은 선생님의 기도에 방해가 되지 않도록 기도터에서 하겠습니다. 큰 불교계에 간부로 있는 분의 굿인지라 아무나 할 수가 없습니다."

이런저런 정황으로 판단해보니 남자 제자가 낸 굿은 현 불교계 신도회 간부가 의뢰한 굿이었다. 내가 기도터에 있는 줄 알기에 나를 믿고서 굿을 냈다고 했다. 어쩔 도리가 없어 굿을 맡아서 진행하게 되었다.

굿을 하게 되는 기도터는 제자들이 기도를 하러 들어오거나, 기도터에 부족한 부분이 있어서 공사가 진행되다 보니 사람들이 많았다. 제주도 그리고 타 지역에서 기도를 하러 온 제자들, 공사 현장에서 공사를 진행하고 있는 인부들. 하지만 굿을 진행하는 날은 모든 사람들이 기도나 공사를 할 수가 없었다. 타 지역에서 기도를 하러 온 제자들은 내가 하는 굿에 관심을 보이기 시작했고 다른 이들은 내 굿을 볼 수 있다는 데 흥분하기도 했다.

굿이 시작되었다. 나에게 있어서는 근 3년 만에 하는 굿이었다. 3년 동안 누르고 있던 신의 기운은 엄청났다. 나 자신이 굿을 하면서도 놀랄 정도로 신의 기운은 대단했다. 굿을 진행하면서 처음으로 내가 한 말은 재가집, 즉 굿을 의뢰한 당사자에게 내린 공수였다.

"먼저 조건을 걸고 굿을 진행하겠습니다. 제자인 내가 이런 눈치 저런 눈치를 보면서 굿을 할 수는 없습니다. 이 말은 나란 제자는 지금껏 다른 무당이 낸 굿에 불려 와 굿을 한 적이 한 번도 없다는 말입니다. 막상 오늘 내가 낸 굿이 아니라 다른 제자가 낸 굿에 들어와보니 불편합니다. 이 사람 눈치도 보아야 하고, 저 사람 눈치도 보아야 하고…… 이렇게 해서는 주눅이 들어서 굿이 될 수가 없으니 조건을 걸겠습니다. 오늘 이 제자는 눈치를 보지 않고 굿을 할 것입니다. 신의 말을 대변할 적에 이 말 저 말 다 듣겠다고 하면 굿이 잘될 것이고, 좋은 말만 듣겠다고 하면 굿이 잘 진행이 될 수가 없습니다."

그렇게 내가 먼저 선방을 치게 되었다. 굿을 의뢰한 집이나 굿을 낸 제자나 모두 다 내 말에 따르기로 하고 굿은 진행이 되었다.

시간이 지나면 지날수록, 굿이 계속해서 진행이 될수록 모든 사람이 나의 굿에 빠져들었다. 기도를 하러 제주도나 타 지역에서 온 제자들이나 공사를 하러 온 인부들 또한 모든 것을 중지한 채 나의 굿에 빠져들게 되었다. 내가 하는 황해도 굿의 하이라이트는 장군거리 즉 작두거리다.

장군님을 몸으로 실어 내리는 공수는 한 치의 오차가 없다. 그날 또한 굿을 의뢰한 집, 굿을 낸 제자, 기도를 온 제자들, 공사를 하러 온 인부들 등등 구경을 하는 사람들이 20명은 넘었다. 그 자리에서 신의 원력이 나오기 시작했다. 나 또한 신의 말인 공수를 내리면서 속으로 놀랄 정도였다.

그 자리에 참석하거나 구경하는 사람들에게 한 명씩 돌아가면서 얼굴만 보고 신의 공수가 내려지는 것이었다. 언제부터 망하는 운에 들었고, 지금 몸이 어디가 아프고, 신당에 어떤 신명을 모셨고, 무엇이 잘못되었고, 언제 누가 죽었고, 얼마가 부도가 났고, 누구에게 얼마를 받지 못하고 있고, 모든 사람이 총각이라고 알고 있는 사람에게 딸이 어디에 있고 몇 살인지, 즉 총각으로 알고 있었던 공사 현장 관계자가 있었는데 어릴때 결혼해 이혼하고 고등학생인 딸을 어머니가 기르고 있는 상황을 본 것처럼 말하게 되었다.

나 자신도 이른바 놀랄 노자라고 할 정도의 공수가 나왔다. 산신각에서 너는 무당이다, 라고 했고, 그 길을 가라고 하는 것인지 3년 만에 하는 굿은 내가 무당으로서 아직 쓸모가 있다는 것을 느끼게 해준 계기가 되었다.

처음엔 기도 중이라 굿을 하지 못한다고 거부했고, 나중엔 어쩔 수 없이 용돈이나 벌 생각으로 했던 굿은 많은 이들에게 나란 존재를 다시 한 번 각인시키는 결과를 가져오게 되었다. 더 큰 결과는 그 기도터에 우연찮게 공사를 오게 된 사람을 통해서 기도를 끝내고 분당에 신당을 다시 차릴 수 있는 계기를 갖게 된 것이다. 신당 없는 무당에서 다시 신당이 있는 무당으로 돌아서는 계기가 굿을 통해서 만들어지게 되었다.

두 달 뒤에 결혼해서 같이 살자

해인사 말사인 홍제암에서 기도할 적에 꿈에 정우성 씨가 보인 적이 있다고 했다. 오래전부터 나는 내 신명을 꿈으로 꿀 경우에 연예인의 모습으로 많이 본다. 지금껏 다른 제자들은 옥황상제를 보았느니, 산신님을 보았느니, 용왕님을 보았느니…… 신명을 꿈으로 꾸었다고 많이들 말하지만 난 좀처럼 신명을 꿈으로 꾼 적이 없다. 단지 백호를 꿈으로 보고, 용을 꿈으로 본 적은 있다. 그때 항상 백호도 두 마리, 용도 항상 두 마리. 그리고 여신령인 내 신명을 여자 정치인으로 해서 본 것은 요 근래다.

항상 남신령은 두 분이 번갈아 연예인의 모습으로 보이는데 한 명은 정우성 씨요, 다른 한 명은 강동원 씨다. 나하고 특별한 인연도 없고 안면도 없지만 10년 이상을 이 두 사람을 통해 난 남신령과 꿈에 통신을 한다.

해인사 홍제암에서 정우성 씨가 꿈에 나와 두 달 뒤에 결혼해 같이 살자고 했던 적이 있다고 했다. 그 뒤 지리산 기도를 통해서 한 달 뒤쯤에 또 정우성 씨가 꿈에 나와 나에게 하는 말은 "이제 한 달만 있으면 결혼해서 같이 살자."는 것이었다. 나는 두 번씩이나 정우성 씨가 꿈에 나와서 그런 말을 하기에 분명 남신령이 나를 통해서 접신, 또는 교신, 통신을 하려는 것이라 생각했다. 그런데 그 꿈은 신명에서 나에게 약속을 한 것이었다.

그 약속이란 집 없는 무당, 신당이 없는 무당인 나에게 신당을 차릴 수 있는 집을 구해 준다는 뜻이었다.

　꿈에서 약속한 대로 정확하게 지리산을 오른 지 두 달쯤 되어갈 때 나에게는 너무나 감사하게 신당을 차릴 수 있는 기회가 찾아왔다. 분명히 그것은 인간이 만든 기회가 아니라 내 신명에서 이제는 내려갈 때가 되었고, 이제는 무당제자로서 살아가게끔 훈련을 다 시켰다는 뜻으로 내리는 기회였다.

　우연찮은 기회에 지리산에서 굿을 하게 되었다고 했다. 그 굿으로 인해서 나는 그 기도터에 공사를 하러 온 사람을 알게 되었고, 그 사람은 며칠씩 공사를 하는 과정에서 나란 사람과 친해지게 되었다. 친하게 지내는 과정에 그 사람은 기도를 오는 다른 무당제자들도 보고 나란 제자도 보게 되었고, 또한 내가 하는 굿을 보면서 자신이 태어나서 처음으로 보는 굿판이었는데 큰 감동을 받았다고 했다. 모든 일을 나와 상의하고 밤에는 어차피 다들 기도터에서 생활하니 자연스럽게 친해지는 계기가 되었다.

　그 사람은 나에게 "제가 선생님 수발을 들고 싶다."고 했고, "나는 아직 나 자신도 거처할 집이 없는 사람인데 누가 누굴 수발하느냐."라고 말하게 되었다. 그러자 그 사람은 자신도 상황은 어렵지만 내가 신을 모시고 지낼 신당을 자신이 구하겠다고 나서는 것이었다.

　결국은 그 사람과 그 사람의 애인의 도움으로 해서 나는 분당에 오피스텔을 구할 수 있었고 신명을 모시는 신당을 차릴 수 있게 되었다.

　신당을 다시 차릴 동안의 과정이 전체적으로 본다면 근 3년의 기간이 걸렸지만, 정우성 씨가 꿈에 내 신명으로 나타나 "두 달 뒤에 결혼해 같이 살자."라고 말하고서 정확하게 두 달이란 시간 뒤에 나는 분당의 오피스텔에 새롭게 신당을 차리게 되었다.

　나에게 신당을 차릴 수 있게 도와준 사람은 신명의 도움인지 그날그날 막노동자처럼 지내던 사람이 몇 개월 뒤에 사업자를 내고 인테리어와 건물 공사를 한꺼번에 진행하는 사업자, 사장님으로 변화된 삶을 살게 되었다. 분당에서 신명을 모셨지만 그래도 새롭게 시작하는 시점인지라 안정을 찾기까지는 시간이 걸렸다. 시간이 걸린 이유는 신명을 모신 신당을 차렸지만 신명에서 좌정, 안정하는 시기도 있어야 하고, 더욱 중요한 것은 나 자신이 산에서 기도하면서 '업장소멸'이란 기도를 했다는 것이다. 인간사의 모든 어려운 고비, 난관 등은 나의 전생과 현생의 업으로 인한 것이다.

이 업장이란 것은 제자나 일반인이나 누구에게나 있는 것이다. 그래서 우리는 업장을 닦는 기도, 업장을 소멸하는 기도를 한다. 신을 모신 신당에서 하거나 대개는 부처님을 모신 절에서 많이들 한다.

'업장소멸, 업장소멸, 업장소멸……' 대부분의 제자들이나 사람들은 업장을 소멸하는 기도를 하면 그 업장이란 것이 다 사라지고 용서가 되는 줄 안다. 그러나 그것은 절대 아니다. 우리가 전생이나 현생에 지은 죄를 사하기 위해서, 용서를 받기 위해서 업장소멸을 바라는 기도를 한다고 해도 그 죄가 사라지는 것은 아니다. 그 죗값은 어떤 모습으로라도 반드시 받게 되어 있다. 그럼 왜 업장을 닦는 기도를 할까? 그것은 간단하다. 하늘에 내 죄를 자수하는 것이라 생각하면 된다. 사람이 살면서 큰 죄를 지었을 때 경찰서에 가서 자수하면 그 값은 받지만 자수를 했기에 많은 부분 정상참작이 된다. 원리는 이러한 것이다. 하늘에 나 자신이 전생에, 그리고 현생에 지은 죄를 사해달라고 업장소멸을 발원하는 기도를 하게 되면 하늘에선 반드시 그 기도를 듣는다. 그것은 우리가 살면서 지은 죄를 하늘에 자수하는 것과 같다. 그리하게 되면 하늘에선 그 죄를 사해주는 것이 아니라 죗값을 깎아준다고 생각하면 된다.

죗값은 반드시 우리가 돌려받는다. 그러나 업장소멸을 발원하는 기도를 올린 죄와 그렇지 않은 죄는 죗값에 있어서 반드시 차이가 난다. 죄를 닦음으로써 우리는 크게 받아야 할 고통을 적게 받는 것이지만 죗값은 반드시 받게끔 되어 있다. 지금 받는 고통을 거부하고 피한다면 나중은 더 큰 고통을 당해야 하는 것이다. 업장을 닦는 기도를 했는데 왜 이렇게 힘드나?

이런 마음을 가져서는 아니 된다. 죄를 닦는 기도를 하므로 우리가 받는 고통은 당연히 작은 고통에 해당하는 것이다. 나 또한 그런 고통을 분당에서 1년 동안 받게 되었다. 급기야 화병이 생기고 도저히 치료가 되지 않아 한의원에서 침을 3개월 정도 맞은 적이 있다. 그리고 그 1년 동안 나 자신이 기도를 하고 내려왔으니 이제는 어떤 제자, 어떻게 살아가야 하는 제자가 되어야 하는지, 지금껏 잘못된 내 행동, 내 생각 등에 대한 반성이 나오게 되었다.

그저 천성대로 착하게, 내가 좀 손해를 보지 하는 마음으로, 다른 사람들 비위를 맞추어주고, 예를 갖추는 등 나 자신이 신의 제자로서 바로 서지 못했을 때는 또 다른 고통이 반드시 따른다는 것을 알게 되었다. 나란 사람은 내가 피해를 보더라도 서로가 마음이 편하다면 내가 피해를, 양보를 하는 사람이다. 그런데 신명에서는 그것을 제일 싫어했다. 내 천성대로 살다 보면 신명을 누르는 결과가 되고, 내 신명을 병신처럼 생각하게끔 하는 계기가 되는 것이다. 지금껏 제자로서의 길을 가면서 나 자신이 인간적인 면을 너무나 강조하다 보니 신은 뒤로 물러난 격이 되었다.

나 자신이 바로 서지 못하니 내 신명이 다른 제자들, 이른바 신의 선생이란 사람들에 의해서 갈기갈기 찢어진 격이 되었다.

분당에 내려와서 나는 다시 무당의 길을 걷게 되었다. 굿이란 것도 다시 시작하게 되었다.

'구관이 명관'이란 말이 나에게 있어서는 전혀 틀린 말이다. 옛사람은 옛사람일 뿐이다. 지나간 인연은 지나간 인연일 뿐이다. 지나간 인연에 연연하지 말아야 한다. 지난 인연에 연연하지 않게 되면 새로운 인연은 반드시 온다. 분당에서 1년간 나는 예전에 알고 나의 일에 모셨던 선생들과 다시 일하게 되었다. 멀리 보자면 몇 년 동안 같이 일했던 무당선생, 10년 전 인연이 끊긴 무당선생, 또 6,7년 만에 다시 연을 맺고자 연결했던 무당선생들…… 전부 아니었다. 나란 제자가 이른바 무당을 하다가 쫄딱 망해서 산으로 돈 지 3년 세월…… 그리고 다시 무당의 길을 가게 되었는데, 이젠 예전과 같은 생각과 시선이 아닌데 그 무당선생들은 변한 것이 하나도 없었다.

나란 제자를 또 자신들 손에서 놀게끔 하려고 하는 것이었다. 과감하게 미련 없이 정리했다. 내가 굿을 아니 할지언정 지금 이대로는 안 된다는 생각을 하게 되었다.

그런 과정이 1년이 걸렸다.

분당에서 1년이 지난 뒤 난 신명의 도움으로 서울 강남으로 다시 돌아오게 되었다. 나 자신이 예전과 다르게 바뀌니 모든 여건이 기도한 보람이 있듯이 하나씩 수월하게 풀리는 느낌이 들었다. 모든 것은 나 자신이 바뀌어야 한다. 나 자신이 바뀌지 않으면 모든 환경 여건은 바뀌지 않는 것이다. 나 자신은 바뀌지 않으면서 신명만 탓할 수는 없다.

이젠 쓰러지지 않는다

서울 강남의 도곡동으로 신당을 옮겼다.

분당에서 만 1년 만에 서울 중심지라 할 수 있는 강남의 도곡동으로 올 수가 있었던 것은 무조건 신명의 원력이고 힘이었다. 나란 사람은 그런 원력이나 능력이 되지 못한다. 대단한 신명을 나란 제자가 부족해서, 못나서 지금껏 이런저런 상황과 사정에 의해서 누르고 있었다는 생각에 참으로 한심했다는 깨달음을 갖게 된다. 강남으로 옮기고 난 뒤 분당에서부터 인연을 두었던 청계산으로 기도를 다니게 되었다.

청계산 기도는 21일간 매일 왕래하는 것으로 진행이 되었다.

신명은 21일간 아침 아니면 낮에 무조건 청계산으로 들어서서 산신기도를 하게 했다. 그러고선 그 21일 기도는 21일을 다섯 번 기도하는 100일 기도로 이어지게 했고, 그 100일 기도 중에 인왕산, 남산, 관악산, 북한산, 도봉산, 삼각산 등을 돌게 했다.

100일간 서울 중심의 산, 도당산을 다 돌게끔 했다. 처음에는 태백산, 설악산, 소백산, 가야산, 지리산 등으로 우리나라 중심이 되는 산을 돌게끔 하시더니 이번에는 서울 도당산을 중심으로 돌게 했다. 그리고 그 100일 기도가 끝이 나자 신당에 진정한 신명이 좌정하게 되었다.

내가 소백산에서 꿈을 꾼 뒤 하나님의 존재, 하늘님의 존재를 알지만 나 자신이 부족해 모시지 못했는데, 그 꿈을 꾼 뒤 2년 만에 나는 '이젠 어쩔 수 없이 모셔야 되겠다'라는 생각이 들었다.

내 신당의 중심에 ≪성경책≫, ≪묘법연화경≫, ≪천부경≫ 세 권을 드디어 모시게 되었다. 앞서 말했지만 이 책의 의미는 나에게 있어서 하나님, 하늘님의 존재, 즉 한 분을 의미하는 것이다. 그 한 분을 모시고 나서 며칠이 지나지 않아 나는 다시 시작하는 제자가 되어가고 있었다. 다시 시작하는 제자라는 것은 지금껏 고비고비가 많았고 늘 마음이 불안정하고, 답답함, 불안감을 느꼈는데, 제자가 그러니 신당 또한 안정이 될 수 없었는데, 세 권의 책을 통해 한 분을 모시니 지난 13년, 14년 제자생활을 하면서 느끼지 못했던 편안함, 마음의 안정을 찾게 되었다는 의미다.

특히 신당의 변화, 신명의 변화가 전혀 없었고 손님들이 들기 시작했다. 그리고 그 손님들이 우리 신당의 신도들이 되어가기 시작했다.

지난 몇 년간 제자가 불안정하니 신당이 불안정하고 그러다 보니 신도들이 늘어나지 않았는데 상황이 백팔십도로 바뀌게 되었다. 나 스스로가 상담 손님 또한 가려서 보게 되었다. 술집, 유흥업 종사자 상담 금지, 유부남 유부녀 불륜관계 상담 금지, 나이 어린 사람들 상담 금지 등등 까다롭게 손님을 가려서 보았지만 손님은 더 몰리는 상황이 되었고, 인연 따라 굿을 하든지, 치성을 하면서 손님들은 신도가 되어가게 되었다. 그런데 특별한 것은 나 자신이 기나긴 시간 기도를 하고 업장을 닦아서 그런지 손님들 자체가, 신도들 자체가 물이 바뀌는 것을 보게 되었다.

부잣집 사람들이 모인다는 것을 말하는 것이 아니라, 생명 자체가 지난 시간 내가 접했던 사람들과는 차원이 다른 사람들이, 신도들이 되어가고 있었다. 나 자신이 기도를 통해서 생명이 업그레이드되면 주위 환경이 모두 바뀐다는 것이 현실로 나타나기 시작했다.

조그마한 것에 감사할 줄 아는 마음을 가진 사람들, 순수하고 맑은 사람들,

금전적인 면에서도 지금까지와는 다른 부류의 사람들이 모이게 되었다.

사업을 하는 사람들 또한, 예전에 접한 사업가들은 거만하거나 자신이 신명보다 위에 있다는 느낌이 들게 하는 사람이 많았다면, 지금은 겸손하고 순수하고 모든 것에, 작은 것에 감사할 줄 아는 마음을 가진 사람들이 모였다.

예전에 접한 사람들이 무당인 제자를 자신들 손바닥 위에 놓고 이리 재고 저리 재고 했다면 이젠 그런 부류의 사람들은 아예 인연이 되지 않는다는 것을 알게 되었다.

병굿을 하고 앓던 병만 나으면 그 굿은 성불효험을 본 것이다. 그런데 예전에 내가 접한 사람들은 그 병에 대한 효험은 당연한 것이고, 재수 운까지 달라고 떼쓰는 사람들이었다. 그러나 나 자신이 바뀌니 작은 것에도 감사할 줄 아는 사람들, 마음과 마음이 통하는 사람들이 모여들게 되었고, 그들이 우리 신당의 신도들로서 인연을 맺어가고 있었다. 무당제자나 불법제자나 어느 종교의 제자들이나 믿음을 가진 종교인들은 반드시 업장을 닦아야 한다. 그 업장을 닦는 가운데 나 자신이 변하게 되고, 그리되므로 내 주위 환경이 바뀌게 되고, 나란 존재가 진정으로 인간답게 살게 되는 것이다.

그만큼 기도의 힘이란 어마어마하게 큰 것이다. 내 제자생활에서 바뀐 것이 있다면 나를 믿고, 나의 신명을 믿고 굿을 하거나 치성을 올린 집을 위해서 한 달이면 21일을 산에 올라 초를 밝혀 기도를 한다는 것이다.

나 자신이 피곤한 부분도 있지만 반드시 성불을 보게끔 하겠다는 간절한 마음에 내 몸의 고단함을 누르고 기도를 다니는 것이다. 하나의 인연을 소중히 여긴다는 뜻이다. 굿 한번 해먹고 굿한 집을 모른 척하거나 만나주지도 않고, 피하는 무당들이 상당히 많다. 그런 행위는 신명에서 벌전을 반드시 내린다고 생각한다.

내가 모신 신명보다 더 높은 신명의 존재는 있다. 제자가 제대로 하지 못하면 제자가 모신 신명은 더 높은 신명에게 엄청나게 혼이 나고 수백 년, 수천

년을 고통 속에서 살아야 한다. 제자로 인해 그 신명은 또 다른 벌전을 받게 되는 것이다. 그로 인해서 무당이 나왔던 집안에서 무당이 나오고, 중이 나왔던 집안에서 중이 나오게 되는 것이다. 제자가 신명을 모시는 것도 중요하지만 제대로 모시는 것 또한 중요하다. 제대로 모셨다면 제자는 신명의 뜻을 제대로 펼치는 것이다. 그러나 현실에는, 나 또한 부족한 부분이 많지만, 제대로 신명의 뜻을 펼치는 제자가 부족하다. 신이란 존재는, 나와 가까운 신은 조상의 줄에서 오기에 제자의 편에 선다. 그러나 그 위의 신은 제자의 조상줄에서 오는 것이 아니며 내 조상줄의 신명이 제대로 제자의 길을 가게 하는지 판단하고, 선과 악을 판단한다고 보면 된다. 그만큼 신이란 존재는 무서운 것이다. 지금 당장 벌전이 나오는 경우도 있고, 1,2년 뒤에 나오는 경우도 있고, 내 자식에서 나오는 경우도 있다.

　무당과 인연을 지어서 신당에 다니는 신도들 또한 신이란 존재를 무서워해야 한다. 단순한 예로 교회의 하나님, 절간의 부처님은 다른 종교의 신을 무서워하거나 예를 차리는 경우가 많다. 그러나 신당의 신명에 대해선 그저 자신을 도와주는 하찮은 존재로 가볍게 생각하는 신도들 또한 많다.

　교회를 갈 때, 성당에 갈 때, 절에 갈 때의 복장 또한 다르다. 어른을 뵈러 가는 것처럼 옷에 신경을 쓰고 화장에 신경을 쓴다. 그러나 신당에 다니는 신도들은 그런 것들이 부족한 부분이 많다. 가벼운 차림, 야한 차림, 맨발은 기본이고……. 자신이 신당에 다니면서, 그 신당에 모신 신명에게 원하는 소원을 이루게 해달라고 빌면서 신도 자신은 그분들에 대한 기본 예의가 없다. 이런 부분 또한 무당제자들이 가르쳐야 한다, 무당 자신이 신을 무섭게 그리고 엄하게 모셔야 신도들 또한 그렇게 따라가는 것이다. 무당제자들 또한 책임을 지고 굿이든지 치성을 해야 한다

　책임을 지지도 못하고 그저 굿이나 한번 하려고 속임수를 써서 일을 진행하게 되면 반드시 나중에 제자 자신이 그 벌전을 받아야 된다. 무조건 제자는

기도를 많이 해야 한다. 제자가 잘되게 해달라고 비는 것이 아니라, 돈 벌게끔 해달라고 기도하는 것이 아니라 제자를 통해서 신당에 인연이 지어진 신도들을 위해 항상 기도해야 하고, 제자 자신이 신명의 뜻을 전할 때 제대로 전하지 못한 데 대한 죄를 소멸해달라는 기도를 엄청나게 해야 한다.

제자는 특권이 아니다. 전생에 큰 죄를 지었기에 이 땅에서 제자가 되어 손이 발이 되도록 나와 인연이 지어진 신도들을 위해서 빌라고 제자가 된 것이다. 그런데 간혹 자신의 재주가 특권인 양 행세하는 제자들이 있다. 한심한 노릇이다. 다 부질없는 특권이다. 제자는 신명이 없으면 끝난 목숨이다. 제자가 해도해도 너무 하면, 제자의 도리를 못하고 사람의 도리를 못하면 신명은 뜨게 되어 있다. 제자가 모신 신명이 뜬다는 것은 제자가 죽은 목숨과 같다는 것이다.

실제로 모든 것을 이룬 듯했으나 6개월 만에 자살로 제자의 삶을 마감한 제자도 있다. 그게 바로 신명이 뜨면 나타나게 되는 현상 중의 하나다. 이제 나 자신이 쓰러지지 않는다는 것은 금전을 많이 모아서가, 아니라 금전을 많이 벌어서가 아니라 예전에는 신당이 없고 집이 없을 때 나를 도와줄 사람이 없었지만 이제는 도와줄 사람들이 있다는 것이다. 그것은 제자를 소중하게 여기고, 제자의 신명을 소중하게 여기는 사람들이 있다는 것이다. 그만한 복 또한 그동안 기도한 것에 대한 보상이라면 보상일 것이다.

나는 무속을 통한 제자의 길을 걸은 지 15년 차다. 그 15년 동안 좋은 날도 있었지만, 눈물을 흘려야 하는 날이 더 많았다. 모르는 사람들은 그동안 나란 사람이 가졌던 명예, 타이틀만 가지고 판단하겠지만 머물 집이 없고, 신을 모실 신당이 없는 경우가 세 번이나 있었다. 모든 것을 정리하고 태백산에 무작정 기도하러 갈 때, 그때 내 주머니에 있던 돈은 56만 원이었다. 그 56만 원은 내가 천 일 이상의 기도를 끝낼 수 있는 발판이 되었다. 신명이 있었기에 난 기도를 하고 공부를 할 수가 있었던 것이다. 만약에 내가 기도를 하지 않고 일반적인 삶을 살았다면 나는 지금 죽은 목숨이나 마찬가지일 것이다. 아마도 이 세상에 없는 사람이 아닐까, 라는 생각이 든다. 무속을 업으로 하는 제자들에게는 누구나 할 것 없이 자신의 신명이 있다.

금전적인 면에서 본다면 조상줄로 인연 지어 온 신명이 가장 확실하다. 조상줄로 해서 오신 신명은 제자들이 후손이 되기에 웬만하면 금전적인 면으로 큰 고비를 주지 않는다. 그러나 나 같은 경우에는 처음부터 조상줄로 들어온 신명이 없었다. 처음 신내림을 받을 때부터 김씨대신이란 할머니가 허공으로 해서 나와 전생의 연법으로 왔다. 그 김씨대신 할머니가 누구인지는 내가 신명을 모신 지 14년 차가 되던 때 꿈으로 그리고 기도 중에 알려주었다.

우리는 높은 신명을 천신줄, 또는 천신이라고 한다. 제자들은 누구나 천신의 줄을 잡은 신명을 모시고 있지만 조상줄의 신명이 아닌 천상, 천신줄의 신명이 주장신으로 들어올 경우에는 제자들에게 무속을 업으로 삼게 하기보다 어느 시기가 되면 공부를 하게끔 한다. 그 공부라는 것이 결국 나 자신의 공부가 되고 업을 닦는 과정에 해당하겠지만 우리가 너무나 가볍게 알고 쉽게 말하는 '도법, 신법, 불법'을 합치는 것이다.

'도법, 불법, 신법' 이 세 가지 줄을 합치는 것이 천상, 천신줄 신명의 목표라고 보면 된다.

우리는 너무나 쉽게 내가 모신 신명이 도법, 불법, 신법을 다 합쳐서 왔다고 해서 그것들을 신명의 몫이라고 생각하는데 내가 모신 신명이 도법, 불법, 신법 이 세 가지를 다 터득해 합쳐서 왔다고 해도 제자 자신이 기도를 해서 그만한 그릇이 되지 않으면 신명과는 무관하고 제자를 힘들게 하고 어렵게 한다. 고통 속에서 신명을 터득하게 하는 것이다.

도법, 불법, 신법 이 세 가지를 합쳐라. 말은 너무나 쉽다. 그러나 그것을 삼합으로 합치는 것이 얼마나 힘든 일인가? 신명줄 따라서 제자는 희비가 교차한다. 나 같은 경우 처음에 무속의 맛을 알게끔 하더니 어느 신명 한 분을 알게 하기 위해 10년 이상을 마음의 고통, 금전의 고통, 인간의 고통을 감내하게 했다. 우리가 기도를 한다고 해서 이 모든 것을 쉽게 알 수 있고 터득할 수 있는 문제는 아니다. 그러나 제자라면 반드시 그리고 일반인들 또한 기도를 해야 한다.

나 자신을 위한 것도 있지만 나의 후손, 나의 자식을 위해서 반드시 기도라는 것을 저금, 저축해야 한다. 무당인 제자가 제대로 하지 못했을 때 무당의 말로는 상당히 좋지 않다. 그리고 그 후손은 또 다른 대물림을 해야 한다. 일반인은 간단하게 생각하면 된다. 우리는 자손들이 다 잘되기 바라는 마음에 공부를 시키고 모든 것을 아낌없이 쏟아붓는다. 그러나 뭐가 나온 곳에서 뭐가 나오지 생판 틀린 종자가 나오지는 않는다. 옛말에 홀아비 나온 집에서 홀아비 나오고, 과부 나온 집에서 과부 나온다고 했다. 일반인들 또한 나 자신의 업장소멸 기도를 해야 한다. 그래야 나의 업에서 부족한 자손이 있으라 했다면 그 업장을, 자신의 업장을 닦아야 내 자손이 잘될 수 있는 것이다.

나 자신이 행복한 삶을 살지 못했는데 후손이 행복한 삶을 살 것이라고 자신 할 수 있을까. 내 후손이 행복하기 바란다면 나 자신이 먼저 행복해야 한다.

몇 년 전에 나는 어설프게 태백산에서 기도를 하고 와서 "굿은 미친 짓이다."라고 말한 적이 있다. 그러나 지금에 와서는 다시 정정해 말하고 싶다. 무당, 무속인에게 하는 '굿', '치성'은 자신이 할 수 있는 최소한의 업장소멸이라고 말하고 싶다. 신을 향해, 조상을 향해 나와 잘못된 연결고리를 제대로 풀려고 하는 최소한의 정성이라 말하고 싶다. 가장 쉬운 방법이 돈으로 땜하는 것이라고 한다. 그리고 그다음은 몸으로 땜하는 것이라 한다. 가장 쉬운 방법인 돈, 금전으로 굿, 치성 등을 하는 것, 할 여건이 되는 것 또한 복이 있어야 할 수 있는 일이다. 나 자신이 얻어먹을 수 있는 힘만 있어도 하나님의 복이라는 말이 있다. 돈이 없어서 다른 곳에서 융통해 굿, 치성 등을 하는 것도 복이 있어야 할 수 있다.

내가 말하는 굿, 치성은 제대로 하는 굿이나 치성을 말한다. 제대로 하는 굿이나 치성은 주관하는 무당이나 일을 원하는 신도들이나 서로간에 한마음 한뜻이 되어 제대로 진행했을 때를 말하는 것이다. 아무렇게나 하는 굿과 치성은 상관이 없다고 생각한다. 그런 행위는 신을 농락하고 빙자하는 것으로서 자신의 욕심, 즉 무당과 신도의 욕심에 의한 행위라고 보면 되는 것이다. 무속(무교)을 접하는 신도나 일반인들 또한 큰 욕심은 반드시 버려야 한다.

굿을 한 번 했다고 대박부자가 되는 것은 없다. 굿을 한 번 하면 하나의 매듭이 풀리기 시작해 운이 돌기 시작하는 것이고, 더 많은 것을 누리고 살고자 한다면 몇 번 굿을 해야 한다. 굿을 한 번 하면 한 단계가 올라간다고 보면 된다. 그리고 또다시 한 번 하면 또 한 단계가 올라간다고 보면 된다. 그래서 굿은 예전에는 있는 집, 대감 집에서 했다고 한다. 우리가 말하는 만석꾼, 천석꾼 집안에서 자신의 집안을 위해서 매해마다 했다고 한다. 지금도 그러하다. 사업하는 사업가들, 누구라고 말할 수는 없지만 타 종교를 가지고 있는 사람들도 굿을 한다. 그래서 부자는 계속해서 부자로 살 수 있는 것이다.

굿을 한 번 하는 것으로 모든 것을 이루고자 한다면 그것은 도둑놈 심보이고, 무당들 또한 그렇게 말하면 아니 된다. 굿을 한 번 하면 중요한 매듭이 풀리게 되고 급한 소원은 이루어지게 된다. 그리고 자신이 더욱 성공, 성장하고 싶다면 여건이 될 경우 1년에 한 번이고, 두 번이고 지속적으로 해야 한다. 그러면 신명이란 존재, 그리고 조상이란 존재는 반드시 그 후손에게 큰 성불효험을 준다. 그 기간을 최소한 3~5년은 잡아야 한다.

처음 시작할 때가 어렵다. 그러나 한 번 하게 되면 두 번째부터는 반드시 더 나은 여건이 되어 굿을 진행하게 된다. 무당들 또한 이런 마음으로, 신도들과 같이 성장한다는 생각으로 신도들을 내 몸과 같이 생각하며 이끌어야 한다. 신도들 또한 제자와 같이 늘 꾸준한 마음을 가져야 한다. 부족한 것을 얻기 위해선 신도 자신들도 노력해야 한다. 그러면 반드시 큰 효험을 보게 된다.

지성이면 감천이라는 말이 있다. 나 자신이 지성을 다했는지 생각해보면 분명한 답은 나온다. 이제 무당도 신명에 대해서 새로워져야 한다. 신명이 무섭다는 것을 알아야 한다. 내 신명도 중요하지만 그 신명 위에 또 다른 더 큰 신명이 있다는 것을 알아야 한다. 그리고 신당을 왕래하는 신도들 또한 사주팔자에 없는 복을 받기 위해 신당을 다닌다는 개념을 가져야 한다.

신당을 열심히 다닐 때는 병이 없더니 신당을 다니지 않자 오만 가지 병을 가지게 되는 경우가 종종 있다. 그것은 신당을 다니지 않아 신명에서 벌전으로 병을 주는 것이 아니다. 자신의 사주팔자에 이 시기에는 이런 병을 앓아야 한다고 나 있으면 그 병은 반드시 걸리게 되어 있다. 그러나 신당을 열심히 다니게 되면 알게 모르게 신명에서 그 병을 막아주는 것이다.

신명은 유치한 양아치 존재, 미신적인 존재가 아니다. 무조건 원하는 것을 다 이루어주는 존재도 아니다. 먼저 원하는 것을 얻으려면 그만한 그릇이 돼라고 하는 것이 신명의 마음이다. 자신이 무엇인가 바라는 소원, 원하는 소원이 있다면 자신이 그만한 그릇이 되었는지 먼저 생각해보아야 한다. 그만한 그릇이 되었을 때 하늘은 또는 신명은 나에게 그만한 복을 주는 것이다.

끝으로 말하고자 한다.

≪하늘과 무당은 있다≫라는 책을 출판하기 위해 너무나 긴 시간을 보냈다고 생각한다.

7년의 세월이 지났다. 중간에 책을 출판하려 했는데 꿈에서 '반밖에 되지 않았다'라는 답을 받고 5년이 넘는 시간이 지난 지금에서야 부족한 책을 출판하게 되었다.

뒷부분의 글들은 나의 경험담, 체험담이다. 그런데 이 부분은 내가 6년 전, 7년 전에 쓴 것이라 지금과는 생각이 많이 다를 수도 있다. 그러나 수정하지 않고 그냥 올렸다. 그때는 그런 마음이었다는 것을 알리고 전하고 싶기에, 지금 변화된 마음으로 올리기보다는 그때를 소중히 여기는 마음으로 올렸기에 다른 부분들은 너그럽게 이해해주기 바라는 마음이다.

올해는 마른장마라고 하더니 서울에서는 장맛비가 늦게 시작되어 며칠을 습하게 보내다 오늘은 화창한 날씨가 되었다.

우리네 인생이, 나의 부족한 책을 보시는 분들의 인생이 화창한 인생이 되기 바라는 마음으로 글을 마무리한다.